KB069636

성 중독의 심리학

성 중독의 심리학

| 윤가현 저 |

Psychology of Sexual Addiction

학지사

누구나 살아가면서 크고 작은 일들을 수없이 겪게 된다. 대다수 사람은 그럭저럭 잘 이겨내는 반면, 일부 사람들은 큰일은 물론이고 사소한 일이 생겨도 이를 잘 이겨내지 못한다. 이겨내지 못한다는 말은 사소한 일이 생길 때 이를 힘들게 느끼면서 스트레스로 지각한다는 뜻이다. 그 스트레스 때문에 성욕을 충동적으로 발산하려고 한다.

뭇사람들은 그러한 사람을 성적 욕구가 매우 강한 사람이라고 이해하고 있다. 또한 힘들 때마다 성욕을 충동적으로 발산하려는 사람을 성 중독자라고 알고 있다. 그러나 그것은 성 중독의 겉모습만을 알고 있을 뿐이다. 성 중독자가 성행위를 통해서 성욕을 발산하고자 하는 속사정은 단순히 성적 쾌락을 맛보기 위함이나 성욕이 강한 것과는 거리가 멀다. 그것은 스트레스 상황에서 벗어나기 위한 수단이다.

그렇다면 그는 왜 사소한 일에서도 쉽게 스트레스를 지각하는가? 바로 어린 시절에 양육자에게 받았던 상처가 아직까지도 치유되지 못하였기 때문이다. 사소한 일은 기본적으로 아직도 아물지 않은 과거의 상처를 환기시켜 주는 역할을 하고 있어서 스트레스가 되고, 그 상처에서 일시적으로 벗어날 수단으로 성행위를 시도하는 것이다.

중독에는 여러 가지 형태가 존재하며, 형태가 다르더라도 그 근본 원인은 거의 유사하다. 성 중독은 다른 형태의 중독들과 뿌리가 유사하더라도 그 특성은 매우 다르다. 국내에는 다른 형태의 중독에 관련된 서적들이 적지 않게 소개되고 있지만, 성 중독이 무엇인지를 전문적으로 소개한 서적은 별로 없다.

유감스러운 일이지만, 성 중독은 아직 임상적인 진단명에 해당되지 않는다. 그렇기에 성 중독의 개념은 성을 연구하는 사람인지, 심리학이나 정신의학 전문가인지, 또는 다른 영역의 전문가인지에 따라 다를 수 있다. 그러나 이 책은 그것을 논하는 대신에 성 중독의 근원과 특성을 이해할 수 있도록 돕는 데에 초점을 맞추었다. 예를 들면, 성 중독자가 되면 기본적으로 이로 인해 자기와 가까운 사람과 한 명씩 멀어지게된다. 그뿐만 아니라 그와 관계되는 주변 사람들도 심한 고통을 받는다. 그렇게 된 근본적인 배경은 중독자가 숨기고 싶은 어린 시절부터의 삶인데, 그 삶은 정상 범주에서 벗어나 있었던 삶이자 스스로 수치스럽게 여기는 삶이다. 그래서 혹시라도 그 수치스러운 삶이 다른 사람들에게 노출될지 모른다는 불안이 심한 상태로 살아가게 되었다. 그러다가 일상생활에서 힘든 일이 생기면 그 불안이나 수치심이 더 심해지게되고, 그 고조된 불안이나 수치심 때문에 비밀스러운, 또 가식적인 성 중독자 생활을 하는 것이다.

이에 성 중독으로 인해 힘들어하는 개인을 이해해 주고, 그와 관련된 주변 사람(가족, 돕는 자)들의 고통까지 줄여 줄 목적으로 이 책을 집필하게 되었다. 이를 계기로 필자는 조그마한 소망을 갖게 되었다. 우리 사회가 성 중독으로 발달하지 않도록 하는 가정환경 조성에 더 노력해야 하고, 아울러 이미 중독으로 발달한 사람을 중독의 굴레에서 벗어나게 해 주는 환경을 가꿀 수 있기를 바라는 것이다.

수년에 걸쳐서 이 원고를 준비해 왔다. 성 중독이 혹시나 2013년 DSM-5판에 실리지 않을까 하는 기대와 함께 그 전부터 준비했다. 바쁘기도 했지만 게으른 탓에 초고가 마련된 지 거의 5년이 되었을 무렵에야 탈고가 가능했다.

원고가 잘 마무리될 수 있도록 격려와 지원을 아끼지 않으신 도서출판 학지사 김진환 사장님, 열성적으로 편집 업무를 맡아 주신 김순호 부장님을 비롯한 편집부원 여러분, 그리고 제 주변에 계신 모든 분께 감사드린다.

2018년
윤가현

01

성 중독의 이해

1. 성 중독이란 무엇인가

빌 클린턴(Bill Clinton)과 타이거 우즈(Tiger Woods). 이 두 사람은 모르는 사람이 거의 없을 정도로 유명한 인물들이다. 클린턴 이야기는 생략하고, 우즈 이야기를 해 보자. 그는 골프가 아닌 다른 일화로 전 세계의 주목을 받기도 했는데, 유명인이 아니었으면 가족이나 친지 이외에는 관심을 갖지 않을 이야기였다.

어느 날 심야에 플로리다주 올랜도 근처 주택가에서 수상한 교통사고가 발생했다는 평범한 뉴스가 2009년 11월 해외토픽으로 전달되었다. 우즈의 바람기에 관한 기사가 한 지역 매체로부터 보도된 이후 그 사실 여부의 시시비비로 인한 부부싸움이 발생했고, 그가 싸우는 도중 집 밖으로 피신하는 과정에서 당한 사고라고 알려졌다. 이 사건이 보도된 이후에는 우즈와 연관이 있었다고 주장하는 여러 명의 여성들이 한 사람씩 등장하면서 우즈와의 사적인 관계를 폭로하자 그의 위신은 심하게 실추되었다.

여성들과의 추문으로 가득한 소식이 연일 보도되자 우즈는 2009년 말부터 45일 과정의 '성 중독(sexual addiction)'[1] 치료시설에 입소하

---

1) 성 중독을 sex addiction이라고 표기하기도 하지만, sexual addiction이라는 표기가 더 일반적이다.

여 회복 프로그램에 참여하기로 결정했고, 그 회복 여부와는 상관없이 2010년 8월 정식으로 이혼했다.

우리 문화권에서는 우즈의 상황을 어떻게 바라보았는가? 초기에는 체력이 좋다 보니 정력도 주체하기 어려울 정도로 강한 남자, 돈이 많다 보니 여자들이 따를 수밖에 없는 남자, 아니면 여성의 입장에서 바람기가 심한 나쁜 남자 등의 시선이 많았다. 그런데 그가 성 중독 치료를 받는다는 보도를 접한 일부 사람들은 지금껏 여러 여자와 바람을 피운 남성을 바람둥이나 나쁜 사람 정도라고만 불렀는데, 이제부터는 바람둥이 남자들을 모두 '성 중독자'[2]라고 불러야 하는 것인지 헷갈리기 시작했다. 성 중독이 무엇인지를 모르면 그럴 수 있다.

기혼자가 배우자 이외의 다른 사람과 성적으로나 정서적으로 연루된다면 바람을 피운다고 말할 수 있지만, 그렇다고 해서 그들 모두를 성 중독자라고 여기거나 그렇게 부르지 않는다. 그 비율을 정확하게 추정할 수는 없지만, 바람을 자주 피우는 사람 중 일부는 분명히 성 중독자다.

만약 우즈가 미혼자였다면 상황이 어떠했을까? 여러 여성과 한꺼번

---

2) 성 중독자를 영문으로 표기하는 방법은 다양하다. 먼저 sex addict, sexual compulsive, 또는 sexaholic이라는 표기는 거의 같은 의미로 사용되고 있다. 그중 sexaholic이라는 표기는 alcoholic이라는 단어를 응용한 조어다. 또 성 중독자들 중에서도 음란물에 빠져든 경우를 porn addict, 그리고 인터넷을 이용한 중독자를 internet(or cyber) sex addict라고 표기하기도 한다. 중독이라는 단어 대신에 장애나 질환이라는 의미에서 성 중독을 hypersexual disorder라고 표기할 때도 있다. 간혹 성 중독을 관계 중독이나 사랑 중독과 혼동하는 경우도 있는데, 관계나 사랑 중독에 빠진 사람들은 love addict나 romantic addict 등으로 표기한다. 필자는 성 중독을 소개하는 이 책에서 관계 중독(사랑 중독)에 관련된 서술을 최소한으로 한정시켰으며, 사랑 중독을 이 장의 후반부에만 간략하게 다루었다.

에 사귀고 있더라도 그저 바람둥이로 평가하는 차원에서 끝나버리지, 성 중독자라고 재단하지는 않았을 것이다. 역시 성 중독 치료 프로그램에 참여하는 결정을 내리지 않았을 가능성도 매우 높다. 이는 곧 많은 여성을 상대하는 남성을 무조건 성 중독자라고 부르지 않음을 의미한다.

우리나라는 1997년 경제적으로 위기를 겪으면서 IMF[3]에 구제 요청을 했다. 이 때문에 IMF라는 명칭은 우리나라 사람들에게는 경제 위기라는 용어와 잘못 연결되어 트라우마(trauma)를 경험했던 기구로 이해되기도 했다. 그래서인지 IMF에 관련된 기사가 보도되면 관심을 기울이는 편이다. 그러던 중에 2011년 5월 IMF에서 총재의 지위를 누리고 있던 스트라우스칸(Dominique Strauss-Kahn)[4]의 성 추문에 관한 뉴스가 연일 범세계적으로 보도되자, 관심이 더 커질 수밖에 없었다.

당시 뉴욕의 소피텔이라는 호텔에서 32세의 여성 종업원을 강간했다는 뉴스와 함께 그는 국제적 망신거리의 대상으로 전락했고, 총재직에서 불명예스럽게 퇴진하였다. 부인에게 이혼도 당했다. 그는 2011년 9월 그녀와의 관계가 부적절했음을 시인했지만, 폭력이나 강압은 전혀 없었다고 주장했다. 결국 뉴욕에서 성폭행 관련 재판을 받고 증거 불충분으로 풀려났다.

그러다가 2013년 여름 검찰 조사를 받고 있다는 뉴스가 다시 보도되었다. 사실인즉, 2010년부터 2011년 사이 프랑스 파리, 릴 등에 있는 고급 호텔에서 성매매 여성과 섹스 파티를 한 혐의 때문이었다. 프랑

---

3) 1944년 설립된 UN 산하 기구 국제통화기금(International Monetary Fund)의 약칭이다.
4) 프랑스 출신의 IMF 총재(재임기간: 2007년 11월 1일~2011년 5월 18일)로 당시 60대 초반(1949년생)이었다.

스 대통령에 출마할 후보로 거론되었던 그가 성추문으로 순식간에 명성을 잃게 되었는데, 나중에 법의 혜택을 받았다. 즉, 2015년 6월 12일 이루어진 재판에서 성매매 관련 혐의는 무죄를 선고 받았다. 그는 평소에도 스윙어(swinger)[5]들과 섹스 파티를 즐겼지만, 당시에도 성매매 여성이 아니라 스윙어들이 모인 것으로 착각하였다는 주장이 재판 과정에서 먹혀들었던 것이다.

앞에 소개한 세 사람보다는 덜 알려진 인물이지만, 근래 미국 뉴욕 민주당 국회의원이었던 위너(Anthony Weiner)에 관한 뉴스도 화젯거리였다. 그는 현역 국회의원으로서 2011년 5월 트위터에 자신의 나체 사진을 올려 공화당으로부터 거센 공격을 받음과 동시에 세인의 입에 오르내렸다.

그 뒤 2011년 국회의원직을 그만두었지만, 2013년 1월의 뉴욕 시장 선거에 출마할 가능성이 높았던지라 2013년 7월까지도 그에 관한 보도가 끊이지 않고 이어졌다. 그의 성 파트너 수가 아마도 우즈와 버금간다는 기사들이었다. 그 수가 몇 명인지 정확히 알 수도 없지만, 왜 그의 이야기를 매체에서 거론했는가? 지도자가 되려면 우선 세인의 모범이 되어야 했기 때문일 것이다.

앞에서 언급한 네 명의 유명인 이외에도 성욕을 자제하거나 조절하지 못하고 살아가는 사람들이 수없이 많다. 성욕은 왜 조절해야 하는가? 본능적인 욕구 중에서 으뜸인 성욕을 적절하게 조절하지 못하면, 자신은 물론 주변 사람까지 곤경에 처하게 할 수 있는 일이 자주 발생할 수 있고, 심지어는 끔찍한 범죄에까지 연루될 수 있기 때문이다.

---

5) 주로 커플이 다른 커플들과 집단으로 또는 개별적으로 파트너를 바꾸어 가면서 하는 성행위를 즐기는 사람들을 이른다.

나중에 자세히 설명하겠지만, 성 중독은 행동이나 감정, 정서 등의 조절 능력의 결여나 자기조절의 실패와 관련이 깊다. 중독자들은 조절을 못하고 있는 자들이기 때문에 조절할 수 있는 능력을 키워 주는 것이 치료나 회복의 관건이 된다.

사실 우리에게는 성 중독이라는 용어가 아직도 생소하다. 중독이라면 그저 마약과 같이 범죄에 관련된 약물중독이나 자신이나 가족을 힘들게 하는 알코올중독이나 도박중독 등 정도를 자주 들어보아서 익숙할 뿐 성 중독이라는 용어는 생소할 수 있다. 생소하다는 것은 다른 중독에 비해서 제대로 인식하지 못했거나 알려지지 않았다는 것을 의미한다.

실제로 근래에 와서야 그 실체의 상당 부분이 알려지면서 이해되기 시작했지만, 아직도 성 중독에 대한 경험적인 정보를 정확하게 얻기란 쉽지 않다. 다른 형태의 중독도 그렇겠지만, 성 중독은 많은 부분이 감추어져 있기 때문에 진단하는 것도 어렵고, 공개적인 논의도 어려운 분야다. 그동안 이에 대한 지식이 부족한 편이라서 솔직하고 정확하게 다루지 못했다.

1970년대에 들어와 겨우 다른 형태의 중독과 유사성이 비교되면서 이해와 관심의 필요성이 커지고 있을 뿐이다. 학문적인 영역에서 그 필요성을 인식하고 관심을 불러일으킨 대표적인 인물은 바로 칸스(Patrick Carnes)[6]라는 미국 심리학자다. 그는 성 중독 분야의 개척자라고 할 수 있다.

그는 1970년대 중반 이래 강박적인 성행동이 다른 형태의 중독처럼 꾸준히 진행되면서 발달하는 만성적인 강박행동이라는 점을 인식했으며, 그를 비롯한 여러 연구자들은 이를 치료해야 하는 중독이라고 확인했다. 그 과정에서 칸스는 수많은 남성에게 고충을 안겨 주는 행동을 알리고자 『Out of the Shadows』(1983)라는 저서를 출간했으며, 그 책의 부제를 '성 중독의 이해(understanding sexual addiction)'라고 달았다. 이때부터 성 중독이라는 용어가 본격적으로 사용되기 시작하였다.

약물중독자들은 힘들고 괴로운 상황을 잊어 보려고 술이나 마약 등을 이용하고, 이러한 이용 습관이 몸에 배면서 나중에도 술이나 마약 등을 강박적으로 찾게 된 자들이다. 성 중독자들도 스트레스에 대처할 때 약물중독자들이 약물을 이용하듯이 섹스(sex, 이 책에서는 이를 성 또는 성행위라는 의미와 병행해서 기술함)를 이용하고, 섹스 이용 습관이 강박적으로 나타난 자들이다.

성 중독자들은 섹스를 이용하기는 하지만, 성 중독을 협의적으로 설명하자면, 성행위를 하는 것 자체에 대한 관심보다도 성행위를 할 수 있는 대상을 지속적으로 추구하는 것에 더 많은 관심을 가지고 살아간다. 그들의 성행위 추구는 통제가 어려울 정도로 강박적이다. 알코올이나 마약 등의 약물에 중독되는 물질중독과는 달리 성 중독은 행위[7]나 과정에 중독되는 비물질중독이라는 것이 차이가 있을 뿐, 강박성에는 차이가 없다.

---

6) 1944년생인 그는 미국 미네소타주 미니애폴리스 소재 Golden Valley Health Center에서 성 중독자들이 내원하여 치료받을 수 있는 치료 팀을 처음 구성하였으며, 1996년부터 2004년까지는 애리조나 주에서, 그 뒤에는 미시시피 주에서 성 중독자를 위한 치료활동을 하고 있다.

7) 행위 중독(behavioral addiction)이란 외부로부터 몸속으로 투입되는 물질이 없어도 중독의 핵심 증상들이 나타나는 것으로 도박 중독, 게임 중독, 인터넷 중독, 운동 중독, 쇼핑 중독, 종교 중독 등이 여기에 해당된다.

2. 성 중독 이해의 요지

사람들은 누구나 자신이 지니고 있는 좋지 않은 습관이나 강박 성향을 쉽게 인식하고 인정할 수도 있다. 그러나 습관이나 강박 성향이 성에 연결되어 있다면, 쉽게 인정하지 못한다. 바로 중독자에 대한 사회적인 편견 때문에 그리고 성적 본능을 자제하지 못한 자들에 대한 편견 때문에 성 중독자들은 자신의 상태가 성 중독이라고 스스로 인정하기 어렵고, 자신이 중독이라고 생각하지도 못한 경우가 적지 않다.

성 중독의 내용이나 형태만을 살펴보면, 섹스가 지니는 어두운 면을 발달시킨 경우가 대부분이다. 그 핵심은 전혀 가치가 없는 반사회적인 욕정에 집착하는 일이다. 탐지나 진단이 어려워 치료를 못하기도 하지만, 대부분의 보통 사람은 성 중독자의 도착성이나 심각성을 접하게 되면 충격을 받고 혐오감이나 거부감을 보인다.

본문을 통해서 성 중독이 무엇인지를 체계적으로 전달하겠지만, 우선 몇 가지 특징을 알고 이 책을 접하면 도움이 클 것이다. 이에 도입 단계에서 성 중독의 핵심 일부분을 미리 언급하고자 한다.

먼저 성 중독은 표면상으로 성에 관련된 문제로만 보이지만, 내면적으로는 너무나도 고통스러운 현실에 관련된 문제임을 이해해야 한다. 그 고통스러운 현실을 도피하거나 대처하려는 수단으로 성이 이용되면서 중독으로 발전해 버린 것이다.

또 그와 같은 현실적인 고통은 어린 시절에 자신이 주 양육자와의 관계로부터 받았던 상처에 뿌리를 두고 있다는 점이다. 퓰리처상 수상자였던 저널리스트 프랭크스(Lucinda Franks)의 회고록[8]에는 빌 클린턴 대통령이 성 스캔들로 곤혹을 치르고 있던 1999년도에 영부인 힐러리(Hilary Clinton)와 인터뷰했던 내용이 소개되어 있다. 힐러리는 어떤 학대를 받았는지를 밝히지 않았지만 남편이 어린 시절 어머니에게 학대를 받고 자랐던 점을 언급했으며, 지금 현재 남편이 성 중독과 같은 신뢰를 파괴하는 행동을 보인 점이 바로 시어머니의 학대에 기인한다는 내용이었다.

대다수 성 중독자는 정서적으로, 신체적으로, 성적으로 또는 복합적으로 심한 상처를 받았으며, 상처를 받았던 당시는 물론 아직까지 그 상처가 치유되지 못한 상태로 살아가고 있다. 그러다 보니 중독자가 되었는데, 중독 중에서도 성 중독자로 발달해 버린 것이다. 성 중독자의 삶은 과거로부터 현재까지 외롭고 피폐하다.

이러한 점을 알지 못하면 성 중독자들이 마치 다른 사람들보다 성행위를 더 즐기는 것처럼 오해할 수 있다. 사실 그들은 전혀 성행위 자체를 즐기고 있지 않을 가능성이 더 높다. 오히려 성 중독자들은 현실이 힘들어서 성행위를 추구할 뿐이며, 또 자신이 왜 이런 식으로 살아가야 하는지에 대한 자기 처벌로 다른 사람들이 저질스럽다고 여기는 성행위에 더 깊숙하게 관여해 버리기도 한다. 간혹 너무 저질스러운 모습이라서 다른 사람들로부터 전혀 이해나 공감을 얻기 어려울 정도의 형태로까지 발전하기도 한다.

성 중독자들은 오로지 성적 흥분을 얻기 위한 상대를 찾는 일에만 집요하게 초점을 맞추고 살아가다 보니 내적으로 고통이 따르고 삶에서 의미를 제대로 찾지 못한다. 스스로 설정한 기준이나 약속을 위반

---

8) 프랭크스의 회고록 『Timeless: Love, Morgenthau, and me』(New York: Sarah Crichto Books)는 2014년 8월에 출간되었다.

하는 성행위를 하고 난 뒤에는 곧바로 자신의 행위에 대해서 후회하고 수치심을 느낀다. 심지어 자신의 이중적인 생활을 스스로 처벌하기 위하여 자살 시도를 기획하는 경우도 적지 않다. 물론 상당수는 일상적인 삶과 중독의 삶이라는 이중생활을 유지하기 위하여 그 수치심을 부정하기도 한다.

불행하고도 아쉬운 점은 성 중독자들 중에서 스스로 치유나 회복의 길을 추구하는 자들이 있지만, 그들 중에서도 적절한 치유 방법을 찾아내어 혼자서 성공한 사람이 거의 없다는 것이다. 대다수가 체포나 발각 등의 노출이 계기가 되어 치유나 회복의 길을 걷게 될 뿐이다. 물론 치유나 회복에 성공하는 자들이 일부 있지만, 그렇지 못한 자들이 훨씬 더 많다. 이 책을 통해서 어떻게 해야 성공의 길로 유도할 수 있는지를 가늠해 볼 수 있기를 기대해 본다.

성 중독과 관련된 행위로 인하여 체포되거나 발각되어 치유나 회복의 길에 서 있는 성 중독자를 다른 각도에서 이해하려는 마음부터 정리해야 한다. 성 중독자들이 보인 성행위가 남에게 피해를 주는 것들이 대부분임에도 성 중독자는 착한 사람이 되려는 나쁜 사람이 아니라 치유를 하고 싶어 하는, 또 치유가 절대적으로 필요한 아픈 사람이라고 이해해야 한다. 성 중독의 문제를 중독자 입장에서 이해하려고 해야 치유나 회복의 길로 이끌어 줄 수 있다.

어떻게 보면, 성행위는 쾌락을 경험하게 해 주면서 나중에 이를 다시 원하므로 본질적으로 중독의 잠재성을 지니고 있다고 할 수 있다. 그렇기 때문에 누구나 쉽게 성 중독에 연루될 가능성이 적지 않음을 인식하면서 성 중독자를 바라보아야 한다. 즉, 누구든지 성행위를 통해서 다른 어떤 행위들과 비교해도 낮지 않은 수준의 쾌감을 경험할 수 있으며, 누구나 쉽게 어디에서나 경험할 수 있으며, 자연스럽게 발생할 수 있는 행위이며, 공급이 무제한에 가까운 행위이며, 약물처럼 한꺼번에 과다 복용이 불가하므로 비교적 안전한 행위이며, 특별한 도구나 용품을 반드시 필요로 하는 행위도 아니다. 또한 혼자서 이용할 수 있거나 다른 사람과 함께 이용할 수도 있는 행위이며, 대다수에게 관심을 끄는 보편적인 행위이며, 소비자의 기호에 맞도록 상품화시킬 수 있는 행위이며, 약물검사처럼 탐지될 걱정이 없는 행위이며, 마약과 유사한 효과를 나타내는 행위다.

한마디로 성행위는 완벽한 마약과 같은 기능을 지니므로 쉽게 중독에 빠져 버릴 수 있다. 앞에서 세인의 관심을 끌었던 유명인사 몇 명의 예를 들었다. 그들뿐만 아니라 수많은 사람이 완벽한 마약의 기능 때문에 다수의 파트너와 성행위에 연루되어 살아가고 있을 가능성이 매우 높다. 그들 중 일부는 외부에 알려지면서 세인의 표적이 되어 망신을 당하지만, 일부는 혼자서 힘들어하면서 중독에서 헤어나지 못하며, 또 다른 일부는 중독을 부정하거나 감추고서 이중생활을 유지하고 있는 것이다.

과거보다 세상이 복잡해지다 보니 기능이나 역할을 제대로 하지 못한 가정이 늘어나고 있으며, 그런 가정환경에서 자란 아동들이 나중에 중독의 피해자로 전락할 가능성도 점점 더 커지고 있다. 성 중독은 점점 사회 문제로 인식해야 할 필요가 커지고 있는 것이다.

3. 성 중독의 정의

1) 빈도

성 중독을 정의할 때 가장 소박하게 떠오르는 기준은 바로 성욕의 강도나 성행동의 빈도일 것이다. 앞에서 소개한 바처럼 성욕이 강한 사람은 흔히 성 파트너의 수도 많고 성행동의 빈도 역시 높을 것이라고 여긴다. 그러나 그건 오해다.

물론 성 중독자가 비중독자들보다 성적 긴장감이나 욕구를 성행위로 표출하는 빈도가 더 높은 것은 사실이다. 그러나 성욕이 강하고 성행동이 과다하다고 해도 강함이나 과다의 기준이 어디까지인지를 알기 어렵다. 성행동의 빈도를 토대로 정상 여부를 판가름하는 기준을 정하는 것이 쉽지 않다는 뜻이다. 일치된 의견이 도출되기 어렵기 때문에 통계 자료를 참고하면서 상대적인 비교를 할 뿐이다. 예를 들면, 킨제이(Kinsey) 연구팀이 1930년대 말에서 1940년대 중반까지 남성 성행동에 관해 조사를 하고서 1948년 정리된 자료를 발표할 때 성행동 과다(hyper-sexuality)의 기준을 일주일에 경험한 오르가슴의 빈도를 토대로 설정했다. 이 기준에 의하면, 10대 후반에서 30세 사이의 미국 남성 7.6%는 지난 5년 동안 최소 일주일에 7회 이상 성적 욕구를 발산했다.

보다 더 최근의 예로 카프카(Kafka)는 2010년 발표한 논문에서 15세 이후에 적어도 6개월 동안 매주 7회 이상의 오르가슴을 경험했다면 성행위 빈도가 과다한 자(hypersexual)라고 정의했다. 이 기준을 따를 때 청소년기 이후 남성들의 2~8%는 빈도가 과다한 자에 해당된다. 역시 1940년대 후반의 킨제이 보고서 기준에 맞추어 보더라도 그 나이 또래 미국 남성 중에서 일주일에 2~6회 정도의 자위행위를 하는 비율이 14.5%, 매일 자위행위를 하는 비율이 1.9%, 매일 2회 이상의 자위행위를 하는 비율이 1.2%였다.

성행위에 연루된 빈도가 높다고 해서 무조건 성 중독의 진단이나 기준에 해당된다고 하지는 않는다. 통계 자료를 참고하기는 했지만, 성 경험의 빈도를 토대로 사회적으로 용인될 수 있는 기준을 정하는 것도 터무니없는 일이다. 그렇다면 어떤 사람의 행동이 자신이나 타인, 사회에 좋지 않은 영향을 미치는지 그리고 어떻게 부정적인 영향을 미치는지를 고려하여 성 중독 여부를 평가하는 편이 더 합리적일 것이다. 그러나 이것 역시 쉽지 않은 기준이다. 사람마다 가치관이 다르고, 추구하는 욕구도 다르고, 행동이나 생활양식도 다르듯이 복잡하고 다양하기 때문이다.

그래서 행동이 강박적이거나 충동적이어서 행위 당사자도 편하게 느끼지 못하는 점을 토대로 성 중독 진단이나 기준을 삼아야 한다. 연구자마다 성 중독이라고 진단하는 기준을 조금씩 다르게 제시하고 있지만, 그들 대다수는 항상 강박적 행동의 여부를 포함시키고 있다.

2) 성 중독의 지표

성 중독 여부를 판가름하는 가장 일반적인 지표는 강박성과 관련이 매우 높다. 예를 들면, 성 중독을 다루는 대부분의 학자들(예: Carnes, Kalichman, Schneider 등)이 제시하는 세 가지 지표가 모두 강박성에 관한 내용이다. 그 세 가지를 하나씩 설명하자면, 다음과 같다.

첫째, 강박적인 사고(obsession)다. 이는 본인이 원하지 않는 내용의 고통스러운 생각이나 정신적 이미지들이 머릿속을 떠나지 않는 것, 즉 그런 생각을 하지 않으려고 또는 없애려고 노력해도 지속적으로 머리에서 떠나지 않는 거슬리는 생각에 해당된다. 영문 단어 'obsession'의 어원을 살펴보면, 라틴어로 '둘러싸이다'라는 의미를 지닌다. 원하지 않는 생각이 한 개인의 머릿속을 포위해 버린다는 의미다.

성 중독자들은 평소에 스트레스나 정서적 고통을 경험하면, 이를 상쇄시키거나 마비시키기 위하여 온종일 성적인 생각이 가득 찬 상태로 살아간다. 어떻게 하면 성적인 만족을 얻을 수 있을까 하면서 새로운 방법을 생각하고 과거의 경험을 회상하면서 시간을 보낸다. 성적인 사고 때문에 다른 일에는 에너지를 투자할 겨를이 없거나 별 관심이 없다.

그들은 오로지 발각되지 않는 방법에만 골몰하면서 살아가는 것처럼 보일 정도로 강박적이다. 대부분의 중독자는 실제로 성행위 등에 보내는 시간보다도 성에 대한 생각을 하는 데 시간을 더 많이 보내는 편이다. 강박적인 사고를 중단해야 할 때에는 마치 자신의 중요하고 귀한 일부를 상실한 것처럼 느낄 정도로 그들의 강박적 사고는 중독 과정과 관련성이 높다.

둘째, 강박적인 행동(compulsion)이다. 이는 바로 앞에서 언급한 강박적 사고와 관련이 높다. 보통 스트레스나 고통으로 인해 강박적 사고를 하며, 그 강박적 사고를 떨쳐버리지 못해서 불안이나 고통, 큰 혼란 등이 가중되며, 그리고 그 강박적 사고에 의해 초래된 불안이나 고통 등을 어떠한 방법으로든지 경감시키고자 반복적으로 시도하는 행위가 바로 강박적인 행동이다.

강박적 행동은 어느 정도 생각을 하고 난 후에 나타난, 즉 미리 계획한 후에 나타난 것처럼 보이지만, 전혀 그렇지 않다. 오히려 충동적이어서 통제 불능 상태에 해당된다. 예를 들면, 성에 관한 생각을 일정 기간 동안 하고 나서 성 중독자는 자기의 생각(환상)을 실제로 행하지 않으면 안 될 것 같은 감정에 휩싸인다.

강박적 행동에 관한 흥미로운 점은 그런 행동이 실제로 나타나면 그 순간 강박적 사고가 사라지거나 약해지는 것 같지만, 나중에는 결국 강박적 사고를 더 심화시키는 꼴로 바뀌어 버린다는 점이다. 행동이 강박적이어서 성 중독자가 스스로 이를 중단할 수 없고, 중단시킬 힘도 없다.

강박적인 행동이나 생각이 들었을 때 자유의지에 의해서 이를 중단하는 능력이 완전히 상실되어 있다고 표현하는 게 옳다. 원하지 않은 것을 지속하고 있는 셈이다. 치료 과정의 성 중독자들은 "내가 하고 있는 것이 잘못임을 알지만, 또 스스로 그만두고 싶지만, 안 된다!"고 호소하기 일쑤다.

셋째, 자신이나 타인의 생활 장면에 부정적인 결과가 나타나는데도 강박적인 성행동을 지속적으로 추구한다. 성행동을 추구하기 위해 가족과도 멀어지기 시작하고, 자녀에게도 관심이 없어지고, 파트너(배우자)가 떠나버리는 등 가족 관계가 와해되어 버린다. 성욕 충족을 위해 과다하게 지출한 탓으로 재정상의 어려운 문제도 생긴다. 성매매나 폰섹스 등으로 인한 지출이 과다하거나, 직장 생활을 제대로 하지 못하는 결과가 초래되는 것이다. 역시 안전하지 못한 성행위 등으로 원하지 않는 임신에 연루되거나, 성 전파성 질환(sexually transmitted diseases: STDs)

에 감염되거나, 피폐한 생활로 건강을 해치기도 한다. 또한 성매매 등으로 체포되거나 성 중독의 노출로 이혼이나 가정폭력 등 법적인 문제에 연루되기도 한다.

성 중독이란 이러한 결과가 눈앞에 나타남에도 별로 상관하지 않고 성행위 추구를 중단하지 못하고 중독행동에 집착하는 경우를 말한다. 이런 맥락에서 성적 건강을 증진시키기 위한 비영리기구인 미국의 SASH[9]에서는 성 중독을 본인이나 타인에게 부정적인 결과가 지속적으로 증대해 가는데도 어떤 성행동을 지속적으로, 강박적으로 그리고 악화된 형태로 현실화시키는 행위로 정의하고 있다.

물론 SASH의 정의는 너무 쉽고 간단한 것이다. 나중에 서술되는 성 중독의 특성을 하나씩 가미한다면, 성 중독의 정의는 더욱 정교해지면서 복잡해진다.

3) 정의

그럼에도 성 중독을 간략하게 정의하고 넘어가자. 치료자들은 포르노를 감상하기 위하여 컴퓨터 앞에서 보내는 시간을 토대로 중독 여부를 판가름하지 않는다. 문화권마다 수용하거나 묵인하는 성행동 범주가 다를 수 있기에 그 정의는 절대적인 것이 아니다. 예를 들면, 미혼 남성이 성매매 업소를 찾아가는 행위를 허용해 주는 문화권에서는 그

---

9) SASH는 'The Society for the Advancement of Sexual Health' 의 약자로 그 전에는 'National Council on Sexual Addiction and Compulsivity'였다. 「Sexual Addiction & Compulsivity: The Journal of Treatment and Prevention」은 SASH에서 발간하고 있는 공식적인 학술지다.

가 아무리 자주 업소를 방문한다고 하더라도 문제가 되지 않는다.

성 중독을 정의할 때에는 반드시 앞에서 언급했던 강박적인 사고와 행동이라는 요소를 고려해야 하며, 성 중독이 한두 번의 경험으로 곧바로 발달하는 것이 아니라 과거 힘들었던 문제 때문에 서서히 발달했다는 점 그리고 성 중독으로 인하여 가까운 사람들과의 관계가 와해된 점을 부각시킨다. 그래서 성 중독의 가장 짧은 정의는 '강박적인 사고와 행동의 특징을 지닌 진행성 친밀감 장애'라고 할 수 있다.

성행위가 어떻게 이용되는가에 따라서도 성 중독을 정의할 수 있다. 보통 사람들은 성행위를 쾌락의 근원으로 즐기지만, 성 중독자들은 그렇지 않다. 신체적인 통증이 심한 사람들이 마약을 이용하여 괴로움을 일시적으로 잊듯이 심리적인 고통이 심한 사람이 고통을 일시적으로 잊거나 도피하기 위한 수단이나 목적으로 성행위를 이용하고 의존하게 된다면 성 중독이라고 할 수 있다.

물론 성 중독자가 성행위를 할 때 쾌락이나 만족을 얻지 못하는 것은 아니다. 그래서 비중독자의 성욕과 성 중독 상태에서 얻는 만족을 구분하는 것은 쉽지 않다. 앞서 보통 사람보다 성욕이 더 강한 사람이라고 해서 모두 성 중독자라고 할 수 없음을 언급했다. 이 책의 중반부까지 읽으면 쉽게 구분할 수 있겠지만, 미리 정상적인 성욕과 구별할 수 있는 성 중독 또는 성 중독자의 특성을 다음과 같이 요약한다.

첫째, 성 중독자들은 인간관계 측면에서 정신적으로나 정서적으로 고립되어 외로운 사람들이다. 그들은 다른 사람들과 친밀하거나 의미 있는 접촉을 거의 하지 못한다. 성 중독은 외로울 때 발생한다. 물리적으로 주변에 사람이 아무도 없다는 의미가 아니라 인간관계로부터 고립되어 외로울 때 발생한다. 그러다 보니 그들의 성행동에도 인간적인 멋이나 맛이 들어 있지 않다.

둘째, 성 중독자의 생활은 은밀하게 이루어지고 있다. 그러한 이유로 성 중독자의 삶을 이중생활이라고 표현한다. 자위행위를 하든, 포르노 서점을 가든, 마사지 업소를 방문하든, 성 중독과 관련된 행동은 무엇이든 다른 사람들에게 숨기면서 이루어지고 있다.

셋째, 성 중독자는 완전히 자신에게 초점을 맞춘 생활을 하고 있다. 그러다 보니 다른 사람들과 친밀감(intimacy)[10]을 거의 형성하지 못한다. 자신도 타인과 친밀감을 형성하려고 노력하지 않으며, 설령 노력해도 물리적으로는 만나는 기회가 늘어날지언정 정서적으로 가까워지기가 어렵다. 그 이유는 성 중독자의 자기중심적인 생각이나 태도, 행동을 간파한 타인들이 시간이 지날수록 중독자와 가까워지려고 하지 않기 때문이다.

넷째, 성 중독자가 타인과 성행위를 할 때 그 성행위는 파트너와의 정서적 관계에 의한 것이 전혀 아니다. 성 중독자에게 성행위는 파트너와의 성적인 상호작용에도 해당되지 않는다. 그 성행위는 오직 자신의 성적 쾌감을 위한 것이다. 그래서 혼자서도 성적 환상이나 포르노 감상, 자위행위 등이 쉽게 이루어지고 쾌감도 쉽게 얻는다. 성행위 파트너를 대할 때 사람이 아니라 기계처럼 작동하는 상대나 물건처럼 여긴다. 성행위 파트너와의 인간관계는 그에게 별로 중요하지 않다.

다섯째, 성 중독자가 추구하는 성행위의 목적은 오직 현실 도피 차원에서 쾌락이나 만족을 얻는 일이다. 여기에 강박적인 집착이 더해져 자신은 물론 남에게 피해가 발생할 수 있다는, 또는 발생하고 있다는

---

10) 성 중독의 특성으로 친밀감 장애는 곧이어 서술된다.

점을 거의 인식하지 못한다.

여섯째, 성 중독자의 성행위는 거의 대부분 절망으로 끝난다. 비중독자 커플은 성행위를 통해서 서로에게 충만한 느낌을 얻지만, 성 중독자는 성행위의 목적이 쾌락 추구에 있다. 그러므로 성 중독자의 파트너 역할을 하는 사람은 성행위 자체나 성 중독자와의 만남 자체로부터 죄의식이나 허무함, 후회 등을 느끼게 된다.

일곱째, 성 중독자는 고통이나 힘든 문제가 생길 때 도피 수단으로 성행위를 이용한다. 성행위를 이용하고 성행위를 추구하는 이유는 성행위 시 쾌락을 얻는 순간만큼은 모든 고통을 잊을 수 있기 때문이다.

4) 진단

이상의 내용을 토대로 성 중독을 임상적으로 진단할 때 그 기준 (criteria)을 정리해 보자. 연구자마다 약간씩 차이가 있지만, 성 중독을 정의할 때는 여러 지표를 근거로 한다. 그 지표란 성 중독과 관련된 부적응 행동 양식이라고 할 수 있는데, 다음에 열거하는 여러 지표 중에서 일정한 기간 동안 적어도 몇 가지 이상의 증상을 보일 경우 성 중독이라고 정의할 수 있다. 일정한 기간도 1년, 6개월, 3개월 등 진단을 내리는 자가 임의로 정하면 된다. 일단 그와 같은 조건에 해당되면 성 중독자일 가능성이 높으므로 전문가의 도움을 받아야 한다. 후반부로 갈수록 성 중독의 상태가 더 심각함을 보여 주는 지표다. 이들을 차례로 제시하면 다음과 같다.

첫째, 어려운 상황이 생길 때 가장 기본적인 대처 방안으로 성적인 환상을 강박적으로 이용한다.

둘째, 특정한 행동을 하고 싶은 충동을 억제하려고 노력했어도 지속적으로 실패했거나, 그 성행동을 중단하거나 조절해 보려는 마음이 있었어도 성공적인 노력을 하지 못했다. 행동을 통제하는 능력이 결여되거나 부족했음을 의미한다.

셋째, 성행동을 경험하기 위한 준비행위에 사로잡힌다거나 그 성행동의 영향에서 벗어나기 위해 시간을 많이 투자한다.

넷째, 현재의 성행동 수준으로는 과거에 경험했던 만족 수준을 얻지 못하여 성행동 빈도가 늘거나 강도가 강해지는 등의 내성(tolerance)[11]이 생기는, 즉 자기파괴적이고 위험성이 더 높은 행동을 추구한다.

다섯째, 그 성행동을 추구하지 못하게 될 경우 불안이나 초조, 따분함, 괴로움을 느끼는 등 금단(withdrawal) 현상[12]과 관련된 특성이 나타난다.

여섯째, 그 성행동 때문에 자신에게 중요한 집안일, 사회 활동이나 직업과 관련된 업무, 취미나 여가 활동 등이 무시되거나 줄어들거나 중단된다.

일곱째, 그 성행동 때문에 신체나 정신적 건강 문제, 재정 문제, 사회적이거나 법적인 문제, 가까운 사람들과의 관계가 악화되어 부정적인 결과가 초래됨에도 성행동을 중단하지 못하고 지속한다.

---

11) 내성에 대한 설명은 다음 장에서 상세하게 이루어진다.
12) 금단 현상에 대한 설명은 다음 장에서 상세하게 이루어진다.

4. 성 중독의 위험성 수준

성 중독은 진행성[13]이라는 특징을 지닌다. 처음에는 중독이 아니었더라도 시간이 흐르면서 중독으로 발전하기도 하며, 중독이 된 이후에는 갈수록 상태가 심해진다.

기본적으로 중독자들은 한 가지 특정한 행동에 중독되지만, 그 형태로부터 얻는 쾌감이 별 대단한 것이 아니라고 생각될 경우 다른 행동을 통해서 성적 황홀감을 맛보려고 노력하게 된다. 매번 새로운 행위나 성 파트너를 추구하더라도 성 중독자가 새로운 행위나 파트너에게 얻은 위안은 일시적인 것으로 관계가 따분해지면 새로움의 추구가 계속 반복되어야 한다.

어떤 중독자는 자기파괴적인 행동까지만 나타나고 그 이상 진행되지 않기도 하며, 어떤 중독자는 노출증, 관음증, 음란 전화, 아동학대, 성폭력 등 피해자가 발생하는 행위를 시도한다. 또 어떤 중독자는 성 중독 상태가 심해서 매우 악독하고 잔인하거나 위험한 성행위를 시도하거나 약자를 성적으로 착취하는 행위를 시도한다.

이런 맥락에서 칸스는 성 중독을 번호를 붙여 세 수준으로 구분하였다. 수준 1에서 3으로 발달하거나 진행하는 것은 아니지만, 수준이 높을수록 타인에게 미치는 위험성이 더 높은 중독행위라고 할 수 있다. 물론 일부 성 중독자는 여러 수준에 동시에 관련되기도 하지만, 성 중독자들의 대다수가 수준 1 또는 2에 해당된다.

---

13) 다음 장에 진행성이라는 특징이 상술된다.

수준 1의 성 중독은 단순히 자기파괴적인 행동에 해당된다. 강박적인 자위행위, 포르노나 컴퓨터 섹스의 탐닉, 폰섹스의 과다 이용, 성매매, 이성애나 동성애 관계에서 섹스 파트너를 강박적으로 추구하기 등처럼 대다수 문화권에서 일부 불법이더라도 경우에 따라서는 용인되는 성행동 범주에 속하는 중독행동이다. 건강하고 자연스러운 성적 표현에 해당되는 자위행위도 중독이 되면 자기파괴적인 행동이 된다. 수준 1에 관련된 성 중독자들은 자신의 행동을 조절할 수 있다고 느끼며, 다른 사람들과 별로 다르지 않다고 합리화하는 경향이 강하다.

수준 2의 성 중독은 관음증이나 노출증, 수간, 음란 전화 등 타인에게 피해(예: 신체적, 정서적, 정신적, 법적, 영적 또는 종교적 피해 등)를 초래해 법적으로 제제받을 수 있는 범죄와 관련된 성행동이다.

수준 3의 성 중독은 아동의 성적 착취, 근친 성폭력, 강간 등 타인에게 끔찍한 결과(예: 심각한 정서적 혼란과 고통)를 초래할 수 있는 범죄와 관련된 성행동이다. 간혹 극단적인 경우 성행위 후 살해해 버리기도 하는데, 이는 여기에 포함된다.

수준 3에 해당되는 행위의 피해를 당한 어린 희생자들은 성장 후에 다른 사람에게 피해를 주는 가해자가 될 가능성[14]이 적지 않다. 그와 같은 행동이 내포하고 있는 위험성 그리고 그 위험성과 관련된 흥분이 중독자에게 성적인 또는 정서적인 황홀감의 일부가 될 수 있다.

---

14) 아동기에 학대를 받았던 경험이 있는 자가 성인기에 학대를 가하는 사람이 되는 경우를 'abused abuser'라고 표현한다.

5. 여성 성 중독자

인터넷이 보급되기 이전에는 성 중독 상태에 해당되는 사람들의 거의 대부분은 남성이었다. 그 형태가 무엇이든 상관없이 중독된 성행동을 보이고 있는 성인 여성의 비율은 3~5% 정도다. 그러나 지금 같은 초고속 인터넷 환경에서는 포르노와 같은 성적 자극이나 익명의 성 파트너를 찾는 사람이 증가하고 있는데, 이는 남녀를 불문하고 나타나는 현상이다.

이제는 성 중독이 성별이나 성격, 사회경제적 지위와 무관하다고 할 수 있다. 성 중독자는 부자이거나 가난뱅이일 수도 있고, 지능이 높거나 낮을 수도 있고, 흑인이거나 백인일 수도 있고, 젊은이이거나 고령자일 수도 있고, 전문가이거나 노동자일 수도 있고, 이성애자이거나 동성애자일 수도 있다. 직업도 목회자, 판매원, 회계원, 치료사, 의사, 정치인, 사업가 등을 모두 망라한다.

먼저 성별을 기준으로 살펴보면, 성행동 문제로 체포된 사람들이 대부분 남성이기 때문에 성 중독을 생각할 때 여성은 얼핏 상관이 없을 것이라 여긴다. 실제로 많은 사람은 여성이 성 중독자라는 현실을 받아들이지 못한다. 알코올중독이 사회적인 쟁점으로 부각되었을 때도 초창기에는 이를 남성에게만 적용할 수 있는 질환으로 이해하기도 했다. 그러나 성 중독 전문가 칸스에 의하면, 성 중독으로 도움을 추구하는 사람들의 20% 정도가 여성이었다. 이 비율은 알코올중독으로 치료를 받고 있는 여성의 비율과 유사하다.

여성이 성 중독자일 때 직면하는 가장 큰 문제 중 하나는 그녀가 성 중독 문제를 지녔음을 스스로 시인하도록 하는 일이다. 여성은 전통적인 성역할 때문에 자신의 강박적인 성행동 사실을 쉽게 인식하거나 인정하지 못한다. 그들은 자위행위나 낯선 상대와의 성관계 등을 이야기할 때 불편함을 느낀다. 또 강박적인 성행동을 여성과 연결시키는 것을 쉽게 용납하지 못한다.

상당수의 여성 성 중독자가 보이는 강박적인 성행동은 친족에게 과거에 성폭력이나 성 학대의 피해를 당했던 상처에 대한 반응이자 후유증이다. 성 중독에 연관된 오명 때문에 그리고 지저분한 여자, 음탕한 여자, 색광 등으로 해석될 가능성 때문에 강박적인 성행동을 인정한 여성이더라도 성 중독이라는 용어 대신에 '사랑 중독자'나 '관계 중독자'라는 용어를 선호하는데, 사랑이나 관계 중독에 대한 개념은 곧이어 설명된다.

남성에 비해 여성은 성행위보다도 단순히 상호작용이나 관계를 선호하는 비율이 더 높은 편이다. 예를 들면, 여성은 인터넷 채팅방에 접속하여 상호작용이나 대인관계를 즐기는 편이다. 남성도 채팅방에 접속하지만, 그들의 궁극적인 목표는 상호작용이나 대인관계를 즐기는 것이 아니라 성욕을 발산할 수 있는 대상을 모색하고 있을 가능성이 더 높다. 물론 여성 중독자의 상당수가 사랑이나 관계 중독에 해당되기도 하지만, 성적으로 중독된 여성도 적지 않다.

여성 성 중독자는 성이 유혹적인 기능을 하므로 상대방의 관심을 끌거나 상대방을 조종하고자 할 때 성을 이용한다. 본인이 희생자가 되는 경우에도 성을 이용한다. 예를 들면, 고통을 주고받는 성행위를 하려고 할 때나 다른 목적을 위해서 성행위의 제공을 거래하기도 한다. 성 중독에는 믿기 어려울 정도로 타인을 조종하려는 강한 힘이 내포되어 있다. 이는 남녀 모두에게 해당되는 특성이지만, 특히 성적으로 중독된 여성의 경우 그 가능성이 더 크다. 그러한 이유로 모든 상품의 광고에 여성의 성적 매력을 이용하고 있으며, 그 전달하는 메시지는 남성보다 더 강력하다.

여성이 성적으로 중독될 경우 사회생활에 미치는 결과는 남성보다 더 좋지 않다. 여성 중독자는 남성 중독자보다 사회적인 오명이 더 심하고, 수치심도 더 크며, 더 심하게 당황한다. '남자는 그럴 수 있더라도 여자는 그래서는 안 된다!'는 고정관념 때문에 여성의 성 중독을 더 부정적으로 바라보는 것이다.

여성 중독자는 남성과 달리 성적으로 중독된 자아를 아내 역할이나 어머니 역할과 잘 구분하는 편이다. 이와 같은 이중성 때문에 중독이 더 강화되면서 이중생활의 비밀도 유지된다. 결국 전문적인 도움도 밖으로 쉽게 노출되고 있는 남성 중독자 위주로 펼쳐지고 있는 셈이다.

6. 성 중독의 주제별 분류

알코올중독자들은 모두 알코올에 중독된 사람들이지만, 성 중독자들은 중독에 관련된 행위가 사람마다 다를 수 있다. 어떤 성 중독자의 중독행위는 특별히 위험해 보이지 않더라도 왜곡된 사고나 정체성 갈등 등과 관련이 있다면 자신이나 타인에 해악이 될 가능성을 내포할 수 있다. 역시 동일한 행위라도 어떤 성 중독자에게는 별 문제가 없는 건강한 행위가 될 수 있지만, 다른 사람에게는 분명히 중독행위가 될 수 있다. 예를 들면, 한 성 중독자가 보이는 자위행위는 그에게 문제가 없는 행위이지만, 어떤 성 중독자는 자위행위 자체가 위험한 중독 행동이기도 하다.

칸스 등 성 중독 전문가들에 의하면, 성 중독에 관련된 다양한 행위는 주제별로 다음과 같이 분류할 수 있다.

첫째, 실제로 행동으로 나타나는 경우가 아니라 강박적으로 성적 환상에만 초점을 맞추면서 살아가는 중독자가 있다. 이들은 환상에 심취할 때 정신질환자처럼 망상(delusion)에 빠져들기도 하지만, 자신이 환상을 즐기거나 환상에 빠져서 살고 있다는 것을 부정한다.

둘째, 성적으로 유혹하는 역할에 초점이 맞추어진 중독자가 있다. 꼬드김 수법이 능해서 수많은 성행위 파트너를 만나지만, 그들과의 관계를 지속하고 싶어도 성공하지 못하기 일쑤다.

셋째, 성행위를 하거나 성욕을 발산하기 위하여 금전을 지불하는 행위에 중독된 자들이 있다. 그들은 금전 거래를 통하여 성매매나 폰섹스를 즐기는 사람들이다. 이러한 행위가 불법이지만 철저하게 단속을 하지 않는 문화권에서는 이를 즐기는 사람도 자신을 성 중독자라고 여기지 않는다.

넷째, 성행위가 기본적인 목적이 아니라 이를 거래의 수단 등 다른 목적으로 이용하는 중독자가 있다. 예를 들면, 여성 약물중독자가 약물을 지니고 있는 남성에게 성행위를 거래할 때 그 이유가 약물을 얻거나 약물을 구할 돈을 마련하기 위한 것일 수 있다. 그녀처럼 아예 다른 사람에게 몸을 파는 행위를 습관적으로나 전문적으로 하는 것도 중독의 한 형태다.

다섯째, 상대를 가리지 않고 서로 알지 못하는 사람들과 위험 등을 전혀 고려하지 않은 상태에서 성행위를 습관적으로 시도하는 사람들이 있다. 대부분의 경우 성행위 파트너가 된 사람과 다시 만나지 못하거나 만나지 않는다. 상대가 누구인지에 대해서도 관심이 없고, 질병 감염에 대해서도 별 신경을 쓰지 않으며, 오직 성행위 시도만을 즐기는 형태다.

여섯째, 서로 고통을 주고받으면서 성적인 쾌감을 얻는 일을 즐기는 형태다. 성적 쾌락을 증진시킬 목적으로 서로 고통을 주고받는데, 서로 극단적인 행위까지 시도하며 보조기구나 동물을 이용하여 성욕을 발산하기도 한다.

일곱째, 성적인 접촉을 할 목적으로 상대방의 취약한 특성을 이용하거나 강제력을 행사하는 형태다. 자신의 전문성이나 종교적인 힘, 지위 등을 이용하여 자기보다 더 약한 사람들을 성적으로 착취하는 경우로 대부분 심각한 범죄행위에 해당된다.

7. 성 중독의 주요 형태

성 중독 증상에 관련된 행동의 범주는 매우 다양하다. 어떤 중독자는 성적 만족의 대상이 평범한 성인이지만, 어떤 중독자는 어린이처럼 인습적으로 허용되기 힘든 특이한 대상만을 찾는다. 다양한 형태의 성 중독은 대부분 강박적인 성적 환상이나 사고에 의해 나타난 강박행동이다. 또 중독과 관련된 성행동이 한 가지에 해당되기보다는 대다수가 두 가지 이상의 행동에 중독되어 있다.

다양한 형태의 충동적인 강박 성행동을 보이는 중독자는 몇 가지 유형으로 구분할 수 있다.

① 강박적으로 성행위 파트너를 찾아다니며 파트너 수가 많은 유형
② 수준이나 조건에 맞지 않는 또는 인습적으로 허용되지 않는 파트너에게만 강박적으로 집착하는 유형
③ 강박적으로 자위행위를 시도하는 유형
④ 강박적으로 포르노를 이용하는 유형
⑤ 성적인 목적으로 인터넷을 강박적으로 이용하는 유형
⑥ 강박적으로 여러 사람과의 개별적인 관계를 동시에 유지하는 유형
⑦ 한 사람과의 관계에서 강박적으로 성관계를 시도하는 유형 등

성 중독에 관련된 행동 범주는 앞서 얘기한 대로 두 가지 이상의 범주에 중독된 경우가 흔하다. 중독자들이 보이는 가장 일반적인 행동은 자위행위, 불륜, 익명의 상대와의 성행위 등이다. 일부 성 중독자는 변태성욕장애로 인하여 중독 상태로 발전하기도 하지만, 성 중독에 관련된 행동 범주의 대다수는 변태성욕에 해당되지 않는다. 물론 일부 중독자가 보인 행동 범주는 변태성욕에 해당되므로 이들도 상세하게 소개한다. 성 중독에 관련된 범주는 다음과 같다.

1) 강박적인 자위행위

자위행위에 강박적으로 중독된 자들은 기본적으로 다른 사람들과의 친밀감 형성이 결여되어 있다. 친밀감을 형성하지 못한 무능 때문에 불안이나 수치심, 고립되어 있다는 느낌이 매우 심하다. 그들 대다수가 불안이나 수치심을 극복하기 위해서 또는 고립에서 위안을 얻기 위해서 다시 자위행위를 하는 등 악순환을 되풀이하고 있다.

파트너를 만나거나 사귀는 것에도 자신감이 없다 보니 파트너와 성행위를 하는 것보다도 혼자만의 자위행위를 더 좋아할 정도로 자위행위에 집착하는 사람이 대다수다.

어떤 중독자는 일상적으로 자위행위를 시도하기 때문에 자위행위에 할애하는 시간이 비교적 짧지만, 어떤 중독자는 자위행위 방식이 과도할 뿐만 아니라 환상을 비롯하여 자위행위에 할애하는 시간이 엄청나게 길다. 예를 들면, 일상적인 자위행위를 하는 자들과 달리 몇 시간 동안 환상에 사로잡혀 있고, 포르노를 보면서 자위행위를 하는 데 몇 시간씩 보낸다. 자위행위를 하는 장소가 집이기도 하지만, 자위행위를 할 목적으로 모텔과 같은 공간을 빌려서 문을 걸어 잠근 채 시도하는 중독자도 있다.

강박적인 자위행위(compulsive masturbation)에 소요하는 시간 때문에 직장에 지각하거나 출근을 하지 않거나 다른 일을 하지 못하는 중독자도 있다. 하루 종일 환상에 사로잡혀 일도 제대로 못하고, 끊임없이 테니스장이나 체육관, 골프장, 극장, 식당 등 사람들이 모여 있는 곳을 배회하는 중독자도 있다. 그러다가 다른 사람들이 알아차리도록 자동차 안이나 공원이나 공중화장실에서 자위행위를 시도한다.

강박적 자위행위를 시도하는 자들은 자위행위 시 과도한 행동으로 성기에 상해를 입기도 한다. 예를 들면, 자위행위를 하더라도 더 이상 사정할 정액이 나오지 않을 때까지 시도하거나 성기에 찰과상이 생겨 통증을 느낄 정도까지 병적으로 시도하는 중독자들이 있다. 그들은 의도적으로 성기에 상해를 입히는 것이 아니라 쾌락을 추구하는 과정에서 상해를 입힌다. 자위행위를 시도하다가 상해가 발생했음을 알아차리더라도 이를 중단하는 것이 아니라 오히려 더 과도한 방법으로 시도하여 더 심각한 상해를 입게 되면서 더 큰 수치심을 얻기도 한다.

그들이 스스로에게 상해를 입히는 것은 심한 불안이나 수치심 등의 정서적 고통에서 탈피하기를 원하기 때문임과 동시에 신체적인 통증을 느끼면서 생존해 있다는 느낌을 얻기 위함이다. 상해가 나타날 정도의 자위행위를 시도하고 나서는 후련한 느낌을 얻는 반면, 아프다는 느낌을 제대로 얻지 못한다. 그러한 이유로 상태가 더 심해질수록 환상에 의존하는 생활이 악화되고, 파괴적으로 변하며, 궁극적으로는 가학성이나 피학성 변태성욕, 살인, 자살 등이 가미되기도 한다.

2) 장기적 관계가 이루어진 외도

결혼을 비롯한 언약 관계를 벗어나서 여러 사람과 성적으로 접촉하는 일(chronic infidelity)도 성 중독의 한 형태가 될 수 있다. 서두에 우즈의 일화를 소개했지만, 이를 바라보는 틀은 문화권마다, 또 시대에 따라서 변하고 있다. 예를 들면, 과거에는 기혼 남성이 배우자 이외의 여러 여성을 몰래 상대하든지 아니면 노골적으로 상대하든지 그들을 바람기가 심한 남자, 나쁜 남자 또는 오히려 대단한 남성으로 여겼지만, 근래에는 성 중독자라고 정의하기도 한다. 물론 이 범주는 다음에 소개하는 다른 범주와 관련시켜 해석할 수 있다.

3) 익명의 상대와의 성행위

낯선 사람과의 성행위(anonymous sex)를 즐기는 중독자가 있다. 사랑을 전제로 하는 성행위와는 전혀 관계없이 누구하고든지, 언제든지,

어디서든지 상대가 있으면 성행위를 시도하는 사람이다. 그들이 시도하는 성행위는 단순히 잘 알지 못하는 사람과의 관계일 뿐만 아니라 인간적인 면을 전혀 고려하지 않은 상태에서 시도하기 때문에 '비인간적인 성행위(impersonal sex)'라고 표현하기도 한다. 또 낯선 상대를 만나 성행위를 하는 시기가 저녁이기 때문에 '하룻밤의 성행위 또는 상대(one-night stand)'라는 용어도 그들과 매우 관련이 높다.

서구 문화권에는 그런 성향을 지닌 남성들이 성 파트너를 찾기 위해 공중 화장실이나 성인 전용 서점, 비디오방을 방문한다. 그곳에는 벽에 엉덩이 높이 정도에 구멍이 뚫려 있는데, 이 구멍을 속어로 '글로리홀(glory hole)'이라고 부른다. 한 차례의 방문에서도 한 구멍을 통해서 상대가 수시로 바뀌면서 여러 명을 상대할 수 있고, 자신이 다른 구멍을 찾아다니면서 차례대로 여러 명을 상대하기도 한다. 이 구멍을 통해서 옆 칸에 있는 사람과 자위행위나 오럴섹스(oral sex) 등이 이루어지는데, 칸막이 때문에 익명성을 유지할 수 있다. 근래에는 이와 같은 구멍이 소위 성 사업체(예: sex club, gay bathhouse, 성인전용극장 등)에 보편화되어 있다.

이 구멍을 이용하고자 하는 남성은 손가락을 구멍에 집어넣어서 상대에게 성행위를 하고 싶다는 의사를 전달한다. 구멍을 통해서 콘돔을 전해 주는 것은 안전한 성행위를 하고 싶다는 의사다. 상대방은 콘돔을 받아들이면서 자신의 성기를 그 구멍에 넣는 행위는 서비스를 받고 싶다는 관심의 표현이다. 그 구멍을 통해서 오럴섹스를 하고 싶은 사람은 한쪽 칸에서 앉아 있거나 무릎을 꿇는 자세를 취하면서 옆 칸의 상대에게 신호를 보내면, 상대는 서 있는 자세에서 자신의 음경을 집어넣어 주면서 오럴섹스를 할 수 있도록 해 준다. 양쪽 모두 손가락이나 혀, 성기를 이용한 성행위가 이루어지는데, 가장 일반적인 행위는 오럴섹스이지만, 항문성교, 남성의 성기를 자극하여 자위행위를 해 주는 것이다. 그런 곳을 찾는 사람들의 대다수가 남성이지만 간혹 남녀의 성행위도 이루어진다.

4) 위험한 또는 안전하지 못한 상태에서의 성행위

성행위로 파생될 수 있는 여러 위험성을 전혀 고려하지 않고 무조건 성욕만을 방출하려는 사람들이 있다. 임신이나 질병 감염의 위험을 무시하고 아무런 안전장치 없이 성행위를 시도하려는 것(risky or unsafe sex)을 비롯하여 법적으로 미성년자를 상대하거나 범죄에 연루될 수 있는 행위 등도 별다른 죄의식 없이 관여하는 중독자에 해당된다.

5) 성매매 행위에 연루되는 일

성매매(prostitution) 업소나 마사지 업소 등을 자주 방문하는 사람들이 있다. 단순히 방문 빈도가 높아서가 아니라 방문 행위 자체가 강박적일 때 중독자로 여긴다. 근래에는 외지로 출장을 가면서 도우미 형식의 파트너를 대동하는 행위도 강박적일 때에는 중독으로 여길 수 있다. 예를 들면, 도우미 파트너를 만나기 위하여 출장을 갈 정도라면 중독자라고 할 수 있다.

6) 성적 메시지

음성으로 성적 메시지(sexual messages)를 주고받으면서 흥분이나 만족을 얻는 일에 심취한 사람들이 있다. 성적 흥분을 얻을 목적으로 폰섹스를 강박적으로 시도하는 사람이 대표적인 부류다. 이들은 파트너와 만나서 실제로 성행위를 하는 것보다 이러한 행위가 더 편하게 느껴진다고 하는데, 그 이유는 실제 파트너를 만났을 때 자기 의도대로 상대방이 따라주지 않아서 좌절을 맛보기 때문이다. 이런 성향을 지닌 중독자들은 성 파트너를 상대할 때 자신감이 결여되어 있다고 할 수 있다. 발신자를 쉽게 확인할 수 없었던 과거에는 상대방에게 전화를 걸어 음란한 메시지를 전달하면서 상대방이 당황하고 곤혹스러워하거나 화를 내는 반응을 보일 때 성적으로 흥분하는 사람들이 있었다. 그들은 실제로 파트너를 만나서 성행위를 하고 싶은 마음이 간절하지만, 상대방에게 거절당하여 얻는 좌절 경험이 더 두렵기 때문에 직접 누군가를 만나는 대신에 불특정한 사람에게 성적인 메시지를 전달하면서 성적 만족을 얻고자 했던 것이다. 이런 행동을 하는 과정에서 자위행위를 통해 만족을 얻으면, 상대방의 부정적인 반응과 성적 만족이 연결되어 그러한 행동이 지속되고, 이런 행동이 강박적으로 나타나면 중독자라고 할 수 있다.

7) 여러 명의 파트너와 함께 시도하는 성행위

한꺼번에 세 명 이상이 성행위에 관여하는 것(sex with multiple partners)을 즐기는 사람이 있다. 습관적으로 이러한 강박행동을 통해

만족을 얻으려고 한다면 성 중독자라고 할 수 있다.

8) 포르노 중독

많은 사람이 기분 전환이나 오락 차원에서 다양한 포르노(porno-graphy)를 감상하지만, 포르노를 감상하는 빈도가 높지 않다면 중독이 되지 않은 상태다. 전형적인 중독자들은 장소를 상관하지 않고 하룻저녁에 적어도 4~5시간 그리고 일주일에 5~6일 밤은 거뜬히 포르노를 감상하고 있다.

포르노 중독자들은 다른 사람들과 만나 성행위를 하면서 얻는 성적 흥분보다도 포르노를 보거나 읽는 행위에 더 많은 시간을 소비하면서 성적 흥분 수준을 높이고, 이어서 자위행위를 한다. 포르노 이용이 너무 과다하기 때문에 강박적이라고 할 수 있는데, 성인 전용 서점이나 극장을 방문하는 것 이외에도 각종 포르노물을 수집하는 중독자도 있다.

9) 인터넷 중독

근래에는 인터넷을 이용하여 성에 관련된 행위를 하면서 성적 흥분을 얻는 형태가 점점 늘고 있다. 실제로 상당수의 성 중독자가 성적 흥분을 유발시켜 주는 사이트에 접속하여 성 관련 행위를 시도하고 있다.

대표적인 것이 포르노와 성적인 메시지다. 인터넷을 검색하고, 성에 관련된 내용을 보거나 읽고, 자료를 내려 받고, 성적인 장면을 생중계하는 사이트에 접속하고, 채팅방에서 성적인 대화를 하는 것 등에 시간을 점점 더 많이 투자한다. 인터넷은 성 중독자들이 찾고자 하는 수많은 것에 한번에 접근할 수 있는 도구가 되었다. 하루 종일, 즉각적으로, 혹은 비밀스럽게 접근할 수 있고, 환상적인 자료가 즐비하며, 다양한 내용을 접할 수 있고, 혼자서 무언가를 즐기고 싶을 때도 가능하다.

성 중독자들은 인터넷 때문에 중독이 빠르게 진행되었다고 느낄 정도로 쉽게 컴퓨터에 접근할 수 있다. 인터넷 때문에 더 빨리 중독 상태에 빠진 것이 오히려 다행스러운 것이 되기도 한다. 그 이유는 중독의 결과가 의외로 빨리 나타나서 도움을 받아야 하기 때문이다. 인터넷에 접속하여 성적 쾌감을 얻는 자들은 시간이 흐를수록 더 위험하고, 더 극단적인 행동으로 발달해 가면서 체포되는 경우가 적지 않다. 예를 들면, 주로 성적인 대화(이를 속어로 sex chatting 또는 sexting이라고 표현함)를 농담 식으로 하는 일에 심취해 있으면서 대화 도중 자위행위를 하지만, 시간이 지나면서 실제로 성행위를 하는 것과 같은 대화를 주고받으면서 흥분을 하며, 나중에는 그 대상이 누구든 상관없이 만나서 성행위를 하는 경우도 있다. 이때 그 대상이 미성년자일 경우 문제가 심각해지기도 한다.

10) 아동을 상대로 한 반복적인 성 학대 행위

어느 문화권이든지 아동을 상대로 성행위를 시도하거나 성적으로 학대하는 행위는 불법에 해당한다. 이런 행위를 하는 사람은 중독 여부와 무관하게 사회적으로 큰 파문을 일으키는 위험하거나 부도덕한 인물로 평가되지만, 아동을 상대로 한 성적 행위에 중독된 자들은 성적 흥분이 주로 아동에만 맞추어져 있기 때문에 아동이 등장하는 포르노만을 찾기도 한다.

11) 습관적인 관음행위

타인의 노출된 몸이나 성행위를 몰래 훔쳐보는 것에서 성적 흥분을 얻는, 소위 관음증(voyeurism)에 해당되는 중독 형태가 있다. 습관적으로 관음행위를 하는 사람들은 성적 흥분을 얻기 위해서 누드 바나 스트립클럽 등을 자주 방문하며, 포르노를 혼자서 몰래 감상하면서 성적 흥분을 얻는 사람들도 있다. 자신의 관찰행위를 상대방이 모르고 있을 때 성적 흥분이 가장 강하기 때문에 몰래 화장실이나 목욕탕, 탈의실을 엿보거나 연인들이 나타나서 성행위를 할 수 있다고 판단된 장소를 강박적으로 찾으면서 성적 흥분을 얻고자 한다. 이러한 행위를 하는 동안이나 관음행위 이후에 자위행위가 수반되는 것이 보통이다. 자위행위를 하더라도 성기 부위에 상해가 생길 정도로 과도하게 할 가능성이 높다. 근래에는 신체 부위나 성행위 장면을 상대가 모르게 촬영하거나, 그런 영상물을 소지하거나, 인터넷으로 이를 유포하는 행위는 불법에 해당된다.

12) 습관적인 노출 행위

소위 노출증(exhibitionism) 환자들은 공공장소나 집, 자동차 안에서 알몸 노출을 시도하거나 노출 상태로 자위행위를 하거나 파트너와 성행위를 시도한다. 그들은 의복도 몸이나 성기를 곧바로 노출할 수 있도록 만들어진 것을 입고 다닌다.

13) 상대의 허락 없이 부적절하게 만지거나 성적인 접촉을 시도하는 행위

당사자에게 허락을 얻지 않은 상태에서 타인의 신체 부위를 만지거나 껴안으려고 하는 행동을 상황이나 장소를 가리지 않고 습관적으로 하는 사람이 있다. 이와 같은 행위는 성 중독에 해당되는지 여부에 상관없이 성희롱으로 해석될 가능성이 매우 높다.

14) 페티시즘

페티시즘(fetishism)은 인간의 신체와 관련된 물건에 주술적인 속성을 부여하는 행위에 집착하는 중독이다. 대부분의 페티시즘의 대상은 속옷이나 신발이며, 중독자들은 그러한 물건을 수집하거나 훔치거나, 그런 물건들이 있는 장소를 자주 방문하면서 흥분하거나, 그와 같은 행위 등을 연상하면서 자위행위를 한다. 대변이나 소변, 생리대나 생리 현상으로 분비된 물질이 주술적인 대상이 되는 경우도 있다. 발가락이나 발과 같은 신체 부위에 중독된 사람도 적지 않다. 페티시즘 행위의 대부분은 성 중독 이외에 변태성욕에도 해당된다.

15) 강박적인 이성의 복장 착용

이성의 의복을 착용하는 행위(cross-dressing)를 강박적으로 시도하는 것을 말한다. 그러한 행위 자체가 흥미나 만족 차원을 넘어서 이성의 의복을 입지 않을 경우 불안이나 우울 증상 등을 초래한다면 중독이라고 할 수 있다. 그와 같은 행위에 집착하는 사람 대다수는 남성이며, 일부는 배우자와 일상적인 관계를 원만하게 유지하고 있는 기혼자다. 강박적이라도 단순히 불안이나 우울 증상을 이겨 낼 수단으로 이성의 의복을 착용한다면, 타인에게 큰 피해를 주는 것은 아니다. 그러므로 이러한 행위를 하는 사람들의 상당수가 자신의 행위를 중독이라고 여기지 않고 있다.

16) 가학성 및 피학성 변태성욕

상대방에게 고통을 가하면서 상대방이 고통을 받는 모습에서 흥분이나 만족을 느끼는 행위(sadism) 그리고 상대방에게 고통을 받는 것으로부터 흥분이나 만족을 느끼는 행위(masochism)를 말한다. 개인에 따라서 전자 또는 후자만을 즐기기도 하지만, 이를 즐기는 사람들은 거의 대부분 이 두 가지 심리 상태가 공존하고 있으면서 상황에 따라 한 속성이 더 우세하게 나타난다. 일반적으로 이 두 가지 속성이 공존하는 상태를 영문으로 'sado-masochism'이라고 부른다. 이 두 가지 속성의 발달은 모두 경험과 관련되며, 경험이 누적되면서 전율(thrill)과 같은 흥분을 맛보는 식역이 높아지면, 이를테면 생명이 위독할 정도의 고통 수준에서 흥분을 맛보게 된다면 단순한 변태성욕의 차원을 넘어 범죄행위가 될 수 있고, 성 중독 상태에 해당된다고 할 수 있다.

17) 수간

수간(bestiality)이란 사람보다도 동물을 상대로 성적인 행위를 시도하거나, 성적인 흥분을 얻거나, 성적인 욕망을 지니거나, 또는 정서적 관계를 유지하는 것을 말한다. 이러한 성향은 여성보다 남성에게서 더 흔하게 나타나며, 포르노를 감상할 때에도 동물이 등장하는 것을 더 선호한다. 이와 같은 성향이 미미했을 경우에는 단순히 변태성욕에 해당되지만, 그 성향이 강박적일 경우에는 성 중독에도 해당된다.

18) 성 회피

성행위에 대한 두려움이나 회피(sexual aversian)가 극단적으로 심한 경우를 말한다. 이러한 성향은 남성보다 여성에게서 더 흔하게 나타나며, 그들의 일부는 성욕이 있더라도 표현하는 것 자체가 두려워서 성적 욕구를 느낄 수 있는 상황이나 상황의 전개를 강박적으로 거부하거나 회피한다. 이와 같은 성향은 일반적으로 성과 관련된 과거의 상처 경험과 관련이 높은데, 성적 회피가 나타나는 기간 동안 성적으로 강박적인 상황이 전개되면 중독이라고 할 수 있다.

8. 사랑 중독

사랑 중독(love addiction)이란 어떤 사람과의 관계가 건강하지 못하여 공허함 등의 고통을 느끼므로 다른 사람과의 새로운 관계를 추구하지만, 새로운 관계가 형성되더라도 건강하지 못한 상태이기 때문에 더 심한 고통을 느끼게 되며, 이를 계기로 또 다른 관계를 추구하는 일이 반복되는 것을 말한다.

새로운 사람을 만나는 과정에서 사랑이나 매력을 느낄 때 얻는 쾌감이 마치 약물처럼 작용하기 때문에 그 사람과의 관계를 장기적으로 유지하지 못하고 곧바로 새로운 파트너를 찾아 나서게 된다. 사랑 중독은 사람이나 연애, 성행위나 쾌감에 대한 미성숙한 애착에 해당되는데, 중독자들은 성적 매력과 사랑에 대한 혼동 때문에 또는 사랑이나 애착을 얻기 위해서 성행위를 한다. 심리학적으로 사랑 중독은 정체성이나 안전, 힘, 소유나 의미의 관계 등의 욕구를 채우면서 만족을 얻고 싶어 하는 시도에 해당된다.

성 중독자가 강박적인 성행동을 반복적으로 보여 준다면, 사랑 중독자는 성이나 관계의 문제를 이용하여 과거와 동일한 정서적 강도와 만족의 수준을 얻으려고 반복적으로 관계를 추구한다. 성 중독자는 성행위 파트너와 정서적으로 엮이는 것을 피하지만, 사랑 중독자는 그 기간이 비록 짧더라도 정서적으로 엮이기도 한다. 물론 그 파트너를 신뢰하지 못하므로 파트너 입장에서도 관계를 오랫동안 지속하기가 어렵다.

사랑 중독자는 파트너와 정서적으로 엮이기 위해서 그 파트너를 보살펴 주려고 한다. 그 보살핌의 과정이나 동기는 자신이 파트너를 조종하기 위해서 또는 파트너에게 버림받는 것을 피하기 위해서 사랑 중독자는 다른 사람을 조종하려는 동기가 매우 강한 편이다. 그 이유는 조종을 하면 버림받지 않을 수 있다고 믿기 때문이다. 또한 자신이나 상황까지도 조종하려는 동기가 매우 강한 편이다.

사랑 중독자는 삶의 에너지를 성장보다도 오직 만족의 추구에 투자한다. 사랑 중독자도 성 중독자처럼 친밀감 장애를 보이며, 그 근원이 아동기의 상처와 강하게 연결되어 있다. 사랑 중독은 기본적으로 진정한 신뢰감 형성을 위반하는 것인데, 초기에는 관계를 형성하기 위해서 친밀해지는 것을 원하지만 나중에는 그 이상 친밀해지는 것을 두려워한다. 어떤 사랑 중독자는 한꺼번에 여러 파트너와 엮이는데, 그런 상태일지라도 어느 한 사람과도 깊은 관계를 유지하는 것을 피한다.

사랑 중독은 파트너와의 관계에서 파트너에게 정서적으로 의존하는 정도가 비정상적으로 심하며, 그 관계에 강박적으로 집착하면서 고통을 얻게 되므로 '관계 중독(relationship addiction)'이라고도 부른다. 그러나 일부 연구자는 관계 중독을 중심으로 성 중독이나 사랑 중독을 바라보기도 한다. 예를 들면, 일부 연구자(예: Whiteman)는 관계 중독에는 세 가지 형태가 있다고 소개했다. 첫째는 성 중독이며, 둘째는 사랑에 빠진 후 행복의 빛이 바래면 더 이상 관계를 유지하지 못하고 새로운 관계를 추구하는 사랑 중독이며, 셋째는 특정한 사람에 대한 애착을 강하게 보이는 사람 중독(person addiction)이다. 사람 중독이란 특정한 사람에 의해서만 행복을 느끼는 등 그 사람에 대한 감정적인 의존 상태가 심한 것을 이르는데, 간혹 소유욕이나 폭력의 형태로 나타나기도 한다. 사랑 중독도 형태가 다양하다. 어떤 사랑 중독자는 파트너와의 사랑을 갈구하면서도 가까워지는 것에 두려움을 느끼는 등 양가적인 태도를 보이는데, 그 경우 일종의 성격장애에 해당된다.

사랑 중독의 근본 원인이나 특성 및 징후를 몇 가지 살펴보자.

첫째, 사랑 중독은 기본적으로 성 중독과 유사하지만, 사랑 중독에서의 사랑은 보통 커플들의 진정한 사랑과는 의미가 다르다. 진정한 사랑은 파트너와의 관계가 자신의 모든 생활에 관련되어 이루어지지만, 사랑 중독은 파트너와의 관계가 하나의 관계에 해당될 뿐 다른 생활 영역과 관련시키지 않는다.

둘째, 사랑 중독의 근본 원인은 어린 시절 부모를 비롯한 양육자에게 사랑이나 관심을 전혀 받지 못하고 버림받았던 것 때문에 경험한 고립된 느낌과 관련된다.

셋째, 고립된 느낌 때문에 사랑 중독 행위에는 분노, 우울함, 고통 등이 숨겨져 있다. 과거 어린 시절의 상처를 잊고 싶어서나 채워지지 못했던 욕구를 보상하기 위해서, 현재의 정서적인 고통을 회피하기 위해서나 어려운 문제를 풀어 가기 위해서 등의 이유로 파트너를 자주 바꾸어 버리는 행위는 일종의 부정적인 정서 표출이라고 할 수 있다. 다시 말하면, 부정적 정서를 완화시키기 위해서 성행위, 파트너, 관계 등을 이용하는 것이다.

넷째, 사랑 중독자들은 보통 사람처럼 대인관계에서 매력이나 애착, 성행위 등의 중요성을 인식하지만, 어떠한 상황이든지 상관없이 이들을 물이나 음식처럼 가장 기본적이거나 필수적인 요소로 여기고 있다는 점에서 보통 사람과 다르다.

다섯째, 근원이 동일하기 때문에 사랑 중독자들은 다른 형태의 중독이나 강박성의 문제를 지니고 있을 가능성이 높다.

여섯째, 누군가와 파트너 관계를 형성하지 못하거나 파트너가 없으면 무가치하다고 느끼는 등 홀로 있는 것을 두려워한다. 그러므로 현재 관계를 유지하고 있는 파트너에게 버림받거나 거부당하지 않기 위하여 수단과 방법을 가리지 않는다. 예를 들면, 파트너와 사랑의 관계가 아니더라도, 심지어 파트너가 폭력을 행사한다 하더라도, 혹은 위험에 처해 있더라도 떠나지 못하게 하는 등 그 관계에서의 변화를 두려워한다.

일곱째, 파트너와의 관계에서 별다른 문제없이 지내기도 힘들지만,

파트너가 마음에 들지 않거나 새로움을 추구하면서 얻는 만족을 강박적으로 원하면 현재의 관계를 끝내 버리고 곧바로 다른 파트너를 찾아나선다. 새로운 파트너와의 관계는 이전에 만족스럽지 못한 경험 때문에 억울하거나 분한 마음이 큰 상태에서 시작하게 된다.

여덟째, 파트너와의 불행한 관계 때문에 건강이나 안녕 상태에 악영향을 미친다. 하지만 자신이 지닌 문제라고 인식하는 것을 거부한다.

9. 성 중독의 발달을 설명하는 이론과 가설

중독의 원인은 나중에 다시 '근본적인 원인'의 맥락에서 언급될 것이지만, 여기에서는 근본적인 원인을 극복하지 못한 채로 어떻게 성 중독으로 발달했는지를 설명하는 이론 몇 가지를 소개한다. 성 중독뿐만 아니라 다른 중독들까지 설명해 주는 이론들이지만, 성 중독에 초점을 맞추어 설명하고자 한다. 설명하는 이론들의 내용이 부분적으로 중복되고 있음을 이해하면서 여러 이론을 비교할 수 있어야 한다.

1) 과다 성욕 가설

실제로 극히 일부 중독자는 성욕이 너무 강해서 성 중독이라는 문제에 연루되었다고 주장하기도 한다. 주체할 수 없을 정도의 성욕을 지녔기 때문에 이를 해소시키는 수단으로 성행위에 자주 연루되었다면서 자신의 성 중독에는 다른 동기나 의미가 전혀 없었다고 단순하게 말하는 사람도 있다. 또 자신의 성 중독 이유는 강한 성욕 때문이며, 다른 이유는 낮은 자존감, 외로움, 사랑의 요구 등이었다고 말하는 이도 있다. 사람마다 성욕의 강도가 다르며, 성욕 과다의 기준이 다를 수 있다. 그렇다면 과다 성욕으로 성 중독을 설명하는 가설은 일반적인 것이라고 할 수 없다.

2) 정체성 회피 가설

성 중독자들의 극히 일부는 성적 정체성 문제 때문에 중독으로 발전했다고 표현한다. 예를 들면, 동성애 정체성을 지닌 젊은 남성은 동성애에 대한 편견이 심한 사회에 생존하기 위해서 내적으로나 외적으로 자신의 정체성을 부정하려고 할 때마다 매우 심한 심리적 고통을 지각할 수 있다. 이성애 중심의 사회문화적 틀에서 동성에게 매력을 느끼는 것이나 동성애 정체성을 수용하기가 어려워 두려움이나 외로움, 사회적 지지의 결핍을 느낀다. 이러한 어려움을 극복하기 위한 수단으로 성행위에 강박적으로 의존한다는 것이다. 그러나 동성애에 대한 편견이 감소된다면 이러한 설명력은 약해진다.

3) 자기 치료(self-medication) 가설

일부 학자들(예: Khantzian)은 이미 1970년대에 중독이나 강박적 성행동의 이유를 설명했다. 과거로부터 지속된 고통이 현재까지 부정적인 영향을 미치고 있는데, 그 고통을 스스로 치유하기 위한 반응이라는 설명이었다.

나중에 더 상세히 설명하겠지만, 중독 과정에서 중독으로 이끄는 계기가 되는 자극이나 상황은 자존심이 저하되어 있거나, 외로움을 심하게 느끼거나, 우울이나 불안 증상이 있거나, 죄의식이나 수치심 등으로 몸 둘 바를 모르거나, 몸이 아프거나, 과거에 신체나 성, 정서적인 학대를 당했던 일이 회상되는 것 등 모두 고통과 관련된다. 그와 같은 고통이 생기면 개인은 고통을 덜어 줄 수 있을 것 같은 방법을 찾게 된다. 대부분 과거로부터, 아마도 사춘기 이전부터, 고통을 완화시켜 주었던 또는 자신을 더 편하게 해 주었던 방법을 찾는 것이다.

마약 중독자들이 마약의 효능 경험을 잊지 못하고 또 다시 마약을 찾는 사람이라면, 성 중독자들은 성행위의 효능 때문에 성행위에 다시 의존하게 된 사람이다. 곧 성 중독자들에게 성행위는 효과가 즉시 나타나는 약물과 같은 것이기에 고통이나 긴장을 경험하게 될 때 성행위를 일종의 진통제나 긴장 완화제 등의 약물처럼 스스로 처방하게 된다.

성행위를 통해서 성적 만족과 함께 기분이 좋아진다. 그러나 성 중독자들은 단순히 기분이 더 좋아지게 할 목적으로 성행위를 추구하는 것이라기보다도 현재의 힘든 상황에서 벗어나고 삶에서의 책임을 느끼지 않는 등 모든 것을 잊기 위한 자기 치료의 목적으로 성행위를 추구하는 것이라고 할 수 있다. 자기 치료를 위해서 선택한 방법은 자위 행위, 포르노 감상, 관음증, 노출 행위 등 개인마다 약간씩 다른 형태의 중독으로 발전했다.

4) 스트레스 감소 또는 보상 가설

사람은 누구나 스트레스나 긴장 수준이 높아지면 대처 수단으로 무언가에 의존할 수 있다. 이를 역으로 설명하면, 중독은 스트레스나 긴장으로부터 회피하기 위한 수단이다. 이와 같은 관점에서 중독을 설명하는 이론이 긴장으로부터 스트레스 감소(tension or stress reduction) 이론이다. 이 관점을 지지한 일부 연구자(예: Goeders)는 중독자가 삶에서 경험하는 스트레스에 대응하는 방식의 하나로 중독을 이용한다고 가정한다. 모든 사람이 긴장이나 스트레스를 경험할 때 나름대로 성공적으로 대응하는 기제를 가지고 있다. 이런 면에서 앞서 소개한 자기 치료 가설의 입장과 유사하다고 할 수 있다.

중독 예방의 측면에서 사람들이 스트레스에 대응하는 기제로 중독을 이용하는 것은 가장 바람직하지 못한 수단일 뿐만 아니라 기능장애를 초래하므로 더 적절한 대응 수단으로 대체되어야 한다. 새로운 수단으로 대체할 수 있다면, 중독자는 더 이상 중독을 이용할 필요가 없다.

긴장이나 스트레스를 감소시켜 준다는 맥락을 보상이나 이득을 위한 차원으로 설명할 수도 있다. 어떤 사람이 열심히 노력했음에도 가까운 사람들이 자신을 전혀 알아주지 못할 경우 외로움을 느끼거나 심지어는 억울함이나 분노, 슬픔을 느낄 수 있다. 또 자신의 가치를 이해해 주는 사람이 없다고 느낄 때 성행위를 통하여 스스로 위로하는 등 보상을 받고 싶어 할 수 있다. 성 중독자에게 성행위는 자신의 가치를 인정받을 수 있는 보상으로 이용되고 있는 것이다. 그 중독자는 자신에게 어떤 상황이 전개되든지 일시적으로 가져다주는 느낌 때문에 성행위를 이용하는 습관이 몸에 배었다. 그렇다면 성 중독을 설명하는 보상 이론은 앞에서 설명한 자기 치료의 기능이나 스트레스 감소 효과와 비슷한 설명이 된다.

성 중독자들은 자기애가 결여되어 있을 뿐만 아니라 자긍심도 매우 낮은 편이다. 자기애가 너무 넘쳐나거나 자긍심이 너무 강한 것도 바람직하지 않지만, 너무 부족하거나 낮은 것도 마찬가지다. 습관적으로 성행위에 의존하는 성 중독 현상은 저하된 자긍심이나 자기애를 복원시키려는 보상 기제에 의한 것이라고 할 수 있다.

5) 과잉 학습 가설

인지이론에 의하면, 사람의 정서 상태나 행동 방향은 그가 무슨 생각을 하고 있었는지 또는 어떻게 생각하고 있었는지 등의 사고 과정에 의해서 결정된다고 한다. 사회학습이론에 의하면, 어떤 사람의 행동이 바람직한 것이든지 그렇지 못한 것이든지 상관없이 모두 경험에 의해 결정되었다고 한다. 그 행동이 나타난 결과가 긍정적인 보상(강화)과 연결되었다면, 나중에도 다시 나타날 가능성이 커진다. 인지행동접근에서는 중독을 일종의 과잉 학습된 반응으로 보고 있다.

행동치료자들은 전통적으로 행동의 근본적인 원인에는 별다른 관심을 보이지 않는다. 그 대신 훈련으로 바람직하지 못한 행동을 바람직한 방향으로 수정할 수 있다는 점에 초점을 맞춘다. 중독에 대한 인지적이고 행동적인 치료기법에서는 강박적이고 과잉 학습된 반응, 즉 중독 행동이나 그 행동과 관련된 사고에 의한 정서적 반응을 점검한다. 그리고 중독 행동이 더 이상 보상과 연결되지 않도록 새로운 사고 모형을 설정해 준다.

6) 질병 모델

성 중독을 질병으로 설명하는 관점은 다음 장에서도 상세히 거론하겠지만, 성 중독을 당뇨나 우울증과 같은 만성질환처럼 질병으로 가정한다면 원인이나 증상, 발병 과정, 치료에 대한 반응도 묘사할 수 있다. 이 모델에 의하면, 성 중독자는 아픈 사람이며, 어린 시절의 상처 때문에 신체나 정신적으로 여러 변화가 나타난 상태에서 살아가고 있는 것이다.

성 중독자는 정상적인 기능을 제대로 하지 못했던 가정환경에서 어린 시절을 보내는 동안 그와 같은 환경을 정상적이거나 일반적인 것으로 여기게 된다. 그는 자라서도 안정을 얻기 위해서 그 같은 상태를 유지하려고 노력[15]하는데, 그러한 노력을 강박적으로 하는 것 자체가 중독이라고 할 수 있다. 곧 성 중독이란 어린 시절 다양한 학대 경험을 치유하지 못한 상태로 살아가면서 훗날 무의식적으로 그러한 학대 형식이 재현된 것이라 할 수 있다.

성 중독을 질병 모델로 설명하는 것에 반대하는 사람도 적지 않다. 그들이 반대하는 주요 이유는 중독을 질병으로 여길 경우 환자가 된 사람의 책임이 사라져 버리는 꼴이 된다는 것이다. 그럼에도 중독을 치유하기 위해서는 이를 혼자서 치유할 수 없는 질병으로 보는 것이 더 유리하다고 주장하는 사람이 대부분이다. 성 중독 회복 프로그램의 첫 단계는 바로 중독자 스스로 힘이 없는 존재임을, 즉 혼자서 치유할 수 없는 질병의 환자임을 천명하는 것이다.

---

15) 이를 기준이 잘못 설정된 상태에서 homeostasis를 유지하는 노력이라고 표현할 수 있다.

7) 자기조절(self-regulation) 실패 가설

포르노를 보고 싶거나 자위행위를 하고 싶거나 마사지 업소를 찾아가고 싶다면 어떻게 해야 하는가? 이러한 행위는 중독자가 아닌 사람도 자주 시도하는 것들이며, 상황에 따라서 자제해야 하거나 충분히 자제할 수 있는 것들이다. 그러나 비중독자들과 달리 중독자들은 그런 행위를 자제하지 못한다. 중독자는 일단 머릿속에 성적인 생각이 떠오르면, 어떻게 해서든지 행위를 시도하고 성적 쾌감을 얻어야 할 정도로 스스로를 조절하지 못한다.

이런 맥락에서 성 중독은 성욕을 무분별하게 발산하려고 하는 장애로 표현하기보다는 욕망을 전혀 조절하지 못하는 장애나 질환으로 표현하는 것이 더 적절하다. 단순히 욕망만이 아니라 감정이나 정서, 충동, 행동 등까지도 조절하지 못하는 장애다. 결국 성 중독자는 원하지 않는 부정적인 정서나 파괴적인 충동을 조절하지 못하는 사람이다.

자기조절 능력의 결여란 다시는 하지 않겠다고 스스로 약속했던 행동을 중단하지 못하거나 기본적인 도덕적 가치를 위반하는 일을 말한다. 성 중독자들은 어떤 충동이나 환상, 생각이 들 때 전혀 조절할 수 없다는 것을 스스로 느낀다. 자기조절을 제대로 하지 못하다 보니 현재 자신과 가깝거나 중요한 사람과의 관계에 부정적인 영향을 심하게 미친다. 그뿐만 아니라 자신의 행동을 조절할 수 없기 때문에 건강이나 재정, 직업, 관계 등에도 유해한 결과를 가져온다.

그럼 중독자들은 조절 능력이 처음부터 결여되었던 사람이었는가? 그렇지 않다. 본인도 중독자가 되고 싶었던 것은 아니다. 그렇지만 성적인 환상에 사로잡힐 때마다 원하는 성행동을 반복적으로, 강박적으로 시도하다가 습관처럼 몸에 익숙해진 것이다.

우선 과잉 학습 가설에 의하면, 성 중독은 성행동을 시도함과 거의 동시에 성적 만족을 얻거나 고통을 잊게 해 주는 보상이 나타나서 그렇게 된 것이다. 이러한 면에서 성행동에 중독된 경우는 화학물질에 중독된 경우와 매우 유사하다. 마약에 노출되거나 성행위를 경험한 후의 보상이 중독으로 발전되어 버린 것이다. 물질이든 행동이든 중독 상태로 발달하면, 중독자들은 행동 조절에 심하게 어려움을 느낀다. 오히려 자기조절을 전혀 하지 못하는 대신 중독 행위에 삶이 맞추어지는 식으로 변해 간다.

왜 자기조절을 하지 못하는 사람이 되었을까? 성 중독자들은 실제로 자신이 왜 성적인 쾌락을 추구하고 살아가는지 그리고 왜 머릿속에는 항상 누군가와 성행위를 하는 생각이나 강박적으로 자위행위를 해야 한다는 생각으로 가득 차 있는지를 잘 이해하지 못한다. 자신이 어느 정도 위험한 행동을 하고 있는지에 대한 이해도 부족하다.

정답은 성 중독자 스스로에겐 잘못이 거의 없다는 것이다. 후반부에 좀 더 상세히 설명하겠지만, 대부분의 성 중독자는 어린 시절 자신의 행동이나 사고를 스스로 통제할 수 없는 가정에서 자랐다. 다시 말하면, 정상적인 기능을 하지 못하는 가정에서 어린 시절을 보낸 결과 자기조절 능력을 발달시키는 일이 거의 불가능에 가까웠던 것이다. 아동기에 불안정한 자아 개념을 발달시켰고, 정서 조절을 적절히 학습하지 못한 탓에 성인기에도 정서 상태를 조절하기 어렵게 된 것이다.

자기조절 능력이 결여되었다면, 과연 그 능력을 회복할 수 있을까? 쉬운 일이 아니지만, 도움을 받는다면 가능하다. 성 중독의 치료는 파괴된 자기조절 체계를 복원시켜 조절 능력을 향상시키는 것인데, 이

부분은 이 책의 후반부에 소개할 것이다.

성 중독 초기에는 중독자는 자신의 성행동을 스스로 조절할 수 있다고 여긴다. 대부분의 성 중독자는 회복이나 치료 프로그램에 참여하기 전까지 자신이 중독되지도 않았고, 중독자라고 여기지 않았던 사람들이다. 일시적이라도 본인이 원하는 성행위를 중단할 수 있었다면, 중독되지 않았다고 또는 중독 상태에서 벗어났다고 생각한다. 그들은 '이 정도쯤이야 충분히 내가 알아서 조절하고 다룰 수 있다.'고 자신 있게 생각하기도 했었다.

성 중독자가 중독 행동이 나타난 이후 충동을 억제하지 못한 자신의 무능력을 후회하고서 그 행동을 자제하면서 겁에 질리는 기간이 있는데, 이 기간에는 다시는 하지 않겠다고 약속하면서 중독을 통제하는 경우도 있다. 그러나 시간이 지나면서 스스로 약속했음에도 조절할 수 있는 힘이 약해져서 다시 중독 행동을 하게 되었다. 조절되는 것 같았던 경우도 있었겠지만, 유감스럽게도 시간이 지나면서 조절 능력이 깨지고, 중독 행동이 멈추기를 원하면서 다시는 하지 않을 것이라고 수차례 스스로 약속했는데도 쾌감을 가져다준 행동을 반복하게 되었던 것이다.

10. 성 중독과 정신질환

1) 정신장애

성 중독은 정신질환이나 장애에 해당되는가? 우선 정신질환이나 장애의 기준을 논할 때 참고하는 두 가지 진단 기준을 간략하게 살펴보자. 하나는 미국정신의학회(American Psychiatric Association: APA)[16]에서 발간하는 자료이며, 다른 하나는 세계보건기구(World Health Organization: WHO)에서 발간하는 자료다.

APA에서 발간하는 정신질환이나 장애에 관해서 분류한 편람(책자)은 약자로 DSM(Diagnostic and Statistical Manual of Mental Disorders)이라고 한다. 이는 1952년 제1판(DSM-I)이 발간된 이래 여러 차례 개정되어 2013년 5월에는 제5판(또는 DSM-5로 표기함)이 출간되었다. 한편 WHO에서 발간하는 질병에 관한 분류 편람은 ICD(International Classification of Diseases)[17]라고 하는데, 현재 사용되고 있는 것은 1999년도에 발간된 제10판(ICD-10)이며, 현재 최종안이 준비되고 있는 제11판은 2018년도까지 제출될 것으로 보인다.

성 중독이 질환이나 장애에 해당하려면 어떤 조건이 필요한가?

---

16) 미국심리학회도 영문 약자로 APA(American Psychological Association)라고 표기하므로 미국정신의학회와 혼동되는 경우가 있지만, 이 책에서의 APA는 미국정신의학회를 칭한다.
17) ICD는 국제연합(UN)이 결성되기 이전인 1900년에 제1판(ICD-1)이 출간된 후 제5판까지 개정되었고, UN 출범 이후 제6판이 1949년에 출간된 이래 현재는 제10판을 사용하고 있는 중이다.

DSM이나 ICD에 '성 중독'이라는 용어가 직접 수록되어 있든지, 아니면 성 중독과 관련된 다른 진단명이 들어 있어야 한다. 성욕 과다로 인한 장애나 강박적 성행동 등이 다른 진단명의 대표적인 예다.

먼저 WHO의 ICD-10을 보면, 성 중독(sexual addiction)이라는 용어가 없다. 그 대신 '과다한 성욕(excessive sexual drive)'이라는 진단 기준이 존재한다. 즉, ICD에서는 과다한 성욕을 소유하는 경우 '성 중독자'에 가까운 사람이라면서 남성을 '세이터라이어시스(Satyriasis)' 그리고 여성을 '님포마니아(Nymphomania)'라고 표현했다. 전자는 그리스 신화 세이터(Satyr, 사티로스)에서 유래했는데, 사티로스는 인간의 상체와 염소의 하체를 지닌 숲의 신으로 강한 성적 욕망을 소유하고 있는 것을 상징한다. 후자는 그리스 신화 님프(Nymph)에서 유래했는데, 님프는 젊고, 아름답고, 성적 매력이 있는 약자의 여신으로 요정들을 일컫는다. 그리스 신화에서 님프들은 항시 사티로스의 표적이었다. ICD의 진단 기준에서 '과다하다(excessive)'는 용어는 정상 범주에서 벗어났음을 의미한다. 특히 성행위에 대한 욕구가 과다하다는 의미다. 유감이지만 진단 기준에서 어느 정도가 정상에 해당되는지를 쉽게 알 수 없다.

APA에서는 성 중독을 어떻게 이해하고 있는가? 한때 성 중독이라는 용어를 직접 사용한 적이 있었지만, 지금은 그렇지 않다. 그러나 추후 다시 정신질환이나 장애로 분류될 가능성이 낮지는 않다. 여러 차례 겪었던 우여곡절을 살펴보자.

APA에서는 1987년 DSM 제3판(DSM-III)의 내용을 부분적으로 수정 보완한 제3판의 개정판(DSM-III-R)을 발표할 때 '비변태성 성 중독(non-paraphilic sexual addiction)의 다른 형태'라는 진단 기준을 수록

했다. 이것이 바로 APA에서 성 중독을 정신질환으로 여겼던 최초의 경우였다. 그 후 1994년도 DSM 제4판(DSM-IV) 및 2000년도 제4판의 교과서판(DSM-IV-TR)에서는 불충분한 연구와 전문가들의 의견이 일치되지 않아 '성 중독(sexual addiction)'이라는 용어를 더 이상 포함시키지 않았다. 그러나 이는 성 중독이 정신질환과 전적으로 무관함을 의미하지는 않는다.

적어도 DSM-IV에는 성 중독과 매우 가까운 내용이 들어 있는 진단 기준, 즉 성 중독의 이해에 도움이 되는 기준이 적어도 세 가지 있었다. 이들은, 첫째, '달리 분리되지 않은 변태성욕(paraphilia not otherwise specified)' 둘째, '달리 분리되지 않은 성적 장애(sexual disorders not otherwise specified)', 셋째, '달리 분류되지 않은 충동조절장애 (impulse control disorder not otherwise specified)'였다. 그러나 DSM-IV-TR에는 첫 번째 조항은 사라지고, 두 번째와 세 번째 조항이 남아 있었다.

보통 중독 장애를 정의할 때에는 최소한 두 가지 요소를 고려한다. 그 두 가지는 쾌감 유발이나 통증 감소의 기능과 관련된 행동이 이용되고 있더라도 그 행동 통제의 실패가 반복적이라는 요소와 유해한 결과가 심각해도 행동이 지속된다는 요소다. 또, 행동이나 물질에 대한 중독을 논할 때 '내성'이나 '금단' 현상이 필수적인 것인지에 대한 의견은 일치되어 있지 않다. 일부 전문가는 신체적 의존에 관한 기준, 내성이나 금단 현상 등의 기준이 분명할 때에만 중독이라는 용어를 적용해야 한다고 주장한다. 그들은 현실적으로 증상이 나타난 것이라는 점에는 동의하지만, 내성과 금단 현상이 나타나지 않으므로 성 중독이라는 용어가 적절하지 않다고 느낀다.

반면에 중독 장애를 정의할 때 내성이나 신체적 의존보다도 강박적 행동이나 재발 행동을 더 강조하는 전문가(예: O'Brien)들이 있다. 심지어는 내성이나 금단 현상에 대한 기준에 상관없이 자신이나 가족에 대한 책임을 다 하지 못한 나쁜 습관이라면 중독으로 규정해도 된다는 주장도 있다(예: Martin 등).

최근까지 이용되었던 DSM-IV-TR이나 2013년도에 발간된 DSM-5에 의하면, 알코올중독 분야는 금단이나 내성을 겪지 않아도 DSM에 수록되어 있다. 이게 사실이라면 강박적 성행동도 중독으로 볼 수 있다는 주장이 설득력을 얻는다. 그럼에도 2013년도에 발간된 DSM-5를 준비하는 과정에서도 성 중독이라는 용어를 포함시키지 않을 것이라고 결정했다.

여러 연구자들이 성 중독이라는 용어가 다시 도입되어야 한다고 주장했지만, 결국 DSM-5에 포함시키지 않기로 결정했다. 그 대신 '과잉 성욕장애(hyper-sexuality, hypersexual disorder)'라는 가상적인 진단기준으로 대체시킬 가능성이 있었지만 막판에 가서는 과잉 성욕장애라는 용어마저도 도입되지 않았다.

이러한 결정에 찬성하는 치료자들도 있었던 반면, 성 중독자를 치료하는 전문가들은 그와 같은 기준이 포함되지 않은 것에 대해 못마땅하게 여기고 있다. 후자의 전문가들은 실제로 충동적인 성행동 문제를 지닌 환자들이 상태가 더 악화된 시점에 와서야 치료를 받게 될 가능성이 높음을 걱정한다. 질환이 아니라면 건강과 관련된 문제가 아니라고 생각해서 예방이나 인식, 치료 등에 신경을 별로 쓰지 않을 것이라는 점과 DSM에 수록되지 않으면 의료보험에 해당되지 않기 때문에 환자들이 더 쉽게 치료나 회복에 필요한 경비를 보험회사에 청구하지 못하게 된다는 점 또한 걱정한다.

2) 강박장애와의 관련성

이제 강박장애와 성 중독의 관련성을 살펴보자. 강박장애를 보인 환자들의 강박적 사고의 대부분이 성적 환상과 관련된다고 알고 있지만, 실제로는 그렇지 않다. 오래전에 발표된 한 연구(Rasmussen & Tsuang, 1986)에 의하면, 강박장애 환자들의 30% 정도만이 강박적으로 성적인 사고를 하는 것으로 나타났다. 그들이 강박적으로 성적인 사고를 하는 이유가 성적 흥분이나 쾌락과 연결시키기 위한 것이라기보다도 대다수가 성적 충동이 자신의 의지에 상관없이 발산되는 것에 대한 두려움이나 변태성욕자가 되는 것에 대한 두려움 때문이었다고 한다.

그렇다면 강박장애와 성 중독의 관련성이 그렇게 높지 않다고 할 수 있다. 강박장애를 보인 사람들 중에서도 장애의 주된 내용이 성행동 표출과 관련된다면 성 중독이라고 볼 수 있다. 보통 강박장애와 무관하게 성행동이 충동적으로나 강박적으로 표출되는 경우 '강박적인 성행동'[18]이라는 용어를 적용시켜 표현한다. 일부 연구자들(예: Carnes, Coleman 등)은 성인 남성 8%와 성인 여성 3% 정도가 강박적 성행동을 보이고 있다고 주장했다.

참고로 DSM-III-R을 적용하던 시기의 강박적 성행동 진단 기준을

---

18) 강박적인 성행동을 영문으로 표기할 때 'obsessive-compulsive sexual behavior'라고 하지만, 그 행동 자체가 충동적이어서 'impulsive-compulsive sexual behavior'라고도 표기한다.

알아보자. 당시에는 마치 변태성욕과 관련된 장애처럼 분류되어 있었다. 그 기준의 하나는, 적어도 6개월 이상이라는 전제에서, 사회적으로 금지된 성적 관심이나 행동을 포함한 성욕을 자극하는 환상, 충동, 행위 등의 빈도나 강도가 증가하여 상호 사랑을 주고받는 행위 능력을 방해하는 것이라고 되어 있었다. 또 다른 하나는 환자가 변태적이든 정상적이든 성욕을 자극하는 강렬한 환상, 충동, 행위가 반복되어 사회적, 직업적 또는 다른 영역에서 역할을 제대로 하지 못하여 임상적으로 심각한 고통의 원인이 되며, 이러한 환상, 충동, 행동은 단순히 약물과 같은 물질사용장애나 발달장애에 기인하지는 않았다는 것이었다. 만일 환자의 성행동이 인습적인 것에 해당된다면, 강박적 충동 성행동이라고 진단될 수 있었다. 강박적인 성행동에서 강박적이라는 요소에는 행동이 주기를 지니고 지속된다는 내용이 포함되어 있었다.

그러나 DSM 제4판(DSM-IV, 1994)이나 2000년도 제4판의 교과서판(DSM-IV-TR)에는 강박적인 성행동이라는 항목이 더 이상 수록되어 않았다. 군이 찾아보면 DSM-IV-TR에 강박적인 성행동은 '달리 분류되지 않은 강박장애' 정도에 해당되었다. 즉, 변태성욕은 고유의 독특한 범주로 구분해서 설명되었지만, 강박적인 성행동의 분류는 변태성욕에 비해 매우 애매했기 때문에 사라진 것이었다.

일부 전문가들은 강박적인 성행동을 중독으로 여길 수 없다고 분명하게 주장한다. 그들은 음식을 섭취하는 일, 잠을 자는 일, 성행위 등이 모두 인간의 생존에 필수적인 기본 욕구에 해당되는 것인데, 이러한 욕구가 강박적으로 나타난다고 해서 중독의 범주에 포함시키는 것은 도가 지나치다고 반대한다. 이들도 앞에서 설명한 바처럼 내성이나 금단 현상의 존재를 바탕으로 중독 여부를 결정해야 한다고 주장한다.

생리적인 금단 증상이 나타나는지를 뒷받침하는 연구가 없기 때문에 강박적인 성행동을 중독으로 정당화시킬 수 없다는 주장이다. 설령 강박적인 성행동을 보인 사람이 주기적인 성행위를 할 수 없는 상황에 직면할 때 가슴이 뛰거나 땀이 나는 등 일종의 정신적 긴장을 경험할 수 있지만, 이러한 현상을 두고 생리적인 금단이라고 보기 힘들다고 주장한다.

성 중독의 특징을 보이는 변태성욕이나 과잉성욕장애는 상당수가 병리적 문제에 기인한다. 뇌손상의 증상, 약물 부작용 또는 내분비계 이상의 증상 때문에 변태성욕이나 과잉 성행동을 보일 수 있다. 그러나 변태성욕과 과잉 성행동은 성 중독과 다르다. 내성, 성행동의 중단에 따른 심리적 · 생리적 금단 증상, 지속적으로 그 행동을 통제하거나 감소시키려는 욕망 등은 변태성욕이나 과잉 성행동에서는 관찰되지 않는다. 성행동 문제가 중독으로 이해되려면, 물질을 습관적으로 사용해서 그 물질 때문에 특별한 유형의 신체적 의존을 보이는 것처럼 성행동 중단으로 인하여 신체적 의존성이 나타나야 한다는 주장이다. 성 경험은 기분을 변화시키지만, 지속적인 성행동을 갑자기 중단하더라도 망상이나 발작, 사망 등과 같은 생리적 스트레스 형태로 이어지지는 않는다. 성 중독은 역시 반사회적 성격장애로 나타나는 공격적이거나 착취적인 성행동과 다르다. 후자의 성행동은 중독성이 아니다.

일부 반대론자들은 심지어 중독이라는 용어를 함부로 사용하지 않아야 한다는 논리를 펼친다. 중독 행동이 만족을 얻기 위해서 또는 내적으로 불편한 심정에서 벗어나려는 수단으로 이용되고 있다면, 다른 강박적인 행동도 그와 유사함을 보인다. 예를 들면, 컴퓨터 게임을 하거나 주말에 특정한 운동경기를 보면서 늘 쾌락을 얻는 사람이 있다고 하자. 그 사람이 주말마다 강박적으로 게임이나 운동경기를 보려고 한다 하더라도 중독자라고 부르지 않는다. 이런 맥락에서 강박적인 성행동을 보인다고 해서 성 중독자라는 꼬리표를 붙이는 것은 사회의 편견이라고 할 수 있다. 실제로 인터넷 등에서 포르노에 과다 노출된 사람 중에서 부정적인 결과가 전혀 관찰되지 않은 경우가 적지 않다.

성 중독과 질환의 관계를 마무리하여 정리해 보자. 현재는 강박적 성행동을 보이거나 과잉 성행동을 보이더라도 질환으로 분류하지 않는다. 이는 현재 미국정신의학회나 미국심리학회의 관점이다. DSM-III-R의 시대가 지난 이후에는 성 중독, 강박적 성행동, 과잉 성행동 등의 용어를 찾아볼 수 없다.

이와 같은 결론은 무엇을 의미하는가? 성 중독, 포르노 중독, 강박적 성행동, 과잉 성행동 등이 정신질환과 무관하며, 아무런 문제가 없다는 의미인가? 그렇지 않다. 정신질환과 관련이 있더라도 진단 기준을 마련할 수 있는 경험적 증거를 충분히 찾지 못했다는 의미가 더 크다. 실제로 성행동 문제로 생활 장면에서 여러 어려움을 겪게 되어 치료나 회복 프로그램에 참여하는 사람이 줄어들지 않고 있다.

DSM-5가 발간되기 직전까지도 강박적인 성행동이나 성 중독을 '행동 및 물질 관련 중독 장애'의 일부로 분류할 움직임이 있었지만, 결국 성 중독이나 운동 중독, 쇼핑 중독과 같은 행동 중독 범주는 제외시켰다. 최종적으로 '물질 관련 중독 장애' 범주만이 수록되었는데, 이는 행동 중독에 대한 보다 더 분명한 진단 기준이 필요했기 때문이다.

11. 성 중독과 범죄

약물중독이나 알코올중독은 범죄와 자주 연루된다. 예를 들면, 마약을 소지하고 있거나 판매나 구입, 이용하는 것 자체가 범죄 행위가 된다. 약물을 구입할 돈을 마련하기 위해서 여성이 몸을 판다면 성매매가 불법인 문화권에서는 범죄에 해당된다. 반면에 성 중독은 성 범죄를 저지르는 것과 직접적인 관련성이 그렇게 높지 않은 편이다. 성 중독자들이 모두 성 범죄를 저지르는 사람이 아니며, 성 범죄자들 모두가 성 중독자인 것도 아니다. 단지 일부 범죄자는 중독자이거나, 일부 중독자는 범죄와 관련된 성 중독자일 가능성이 존재할 뿐이다. 성 중독자들이 보여 주는 행동 범주는 매우 광범위하다. 예를 들면, 일부 성 중독자는 단순히 아동에게 관심을 가진다. 그렇다고 하더라도 그 관심은 대부분의 문화권에서 법적으로 범죄 행위가 된다.

성 범죄와 성 중독은 근원이 유사하더라도 성적인 면에서 기본 동기가 다르다. 성 중독자의 대다수는 쾌락을 얻기 위해서 성행위를 추구하는 것이 아니라 자존심 저하와 같은 괴로움을 벗어나기 위한 수단으로 성행위를 강박적으로 시도한다. 반면에 강간과 같은 성 범죄를 저지른 범인의 경우 성적 욕구 불만을 해소하기 위한 목적으로 그런 짓을 행하기도 하지만, 여성에 대한 분노나 지배욕 때문에 범죄를 저지른 경우가 적지 않다.

성 중독자가 시도한 행위가 범죄에 해당될 때 중독 때문에 그런 행위를 했다고 보는 경우와 그냥 범죄로 보는 것과는 약간의 차이가 있다. 이러한 이유로 혹자는 성 중독이라는 명칭 자체가 개인적으로나 법적으로 성 범죄를 저지른 자들에게 변명거리를 주는 것이라고 걱정한다. 중독을 질병으로 여기게 되면, 중독자도 자신의 행위가 단순히 질병 때문에 발생한 것이라고 여겨 버릴 수 있다. 당연히 행위에 대한 중독자의 책임이 줄어들 것이다. 그러나 질병 때문에 발생한 행위라 하더라도 그 행위가 범죄에 해당된다면 그 행위자에게 책임을 지도록 해야 할 것이다.

12. 성 중독의 생화학

1) 뇌의 중독

신경과학의 발달로 어떤 행동이 발생하기 전부터 이후까지의 과정을 뇌 속에서 나타난 변화로 설명하는 것이 가능해지기 시작했다. 포유동물은 성행위를 하는 동안이나 이후에 생물학적으로 그리고 신경학적으로 쾌락을 경험할 수 있는 기제를 갖추고 있다. 그러므로 중독은 간혹 자연스러운 현상으로 이해되기도 한다.

중독이 된 이후에는 성행위로 얻는 쾌락은 일시적이며, 일정한 시간이 경과하면 곧바로 쾌락을 맛본 후유증으로 공허함과 고통이 남는다. 성적인 자극으로 강한 흥분이 유발된 일시적인 기간 동안은 공포나 수치심, 분노, 적개심 등의 부정적인 정서를 일시적으로 용해시켜 버리지만, 곧바로 기존의 부정적인 정서 이외에 공허함을 비롯한 새로운 고통이 가중되는 것은 중독이 안고 있는 문제점이다.

그와 같은 중독의 기제를 근래에는 신경전달물질(neurotransmitter)

이라는 화학물질의 기능으로 설명하고 있다. 신경전달물질에 대해서 잘 알지 못했던 시절에는 사람의 행동을 주로 호르몬에만 연관시켜 설명했다. 신경과학이 발달할수록 신경전달물질로 사람의 행동을 더 정교하게 설명하게 되었고, 호르몬과 신경전달물질의 관련성도 적지 않은 것으로 드러나고 있다. 이런 맥락에서 성 중독을 '화학적 중독'으로 표현하기도 한다.

사람의 두뇌는 회로가 매우 복잡하다. 기쁨이나 괴로움 등 정서적 의미를 지닌 자극이나 이미지들은 이를 경험할 때마다 뇌 속에 하나씩 새겨지고, 뇌에 새겨질 때에는 뇌를 변화시키거나 또는 이미 존재하고 있는 생화학적 기억 흔적을 건드리기도 한다. 일단 뇌에서 형성된 신경 화학적 경로들이 강한 자극이나 이미지에 의한 경험과 관련되었다면 쉽게 지워버릴 수 없다.

성 중독자의 경우, 뇌에 새겨진 기억의 힘은 너무 대단해서 중독과 관련된 회로가 더욱더 발달하게 되며, 성행위가 일정 기간 동안 중단되어 회로가 간헐적으로라도 아무런 자극을 받지 못할 경우 생리적으로 장애가 생긴다. 강박적인 성행동으로 만족을 얻은 회로는 마약 등의 물질에 중독된 자들이 보여 주는 회로와 구조적으로 유사하다. 보상과 관련된 회로가 반복적으로 이용될수록 그 회로는 더 강해진다.

성 중독으로 발전했다면, 화학물질은 성행위 도중에만 방출되는 것이 아니다. 이를 역으로 설명하면, 실제 성행위를 하지 않는 상황에서도 성행위에서처럼 화학물질이 방출된다면 성 중독에 해당된다는 것이다. 성 중독자의 경우, 성행위를 해야겠다고 마음을 먹고 머릿속으로 그 행위를 그리거나 그 행위를 시도하기 위해서 노력하는 과정에서부터 이미 방출이 이루어질 정도로 회로가 잘 발달되어 있다. 회로가 강해질수록 쾌감을 얻으려면 더 많은, 더 강한 자극이 필요하다. 즉, 현재의 행동 수준으로는 이전에 맛보았던 만족을 얻지 못하기 때문에 더 자극적인 행동 수준을 원한다. 성 중독자는 초기에는 자신의 행동을 통제할 수 있다고 생각하지만, 뇌에서는 최소한 그 전에 맛보았던 수준만큼의 만족을 더 강하게 요구하기 때문에 불가피하게 그들의 행동은 곧바로 예전의 수준을 뛰어넘게 된다. 그래서 자신이 통제하지 못하는 중독자로 발달하게 된다.

이를 달리 표현하면, 뇌의 일부에서 무언가 결함이 있다고 느낄 때 그 결함을 해소하려는 기본적인 동기가 생기면서 어떤 행동을 강박적으로 갈망하게 된다. 이러한 갈망 수준이 높아질수록 실제 무언가 채워지지 못한 결함이 더 커지므로 우울하거나 불행하다는 느낌이 들며, 심지어는 불안, 불면증, 쾌감 상실, 안절부절 등을 경험한다. 그러므로 중독자는 자신의 삶에서 부정적인 결과가 초래되는 것에 상관하지 않고 '이전의 쾌감을 맛보았던 수준'을 다시 맛보려는 노력을 지속하면서 뇌에서 정상을 되찾았다는, 즉 더 이상 결함이 없다는 느낌을 얻고자 한다. 중독은 습관처럼 얻어진 것이지만 일단 획득되면 절대로 사라지지 않는 반응처럼 지속된다.

2) 신경전달물질

이제 신경전달물질의 명칭을 거론하면서 좀 더 구체적으로 성 중독을 묘사해 보자. 성 중독과 같은 '과정 중독'의 상태에서 경험한 쾌감의 고조는 외부로부터 얻는 것이 아니라 뇌에서 방출된 화학물질(신경전달물질)로부터 얻는 것이다. 사람의 머리는 이러한 화학물질의 방출에 익숙해져서 쾌감의 고조 상태를 경험하기 위해서 성행위를 지속적으로 추구한다.

성행위를 경험할 때 사람의 뇌는 행복을 느끼거나 고통을 마비시켜 주는 마약과 유사한 엔도르핀(endorphin)[19]을 방출한다. 그 분자 구조는 헤로인이나 모르핀 등의 아편 물질과 유사하지만, 효능은 훨씬 더 강하다. 곧 성행위나 포르노 감상 등으로 기분이 좋아지는 것이 그 효능의 예다.

성 중독자는 엔도르핀 방출을 강박적으로 추구하는 사람이다. 그가 특정한 성행위를 할 때 엔도르핀 방출에서 받았던 보상이 너무 강했기 때문에 자신의 생활에 부정적인 결과가 나타남을 알고 있음에도 그 행위를 다시 추구하고자 한다. 이러한 화학물질에 중독된 사람들은 다음에도 강박적으로 그 쾌감을 얻고자 한다. 강박적인 성행동이 반복되면서 뇌는 신경전달물질의 방출에 적응해 버려 나중에는 처음에 얻었던 쾌감을 얻기 위해서 더 강한 자극, 또 더 빈번한 자극을 추구한다.

이를 중독 과정으로 설명하면, 신경전달물질의 효과 때문에 짧은 순간 행복감을 얻지만, 곧바로 신경전달물질이 고갈되면서 절망감이나 고통의 상태로 연결되고 갈망 또한 증가한다. 좀 더 전문적으로 표현하자면, 세포의 시냅스(synapse)에 신경전달물질이 있을 때는 쾌감을 얻지만, 결핍되었을 때는 불안하고, 쉽게 분노하고, 우울해지고, 자존감이 떨어지고, 자살을 하고 싶은 생각도 든다. 이게 바로 화학물질이 초래하는 반응이자 효과다.

이러한 신경전달물질을 너무 자주 이용하면, 나중에는 신경전달물

---

19) 이는 몸속에서 분비되는 모르핀이라는 의미로 'endogenous morphine'의 합성
어이며, 마치 신경전달물질과 같은 기능을 하는 펩타이드(peptide)들을 일컫는다.

질의 방출이나 작용을 방해하는 현상이 발생한다. 동시에 그 신경전달물질을 받아들이는 수용 영역이 늘어나 버리는, 즉 수용기 분자의 수가 증가하는 현상이 발생한다. 이로 인하여 방출하는 신경전달물질의 양과 이들을 받아들이는 수용기 분자 사이의 편차가 심해진다. 이제 신경전달물질의 공급이 부족해졌기 때문에 예전의 쾌감 상태에 도달하기 위해서는 더 격렬한 자극(활동)이 필요해진다.

이것이 바로 중독에서 말하는 내성 현상의 본질이다. 곧 성 중독자는 이러한 결핍 상태를 해결하기 위해서 노력하는데, 약물중독자들이 약물의 효과를 얻기 위해서 약물의 용량을 늘리듯이 바로 신경전달물질의 양을 증가시키기 위해서 성적인 행동을 더 강화시킨다.

이제 다른 신경전달물질과 성 중독의 관련성도 잠깐 살펴보자. 중독자의 행동은 뇌에서 화학적인 변화를 초래하는데, 이 변화 때문에 기분이나 마음이 달라지는 경험을 한다. 이러한 변화에 관여하는 물질은 다양하다. 예를 들면, 어떤 중독 행동이 나타나는 동안 아드레날린(adrenaline)과 같은 자연적인 화학물질도 방출되는데, 이는 쾌락 중추와 연결되어 있어 나중에 그 행동을 더 강구하게 된다.

강박적인 성행동이 나타나는 이유는 아마도 마약의 주성분이면서 각성제인 암페타민(amphetamine)이나 코카인이 신경전달물질에 영향을 주는 것처럼 성행위로부터 얻는 만족 때문이다. 어떤 사람이 기분을 좋게 해 주는 오르가슴에 의존하게 되면 성행위는 그와 같은 정서를 얻는 도구가 된다.

또 다른 물질 PEA(phenylethalimine)는 도박, 번지점프, 남의 눈을 속이고 물건 등을 훔치는 행위 및 성행위와 같은 본질적으로 위험 행동의 중독에 관여하는 물질이다. 그 분자 구조는 암페타민과 유사하며, 암페타민처럼 처음 방출될 때 효력이 가장 강력하다. 그래서 많은 중독자가 처음 경험했던 쾌감의 고조 상태를 추구하려고 한다. 위험한 상황에서는 PEA 수준이나 성적 각성의 수준이 극적으로 더 높아진다. 두려움이나 위험이 더 많이 따를수록 PEA가 더 많이 방출된다. 이는 옥외에서 또는 커튼을 치지 않고 자신의 알몸을 노출하는 행위를 즐기는 노출증 환자의 경험을 잘 설명해 준다. 잡힐 수도 있다는 위험이나 두려움이 큼에도 PEA 수준이 더 높아져 있다 보니 그 행위를 즐기고 있는 것이다.

도파민(dopamine)도 각종 중독과 관계하는 신경전달물질이다. 도박이나 쇼핑, 과식, 게임에 중독되는 것도 도파민이 방출되어 쾌락 중추를 자극해 주는 효과와 관련된다. 도파민은 성적 흥분에도 관여한다. 성적으로 흥분하여 오르가슴에 도달하는 순간까지 도파민 수준은 높아지는데, 일단 오르가슴에 도달하면 그 수준이 급격히 낮아진다. 일반적으로 도파민 수준이 너무 높은 경우는 성 중독이나 변태성욕, 수준이 너무 낮은 경우는 성욕 저하나 발기부전과 관련성이 매우 높다.

강박적 성행동 장애는 도파민 이외에 세로토닌(serotonin)과 같은 신경전달물질과도 관련이 높다. 세로토닌은 기분이나 성욕을 조절 또는 억제하는데, 세로토닌 수준이 저하될 경우 성욕을 억제하지 못해 성행위를 시도하게 된다. 성 중독자는 그와 같이 신경전달물질의 조절 기능이 약화되면서 심리적 또는 화학적으로 중독된 상태라고 말할 수 있는데, 어떤 성 중독자는 중독 성향이 코카인 중독보다 더 강하다.

성 중독자는 뇌 속에서 앞서 소개한 신경전달물질들을 잘 방출시키기 위해 강렬한 성적 환상을 이용한다. 약물처럼 성행위로 인해서 뇌에서 생화학적 반응을 일으킨다. 시간이 지날수록 성 행동은 강박적으로 변하는데, 그 이유는 신경전달물질의 과도한 수준에 적응하여 처음과 같은 감각을 얻기 위해 더 강력해진 자극 그리고 더 자주 그 자극을 추구하기 때문이다.

성 중독을 충동적인 강박 성행동으로 보는 사람들은 강한 정서를 수반한 성행동이 잦아지면서 신경회로를 변화시켜 반복적으로 그 행동이 나타나는 것을 중독이라고 가정한다. 그렇다면 성 중독으로부터 회복이나 치료는 어떻게 설명할 수 있는가?

일단 어떤 행위를 반복하면 뇌에서는 새로운 회로를 발달시킨다. 성 중독의 회복 과정에 있는 자는 긍정적인 행동을 반복하여 새로운 회로를 만들어야 한다. 예를 들면, 명상이나 운동을 통해서 엔도르핀을 방출하는 회로를 다시 형성시켜 이것이 성행위로 인한 회로보다 더 강해진다면 더 이상 성행위에 강박적으로 집착하지 않아도 된다.

13. 행동화와 쾌감의 고조 상태

중독을 이해하기 위해서는 최소한 다음 두 가지 용어의 의미와 그 용어들이 어떤 맥락에서 사용되고 있는지를 알아야 한다. 그 하나는 '행동화'이며, 다른 하나는 '하이'다.

1) 행동화

행동화(acting out)라는 심리학 용어는 본능적이고 충동적인 어떤 욕구를 자제하지 못하고 행동으로 표출해 버렸다는 의미를 지닌다. 그러므로 행동화라는 용어에는 자기조절을 제대로 하지 못했다는 의미, 충분히 언어로 표현할 수 있음에도 행동으로 보여 주었다는 의미, 그리고 자신이나 타인에게 파괴적이거나, 공격적이거나, 반사회적이거나, 전혀 건설적이지 못하다는 의미 등이 담겨 있다. 아울러 본능적이고 충동적인 욕구를 자제할 줄 알아야 성숙한 사람이라는 의미 그리고 바람직한 일이라는 의미도 담겨 있다.

남의 관심을 얻기 위해서 한바탕 성질을 부리거나 반사회적인 행동을 하는 경우도 행동화라는 용어로 묘사할 수 있지만, 행동화라는 용어는 일반적으로 중독자들이 보이는 중독 행동을 묘사할 때에 국한시켜 사용하는 편이다. 예를 들면, 성 중독자가 스트레스를 잊기 위해 기분전환의 수단으로 자위행위를 해야겠다는 생각을 했다면, 자위행위로 기분이 좋아지는 순간이나 장면을 환상으로 떠올리는 것까지는 행동화 이전 단계이며, 자위행위를 실시하는 것 자체가 바로 행동화에 해당된다. 보통 행동화의 결과 원하는 바가 일시적으로 이루어진 것으로 보이지만, 그런 행동화가 습관처럼 나타난다면 이미 중독되었다고 할 수 있다.

2) 하이

그럼 왜 중독자는 내면적인 갈등이나 긴장, 환상 등을 자제하고 못하고 행동화를 시도하는가? 중독 행위와 행동화로 인하여 뇌의 쾌락 중추가 자극을 받아서 '쾌감의 고조 상태'를 맛보기 때문이다. 보통 행동화의 결과로 쾌감이 고조된 상태를 '하이(high)'[20]라는 영문 속어로 표현한다.

고통스러운 현실을 잊기 위해서 성 중독자가 성적인 행동화를 토대로 하이 상태를 맛본다면, 고통 등을 모두 잊으면서 무아지경이나 황홀감에 빠질 수 있기 때문에 영문으로 'trance(무아지경)' 또는 'ecstasy(황홀경, 황홀감)'라는 단어로 그 상태를 표현하기도 한다. 극도의 행복감에 빠져 있는 상태라는 의미의 'euphoria(희열)'이라는 단어도 비슷한 맥락에서 사용된다.

3) 성 중독

앞에서 소개한 두 용어로 성 중독을 설명해 보자. 이 두 용어만 잘 엮어도 성 중독의 과정을 부분적으로 이해할 수 있다.

어떤 사람이 현재 고통이나 불안 등이 심한 스트레스 상태에 있다고 가정하자. 그는 그 고통에서 벗어나기 위한 한 방편으로 하이 경험을 맛보는 환상에 사로잡힐 수 있다. 그 환상의 내용은 개인마다 그리고 상황마다 다를 수 있는데, 만약 그가 항상 성행위와 관련된 하이 경험만을 머릿속으로 그리면서 살아간다고 가정하자. 결국 어느 순간에 그는 환상을 실제 행동으로 옮기는 행동화를 시도하며, 그 행동화로 인하여 비교적 짧은 순간이나마 성적인 쾌감의 고조 상태, 즉 하이 상태를 경험한다.

---

20) 매일 쉬지 않고 오래 달리기 연습을 하는 경우도 일종의 중독이라고 여기면서 'runner's high'라는 용어를 사용해서 표현하기도 한다. 약물중독자들의 중독 행위의 맥락에서 하이와 유사한 의미로 사용되고 있는 다른 속어들로는 rush(하이 상태라도 보통 위험스러운 행동과 관련되었다는 의미), kick(마약에 의한 강한 쾌감 효과를 의미), fix(강한 효과를 얻기 위해서 한 번 정도 필요로 하는 약물의 분량을 의미) 등이 있다.

대부분의 성 중독자는 행동화를 시도하기 전에 상당히 오랫동안 환상에 사로잡혀 있는 상태로 행동화를 준비한다. 앞에서 설명했던 것처럼 환상에 사로잡혀 있는 동안도 부분적으로 고통이 해소된 상태라고 할 수 있다. 행동화로 모든 고통을 날려 버릴 수 있다고 기대하기 때문이다.

성 중독자는 하이 상태를 경험하는 순간, 고통 해소의 목적이 달성되었기 때문에 마치 정상을 되찾는 느낌을 갖는다. 이 순간만큼은 죄의식이나 후회 등을 전혀 느끼지 않는다. 마치 평소의 의식 상태에서는 경험할 수 없는 느낌을 얻게 되어서 정상적인 자아와는 분리된 비인간화 상태에 해당된다고 할 수 있다.

그러나 시간이 얼마 흐르지 않아 쾌감의 고조 상태가 서서히 약해지면서 원래대로 돌아오면, 그는 자신의 행동화 시도에 대해서 냉정하게 생각해 볼 수 있게 된다. 행동화를 택했던 사실이 수치스럽거나 죄의식, 후회감 등이 생겨난다. 거기에다 일상생활에서 스트레스가 누적되면 다시 괴로워진다. 시간이 흐를수록 긴장이나 걱정이 고조되고 기분 변화가 심하고 불안정해진다.

어떻게 해야 하는가? 그들이 생각하는 답은 간단하다. 다시 고통을 잊도록 해 주는 환상에 사로잡히고, 이윽고 다시 행동화를 시도하면 환상이 현실로 바뀐다. 그리고 하이 상태를 맛보면 그 순간만큼은 고통을 잊는다. 이런 생활의 반복이 바로 성 중독 주기의 발달이다.

성 중독자들은 어떻게 해야 자신이 원하는 하이 상태에 도달할 수 있는가를 잘 알며, 비교적 예측이 가능한 하이 상태를 반복적으로 경험하고 있다. 어떤 중독자의 행동화는 성 파트너를 만나서 성행위를 하는 것이라면, 새로운 파트너를 만나든지 아니면 새로운 행동이 반복되어야 한다. 그는 고통이 생길 때마다 그 고통을 날려 버리고 쾌락과 성취의 느낌을 맛보기 위해서, 즉 하이 상태를 경험하기 위해서 새로운 파트너를 찾거나 새로운 행동을 추구하는 환상에 골몰하면서 살아간다. 이런 모습 때문에 성 중독자는 실제로는 이중성격자가 아님에도 그의 자아가 쾌락의 고조를 맛볼 때까지의 비정상 상태와 맛본 이후의 정상 상태로 분리되는 식으로 발달해 버린다.

현실의 고통을 잊기 위해 성 중독자들은 즉각적으로 하이 상태를 맛보고 싶어 하지만, 성행위 자체나 성행위로부터 얻는 오르가슴(쾌락의 고조), 즉 성 중독자가 추구하는 하이 상태는 매우 짧은 순간이다. 그 짧은 순간을 위해 오랜 시간 모든 생활이 거기에 얽매여 있다. 그것이 중독자들이 보이는 수많은 특성 중 하나다. 그들은 만족을 나중에 맛볼 수 있도록 참아내는 기술이 결여되어 있으며, 이런 특성 때문에 성공적인 회복 프로그램을 조성하는 데 시간이 걸린다. 그들은 고통을 느끼면 지금 당장 헤어나고 싶은 욕구를 지니고 있다.

02

성 중독의 특성

성 중독자들이 보이는 특성은 매우 다양하다. 그 특성들을 하나씩 점검하면서 성 중독을 이해해 보자. 그렇다고 해서 모든 성 중독자가 그 특성을 모두 지니고 있다는 의미는 아니다. 적어도 몇 가지 이상의 요소를 가지고 있다면 성 중독이라고 할 수 있다. 그런 요소들을 더 많이, 더 강하게 지닐수록 성 중독자일 가능성이 더 높은 것이다. 그러한 특성에 관한 증상이 심할수록 성 중독의 상태가 역시 더 심각하다는 의미가 된다.

1. 친밀감 장애

　성 중독자들은 보통 타인과의 관계를 장기적으로 유지하지 못한다. 상대방과의 관계가 지나치게 성적인 측면에 치우치고 친밀감(intimacy)을 회피하므로 관계는 짧은 기간 내에 끝나 버린다. 곧 성 중독자들의 전형적인 증상 중 하나는 친밀감 장애를 보이는 것이다. 이는 다른 사람들과의 교류가 없거나 부족하다는 뜻이 아니라 교류를 하더라도 무엇이 진정한 친밀감(true or real intimacy)에 해당되는지를 잘 모르고 교류한다는 뜻이다. 이를 역으로 표현하면, 그들에게 무엇이 진정한 친밀감인지를 가르쳐 주고, 또 진정한 친밀감을 잘 형성할 수 있도록 도와주는 것이 바로 성 중독 치료나 회복의 관건이 된다는 것이다. 그 부분은 이 책 후반부에 언급될 것이다.

먼저 친밀감이 무엇인지를 생각해 보자. 이는 다른 사람과 정서적으로 가깝게 또 깊게 연결되어 있다는 느낌을 의미한다. 친밀감 형성과 성행위의 관련성은 답이 정해져 있는 것이 아니라 상황마다 사람마다 다르다. 서로 잘 알고 지내는 연인의 경우 성행위를 통해서 상대방과 가까워지기도 하지만, 성행위 때문에 두 사람이 멀어지기도 한다. 서로 잘 모르는 사람들이 성행위를 한다고 해서 무조건 가까운 관계로 발전하는 것은 아니다. 인간관계가 이루어지는 대부분의 상황에서 다른 사람들과의 친밀감 형성은 성행위와 상관없이 가능하며 더 일반적이다.

타인과 정서적으로 가까워지려면 성행위 여부보다도 시간이나 공간적인 면에서 함께해야 하며, 함께하면서 서로 정직해야 하며, 서로의 느낌(분노, 기쁨 등)이나 생각 등을 감추지 않고 스스럼없이 노출하면서 공감할 수 있어야 한다. 물론 아무렇게나 노출해서는 안 된다. 자신이나 상대방이 편하고 안전하고 자유로운 상황에서 자신을 노출해야 하고, 노출 과정에서 상대방의 자존심을 최대한 존중해야 하고, 그 반대로 상대방이 자신에게 노출할 때 가능하면 이를 편하게 받아 주어야 한다.

성 중독자들은 친밀감을 어떻게 이해하고 있는가? 그들도 나름대로 다른 사람들과 가깝게 지내려고 노력하며, 가까운 관계를 형성하고 있다고 생각한다. 그러나 그들의 친밀감 개념은 보통 사람의 개념과 매우 다르다. 인간관계에서 진정한 친밀감을 얻는 방법을 전혀 모르는 중독자가 부지기수다. 그들이 범하고 있는 오류의 핵심은 바로 '사람끼리 물리적으로 가까워지는 것'을 '서로 성행위를 하고 싶어 하는 것'으로 이해하고 있다는 점이다. 그래서 그들이 다른 사람을 만나는 목적은 오직 성관계를 위한 것이라고 말할 수 있다.

성 중독자는 상대방이 누구인가에 상관없이 그 사람과의 관계 형성도 필요하지 않고 오직 성적 흥분과 성욕의 발산에 집착한다. 이러한 점 때문에 처음에 멋모르고 그와 상대했던 사람들이 시간이 흐르면서 한 사람씩 멀어져 간다. 그 사람들 입장에서는 믿음이 깨져서 더 이상 성 중독자를 상대하지 않으려고 하지만, 성 중독자는 인간관계에서 신뢰감(trust)의 파괴가 어떠한 의미를 지니는지 잘 이해하지 못한다. 성행위의 추구가 개인의 안전이나 건강, 직장, 가정보다 더 중요하기 때문에 성 파트너와의 애착(attachment)을 제대로 형성하지 못한다. 성 중독자는 나름대로 상대와의 친밀감을 발견하려고 시도하지만, 초점이 빗나간 상태에 있는 것이다.

성 중독자는 자신과 만나는 다른 사람들이 모두 자신과 동일한 생각을 가지고 있다고 믿기 때문에 쉽게 성관계를 추구한다. 만나는 것 자체를 좋아하거나 사랑하기 때문이라고 믿으며, 그렇기 때문에 만나면 당연히 성관계를 가질 수 있다고 믿는다. 성 중독자들이 성행위에 집착하는 것은 서로 성행위를 하는 것을 사랑으로 잘못 이해하고 있기 때문이다.

비중독자 입장에서는 성 중독자가 자신과 성행위를 추구하는 것이 마치 속임수나 힘을 이용하는 행위라는 느낌이 든다. 물론 처음에는 그런 느낌이 크지 않더라도 시간이 흐를수록 사람끼리의 연결이 오직 성행위 추구에 달려 있다는 것을 알아차린다. 결국 이 같은 이유로 친밀한 관계를 장기적으로 유지하지 못하게 된다.

왜 성 중독자들은 다른 사람들과 친밀감을 형성하지 못하는가? 근본적인 차원의 답을 말하자면, 바로 어린 시절에 상처를 받았던 가정환경과 관련된다. 이에 관한 두 가지 관점을 설명해 보면, 다음과 같다.

하나는 어린 시절에 경험한 상처로 인하여 수치심이나 무가치한 존재라는 느낌을 갖고 살아왔기 때문에 항상 자존심이 매우 낮은 상태로 지내고 있으며, 이러한 특성 때문에 타인의 진정한 친밀감을 수용하지 못하는 것이다. 다른 하나는 어린 시절의 상처 때문에 무엇이 진정한 친밀감인지를 전혀 습득하지 못한 상태에서 살아가고 있는 것이다. 이 부분에 대한 답은 뒤에서 소개하는 중독자의 가정환경 특성 편을 읽어 보면 더 확실해질 것이다.

2. 진행성 장애

어떤 사람의 성행동이 중독에 해당되는지를 판가름하고자 할 때 그 행동의 형태나 목적, 빈도, 사회적 수용 가능성 여부 등은 중요한 요인이 아니다. 오히려 그 개인의 현재 삶과 그 행동 사이에 어떠한 관계가 형성되어 있었는지에 따라서 성 중독 여부가 결정된다.

다양한 범주의 행동이 바람직하지 못한 방향으로 나타났을 때 성 중독으로 발전한다. 어떤 중독자는 단순히 한 가지 유형의 원하지 않은 행동 때문에 어려움을 지니며, 다른 중독자는 여러 유형의 행동 때문에 어려움을 지닌다. 다른 중독과 유사하게 성 중독도 자신이 어떻게 하지 못할 정도로 삶이 변해 가는데, 본질적으로 성 중독은 다른 형태의 중독처럼 진행성(progressive) 장애다. 범주나 유형이 다양하지만 대다수 유형의 성 중독은 일반적으로 초기에 자위행위나 포르노 탐닉으로 시작된다. 시간이 흐를수록 상태가 더 심해지고, 더 악화되고, 더 위험스러운 행동이 수반되는 성 중독으로 진행된다.

고통이나 스트레스를 이겨 내기 위해서 시도했던 성행위를 통해서 처음에는 어느 정도 수준의 쾌락을 얻었고, 당시에는 마음만 먹으면 자신의 행동을 쉽게 중단하는 등 조절할 수 있다고 믿었다. 그렇지만 시간이 흐를수록 초기에 경험했던 하이 상태의 쾌락의 느낌이 줄어드는 대신 수치심과 공허감이 증가한다. 불가피하게 시간이 갈수록 중독자는 처음과 동일한 결과를 얻기 위해서 중독 행동을 강화시켜야 한다.

성 중독자가 새로운 성 경험에서 얻은 위안은 오래 지속되지 않는다. 그렇기 때문에 새로운 파트너를 다시 찾거나 새로운 성적 흥분을 위해 그 행동이 반복되어야 한다. 어떤 중독자는 기존의 행동화에 다른 행동을 가미시켜야 그 느낌이 얻어지기도 한다. 중독 초기에는 성행위를 통해서 육체적 쾌락도 얻을 수 있기 때문에 이를 자주 즐기는 편이지만, 성행위가 고통이나 스트레스로부터 위안을 찾기 위한 수단이 되었을 때는 이미 중독자가 된 상태다.

성 중독은 장애가 진행될수록 다른 모든 중독처럼 중독자 및 가족에까지 부정적인 영향을 미친다. 시간이 지날수록 심각성이 더해지면 중독 행동이 생활에서 차지하는 비중이 커지고, 삶을 피폐하게 만든다. 그와 같은 상황에서는 십중팔구 결혼 생활이나 커플의 부조화, 간혹 이혼이나 다른 친밀한 관계를 와해시키는 결과를 초래한다. 곧 성 중독이 진행될수록 점점 중독자의 삶은 성행위 위주의 삶으로 바뀐다. 성행위가 무대 중앙을 차지하는 주연이 되고, 가족이나 친구, 직장에서의 관계 등이나 다른 생활은 모두 조연이나 단역으로 밀려난다.

성 중독으로 전개되는 과정은 점진적이며, 거의 항상 노출되지 않고 진행된다. 질환의 부위가 점점 확산되는 암처럼 진행되는데, 그 영향을 받는 영역이나 범위가 줄어들지 않고 늘어날 뿐이다. 그렇기에 치료나 치유가 어렵고, 시간이 흐를수록 중독 이전의 상태로 돌아가기가 더욱 어려워진다.

중독자는 초기에는 전형적으로 중독이 아니라고 부정하면서 치유를 거부한다. 성 중독 초기에 적절한 평가가 이루어지지 못하거나 또는 평가 이후에 적절한 치료를 하지 못하면, 더욱더 다루기 힘든 중독으로 진행되는 것을 막지 못한다. 치료를 하지 않으면 개선될 가능성이 거의 없다는 것이 성 중독의 특성이다.

3. 비밀의 유지

1) 비밀

비밀(secrecy)의 존재는 성 중독의 전형적인 특성이다. 대부분의 성 중독자는 자신의 강박적인 생각이나 행동을 감추려고 하는데, 시간이 흐를수록 중독 상태가 심해지면서 감추어야 하는 비밀이 늘어난다. 성 중독자의 수많은 비밀의 예로는 사이버상의 연인이나 섹스파트너, 비밀스럽게 이용하고 있는 신용카드나 이메일, 몰래 접속하는 포르노 사이트 등 다양하다.

비밀이 탄로 나지 않을까 하는 두려움이나 그 비밀을 노출시키지 않고 간직하면서 얻는 흥분이나 흥미로움이 더욱 커지므로, 성행위나 연애 경험에서 얻는 쾌감도 커진다. 비밀스러운 성행동이라면, 그것도 위험하고 불법적인 것이라면 내적으로 더 강력한 흥분을 느끼게 해 주며, 이러한 흥분을 추구해야 하므로 중독자는 어떠한 상황에서든지 비이성적인 선택을 하게 된다. 곧 성 중독자의 의사결정과 판단은 점점 이상한 방향으로 흐르게 되고, 더 충동적이고, 비합리적이고, 또 될 대로 되라는 식으로 변하게 된다.

2) 이중생활

이와 같은 비밀스러운 성행동은 '이중생활(double life)'로 이어진다. 하나는 성적 행동화와 관련된 생활이며, 다른 하나는 직장이나 가정에서의 일상적인 생활이다. 노출되지 않은 성 중독자들은 이중생활을 성공적으로 하고 있는 셈이다. 자위행위나 포르노 영상물, 성인잡지에 탐닉하거나 성매매 등에 자주 연루되어도 주변 사람들에게 쉽게 노출되지 않을 수 있다. 사랑 중독자들도 여러 사람과 동시에 사랑에 빠지면서도 들키지 않게 잘 처리해 왔으며, 심지어 결혼 생활도 이중으로 하면서 가정을 따로 꾸려 나가도 서로 잘 모르고 있는 경우도 있다.

성 중독자들이 중독 사실을 자발적으로 노출하는 경우는 거의 없다. 어떤 형태의 성행동에 중독되었는지에 상관없이 성 중독의 공통점은 행동의 은밀성이다. 성 중독자는 가까운 사람들에게 비밀스러운 생활이 노출되지 않도록 숨기는 기술이 매우 뛰어난 편이다. 일상생활에서 고통을 느껴도 이를 스스로 조절할 수 없을 정도로 커질 때까지 혼자만의 비밀로 간직하는데, 겉으로는 일상적인 삶을 영위하는 것처럼 보여주면서 속으로는 성 중독을 탐닉하는 기술이 뛰어나다.

중독자들은 자신의 참 모습을 다른 사람들이 알게 되었을 때 그들에게 거절당할 것이 확실하므로 잠재적으로 여러 가지 강박적인 방법으로 친구나 연인이 될 수 있는 사람들을 외면해 버린다. 수차례 성적으로 접촉했음에도 그들과의 관계가 피상적이기 때문에 외로움으로 힘들어 하면서 이중생활을 하게 된다.

3) 거짓말

혹시라도 비밀스러운 생활이 발각되면 어떻게 되는가? 여러 후폭풍이 예상된다. 자신도 당혹스럽겠지만 자신과 관련된 사람들도 심한 충격을 받는다. 그렇기 때문에 성 중독자는 이중생활을 유지하기 위해, 자신을 보호하기 위해, 두려움 때문에, 또 가까운 사람들을 보호하기 위해서 누구에게든지 거짓말을 하게 된다.

거짓말을 하는 것이 습관화되어 거의 반사적으로 거짓말을 하며, 모든 것을 변명하거나 정당화, 합리화시켜 버린다. 거짓말이나 변명이 늘어나면서 성 중독자는 주변 사람에 대해서 더 거리를 두고, 비판적이며, 민감해진다. 배우자나 자녀에게도 자신을 귀찮게 하지 말고 자신만의 공간이 필요하다는 등의 불평을 늘어놓는다.

가족들은 성 중독자의 숨겨진 생활이 무엇인지, 어떻게 진행되고 있는지를 전혀 알지 못한다. 성 중독자는 이를테면 성매매 등의 불법행위로 체포될지도 모른다는 두려움이나 자신의 생활이 발각되어 가족과의 관계가 무너질지도 모른다는 두려움 속에서 살아간다. 가족은 무언가 잘못되고 있다는 것을 느낄 때도 있지만, 그러한 느낌이 틀렸을 것이라고 생각한다.

4) 거짓말의 배경

성 중독자들이 거짓말을 하는 이유를 살펴보았지만, 그보다 더 중요한 사항은 왜 그들이 거짓말쟁이가 되었는가를 이해하는 일이다. 현재 중독에 관한 사실을 비밀로 유지하기 위하여 거짓말을 하는 일이 습관화되었더라도 그가 그렇게 거짓말을 하게 된 배경은 과거로 거슬러 올라간다. 어린 시절부터 부모를 비롯한 보호자에게 배워서 몸에 밴 것이다.

우선 학교에 다니기 시작하면서 또래와의 관계에서 자신의 가정환경이 매우 다르다고 인식하는 순간부터 다른 사람들에게 자신의 가정환경이 좋지 않음을 숨기는 것을 배우기 시작했다. 알코올중독, 가정폭력, 학대, 정신질환 등에 연루된 가족의 비밀을 지켜야 했다. 어른들이 아동에게 가족의 비밀을 지키라고 가르치다 보니 성인이 되어서도 그 영향을 받게 된 것이다. 어린 시절부터 오랜 세월 비밀을 지키고 거짓말을 하다 보니 성인기에는 진실보다 거짓말을 하는 것이 더 익숙해져 버렸다고 할 수 있다.

역기능 가정(dysfunctional family)에서 이를테면 너무 엄격한 가정에서 자라는 어린이는 실수를 하거나, 어리석은 짓을 하거나, 잘못을 했을 때 부모에게 말하기를 두려워한다. 그 이유는 부모로부터의 처벌이나 거절, 비난 등 거친 반응이 두렵기 때문이다. 결과적으로 그들은 진실을 숨기려고 노력한다. 곧 그들은 보호자의 행동이나 감정에 대응하는 수단으로 거짓말하는 기술을 습득하였다. 그들은 어른으로부터 처벌받지 않기 위해서, 좋지 않은 가정환경이 드러나 수치심을 느끼지 않기 위해서, 잘못된 행동으로 인하여 비판이나 거부당하는 것 등으로부터 스스로를 보호하기 위해서 거짓말을 배웠다. 그와 같은 배움은 한순간에 이루어진 것이 아니다.

아이들이 처음부터 거짓말을 했던 것은 아니다. 아이가 진실을 말할 때 보호자가 아이를 사랑하고 수용해 주었다면, 진실의 내용에 상관없이 아이는 나중에도 항상 진실을 이야기하게 되었을 것이다. 그러나 아이가 진실을 말하고도 어른에게 인정을 받는 대신에 나쁜 아이 취급을 받았다면, 아이는 거짓말을 할 수밖에 없다.

그런 경험이 쌓이면 학습이 되어 상황에 따라서 '거짓말을 해야겠구나!' 하는 결정을 매우 쉽게 내린다. 거의 반사적으로 거짓말을 해 버리는 수준이다. 성 중독자가 어린 시절 나쁜 아이였기 때문에 거짓말을 배웠던 게 아니라 겁에 질려 살면서 자신을 보호하기 위해서 거짓말을 배운 것이다. 물론 이는 거짓말쟁이가 된 것을 정당화시키는 이야기가 아니다. 그러나 그들의 입장을 이해하면서 성 중독을 바라볼 필요가 있다.

이중생활이라는 비밀의 대가, 그 비밀을 유지하기 위해 시도하는 거짓말의 대가는 무엇인가? 그들은 자신이 정직하지 못하다는 것이나 남을 기만하고 살아가고 있다는 것을 잘 알고 있다. 밖에 알려진 생활은 존경과 칭찬으로 가득하더라도 성행동에 관련된 비밀스러운 생활은 중독자를 아는 모든 사람에게 충격일 것이다. 그래서 성 중독자는 자신에 대해서 수치심을 느끼는 등 정서적으로 스트레스가 심하다.

우선 자신이 누구에게 무슨 거짓말을 했는지를 모두 기억하고 살아가야 하므로 힘이 들고 항상 불안하다. 사실이 발각될 수 있다는 두려움 속에서 살다 보니 스트레스가 이만저만이 아니다. 혹시라도 나중에 자신의 거짓말이 들통날 때에는 그 거짓말을 진실이라고 우기면서 스스로도 자신이 했던 거짓말이나 왜곡된 이야기를 실제라고 믿어 버린다. 그래야 현실의 고통을 벗어날 수 있다고 믿기 때문이다. 이러한 이유로 성 중독자는 스스로를 긍정적으로 바라보지 못한다. 아마도 자긍심의 상실이 성 중독의 가장 큰 대가라고 할 수 있다. 성 중독자들이 치료 등의 도움을 구할 무렵 그들의 자긍심은 거의 완전히 파괴되어 있는 상태다.

4. 인지적 왜곡

성 중독자들이 살아가면서 습득하고 간직하고 있는 인지적으로 왜곡된 사고(cognitive distortions, distorted thinking) 내용을 살펴보면, 대부분 스스로를 멸시하고 비하하는 것들이다. 어린 시절 어른들에게서 수없이 들어본 말이 현실을 지배하고 있는데, 그 대표적인 것이 바로 '나는 원래 나쁜 사람이다!' 또는 '쓸모없는 사람이다!' 는 생각이다. 그래서 '이 세상에 나를 아껴 주는 사람이 없다.' 는 믿음을 버리지 못하고 있으며, 그러한 믿음 때문에 다른 사람들과의 관계를 형성하기가 어려웠다. 관계를 형성하더라도 겉으로는 별 어려움이 없는 것처럼 대했지만, 속마음은 거부하고 살아갔다. '다른 사람들에게 의존하더라도 내 요구는 절대 충족될 수 없을 것이다.' 라고 생각했기에 다른 사람을 성행위에 이용하거나 혼자서 성행위에 의존하는 생활을 했고, '내 욕구 중에서 가장 중요한 건 성행위다!' 라는 생각도 하게 되었다.

이와 같은 인지적 오류는 성 중독자의 경험을 왜곡시키며, 그러한 왜곡 때문에 새로운 정보, 정확한 정보를 차단시켜 버린다. 어떠한 상황에서든지 자신에게만 유리하게 선택적으로 생각하고 판단하는데, 성경험에 대해서도 해악보다도 좋은 부분만 기억해 버린다. 성 중독자들은 자신이 중독에 빠져 있다는 현실을 부정하면서 자신이 했던 행동이나 일에 대해서 항상 정당화, 합리화해 왔다. 왜곡된 사고 때문에 성범죄도 반복적으로 저지르게 되는데, 대다수 중독자는 그 심각성을 쉽게 깨닫지 못한다. 보통 부정적인 결과가 확연하게 나타날 때가 되어서야 더 이상 부정하지 못한다.

이제 성 중독자들에게서 보이는 수많은 인지적 왜곡 현상의 특성을 하나씩 살펴보자.

- 정서 상태와 존재감의 혼동이다. "기분이 좋지 않다."는 말을 "가치가 없는 존재다."라고 해석해 버린다. 이와 같은 인지적 왜곡은 욕구불만이나 실망, 분노, 거부 등과 같이 불편한 감정이 생길 때 더 심하게 나타난다. 그래서 성 중독자는 정서적으로 힘들어질 때 이를 회피하기 위해서 기분을 좋게 해 주는 성적 희열을 추구하려고 노력한다.
- 자신의 느낌 자체를 진리로 인식한다. 성 중독자들은 자신이 느낀 것이 곧 답이라고 믿는다. 어리석다고 느끼면 어리석은 것이고, 죄의식을 느끼면 자신이 무언가를 잘못했다고 생각한다. 이와 같이 자신이 느낀 정서를 토대로 사고 방향이 결정되기 때문에 그들이 긍정적인 정서를 느끼도록 해야 믿음이나 사고도 긍정적으로 나타날 수 있다.
- 자신을 독심술가라고 믿는다. 독심술(mind reading)이란 대화를 하지 않고도 상대방의 마음을 읽을 수 있는 등 상대방이 보인 행동

의 이유를 알 수 있다는 것이다. 성 중독자들은 스스로를 그런 능력을 지닌 사람이라고 믿는다. 특히, 다른 사람들이 자신에 대해서 어떤 느낌을 갖고 있는지를 직감으로 알 수 있다고 생각한다. 독심술은 투사(projection)라는 과정에 달려 있다. 이를 쉽게 표현하면, 상대방에게 자신의 마음이 투영되어 있다는 뜻이다. 곧 성 중독자는 다른 사람들이 자기와 똑같이 생각하고 행동할 것이라고 믿고 있다. 그러한 믿음 때문에 실제로 성 중독자는 다른 사람들이 자기와 다른 점에 대해서 신중하게 생각하거나 귀를 기울이려고 하지 않는다. 그 대신 자신이 생각한 것을 토대로 다른 사람들에 대한 모든 것을 해석하고 결론지어 버린다.

- 이분법적 사고다. 모든 것을 흑백이나 선악, 이것 아니면 저것, 전부가 아니면 아무것도 없다는 차원의 논리로 바라보고 해석한다. 중간 부분의 모든 것을 무시해 버리고, 애매한 것도 싫어한다. 세상살이를 복잡하게 이해하려고 하지 않는다. 복잡성을 너무 자주 부정하다 보면 간혹 자기 착각에 빠져들기도 한다. 이와 같은 인지적 왜곡의 가장 큰 위험은 자신의 평가에 미치는 영향이다. 예를 들면, 자신이 완벽한 사람이 아니면 실패자라고 평가해 버리는 것이다.

- 일반화시키는 정도가 매우 심하다. 사소한 것 하나만 보이더라도 또는 증거의 일부만 보여도 이를 전체적인 상황인 것처럼 결론을 내리는 경향이 심하다. 그러다 보니 어떤 일이 어쩌다 한 번 발생하더라도 그러한 일이 앞으로도 항상 반복해서 발생할 것이라고 믿는다. 이러한 사고방식 때문에 다른 사람과 대화할 때 '항상'이나 '절대로' 등과 같은 단어를 자주 언급한다. 이러한 왜곡된 사고

때문에 어떤 상황이 한번 전개되면 앞으로 그런 일이 자신에게 자주 벌어질 것 같은 느낌이 강해지고, 그런 탓에 생활 반경이 좁아진다.

- 최악의 상황만을 상상한다. 성 중독자는 늘 자신에게 좋지 않은 일이 발생할지 모른다고 생각하면서 살아간다. 어떤 문제가 발생했다는 사실을 알아차리거나 들었을 때 '만약 그런 일이 나에게 생기면 어떻게 하지?'라는 상상이 꼬리를 물기 시작하면, 그로 인한 좋지 않은 결과에 관련된 상상이 끝없이 지속된다. 이와 같은 사고방식은 바로 자기 자신의 능력에 대한 불신과 변화에 대한 적응 능력을 의심하는 데에서 비롯된다.

- 긍정의 줄기보다 부정의 가지를 더 중요시한다. 성 중독자는 어떤 상황에 직면했을 때 긍정적이고 핵심적인 부분을 모두 걸러 버리는 대신에 사소하고 부정적인 면만을 심각하게 받아들이는 경향을 보인다. 그리고 그 사소하고 부정적인 것을 토대로 전체 상황을 해석해 버린다. 어떤 상황이든지 부정적인 면만 부각시키면서 자기 주변의 긍정적인 경험과 구분시켜 버리므로 현실에 대한 두려움이 커진다.

- 스스로 매우 엄격한 규칙을 설정한다. 성 중독자는 자신이나 다른 사람들이 지켜야 하는 규칙을 매우 엄격하게 설정해 놓고 살아가는 편이다. 그러다가 다른 사람이 그 규칙을 어기면 분노하고, 자신이 어길 경우에는 죄의식을 심하게 느낀다. 규칙은 자신이 정한 것이기에 반론의 여지가 없이 옳은 것이라고 생각하지만, 다른 사람들이 들여다보면 융통성이나 여유가 부족하고 결함이 많다.

- 항상 자신만 옳다고 믿는다. 성 중독자는 자신의 의견이나 행위가

항상 옳다고 믿으며, 자신이 옳음에도 남들이 잘 믿으려고 하지 않기 때문에 자신의 옳음을 증명하기 위해 끊임없이 노력하고 있다고 느낀다. 자신이 틀렸다는 것은 생각할 수도 없으며, 자신의 옳음을 보여 주기 위한 노력도 끝없이 전개된다. 다른 사람들의 의견도 옳을 수 있지만, 거기에는 관심이 없다. 그 대신 상대방에게 자신이 옳다는 점만을 설득하거나 방어하기에 급급한 편이다.

• **부분을 토대로 전체를 성급하게 판단한다.** 성 중독자는 자신이나 타인의 한 가지 특징을 토대로 곧바로 전체적인 모습으로 판단해 버리는 경향이 있는데, 그와 같은 유추는 대부분 부정적인 특징을 토대로 한다. 그러다 보니 다른 긍정적인 특징이 나타나도 모두 무시해 버리고, 새로운 모습에는 전혀 관심을 보이지 않는다. 너무 성급하게 부정적으로 판단하는 경향 때문에 시간이 흐를수록 자긍심에도 부정적인 영향을 미치게 되며, 타인과의 관계에서도 불편한 문제를 심하게 일으킨다.

• **공평성에 대한 기준이 자기 편의적이다.** 성 중독자들은 보통 사람들처럼 세상이 공평하다고 믿는다. 그렇지만 그들이 지니는 공평함의 기준이나 정의는 매우 자기 편의적, 자기중심적이다. 그들은 무엇이 공평한지를 잘 알고 있다고 믿으며, 다른 사람들이 자신의 공평한 관점을 알아주기를 바란다. 다른 사람들이 자신의 생각에 동조해 주지 않으면 심적으로 고통이나 억울함을 느낀다.

• **현실을 인식하는 능력이 결여되어 있다.** 성 중독자들은 자신이 처한 현재 상황이 어떤 결과로 이어질 것인가에는 전혀 관심을 갖지 않는다. 위험을 안고 있는 현실이더라도 이를 전혀 인식하지 못하고 무시하거나, 부정하거나 최소화해 버리다 보니 결과적으로 고통

을 맛보게 된다. 곧 자신의 성행동으로 인한 부정적인 영향을 전혀 감지하지 못하고 중독 생활을 한다.

- 무슨 일이든지 타인에게 책임을 전가한다. 성 중독자는 자신의 고통에 대한 책임을 다른 사람들에게 전가하면서 비난하든지, 아니면 모든 문제에 대해서 자신을 비난한다. 실제로 어떤 결정이나 선택을 할 때 보통 자신의 책임에 해당되는 것도 모두 다른 사람에게 전가하면서 비난해 버린다.

- 다른 사람들의 통제를 받는다고 믿는다. 성 중독자는 자신이 다른 사람의 통제를 받으면서 살아가고 있다고 믿는다. 이러한 믿음 때문에 자신을 무력한 존재라고 여기며, 운명적으로 타인의 통제를 받는 희생양이라고 여긴다. 본인이 자신의 삶에 영향을 미친다고 생각하지 않기 때문에 어떤 상황에서든지 스스로 무엇을 어떻게 해야 하는지를 잘 모른다.

- 앞 특성과 반대로 자신이 타인을 조종(조절, 통제)한다는 믿음이 있다. 중독자의 특성 중 하나는 자신의 삶도 제대로 조절하지 못하는 것이다. 그럼에도 자신이 다른 사람이나 자기 주변의 모든 것을 조종하고 통제하려고 한다. 앞 내용과는 정반대로 성 중독자는 관련된 사람들의 행복이나 고통에 대한 책임을 모두 자신이 지고 있다고 믿는다. 쉽게 표현하면, 모든 것을 자신이 조종하고 있다고 믿으며, 자신이 조종하려고 노력한다. 그러다 보니 성 중독자는 다른 사람들의 요구를 충족시키기 위해 끊임없이 노력하면서 온갖 에너지를 사용하게 되며, 본인을 위한 생산적인 일은 전혀 하지 못한다. 불필요한 노력이나 생각 등으로 기진맥진하며, 그런 책임감을 갖고 살아가다가 노력을 충분히 하지 못했다는 느낌이 들면

죄의식을 경험한다.

- 성 중독자는 자신의 행복이 다른 사람들에게 달려 있다고 믿는다. 그러한 믿음을 지닌 성 중독자는 행복을 추구하려는 욕망이 적지 않기 때문에 다른 사람들을 변화시키려고 노력한다. 성 중독자는 다른 사람들이 저항하더라도 그들에게 압력을 가하거나 회유하면 자신의 기대에 부응하여 변할 것이라고 믿는다. 즉, 그들을 변화시키거나 통제할 수 있는 유일한 사람은 다른 사람이 아니라 자신이라고 믿는다. 그들의 입장에서 행복도 자신이 어떤 선택이나 결정을 했는가에 달려 있는 것이지, 다른 사람이 스스로 찾는다고 생각하지 않는다.

- 인과응보의 이치에 집착이 심하다. 성 중독자들은 자신이 고생을 하거나 희생을 하면 그 대가가 반드시 나타난다는 믿음이 보통 사람보다 훨씬 더 강한 편이다. 자신이 희생한 대가가 기대만큼 나타나지 않으면 심하게 억울하거나 부당하다고 생각한다. 그들의 문제는 자신이 옳다고 생각하는 일을 하는 동안, 반드시 그 대가가 나타난다고 믿는 마음이 강해 자신을 신체적으로나 정서적으로 너무 혹사시킨다는 점이다.

- 모든 것을 자신과 결부시키는 사고방식이다. 성 중독자는 주변에서 전개되는 모든 일이나 상황을 자신과 관련지어서 바라보는 경향이 심하다. 예를 들면, 어떤 사람이 하고 있는 일을 보았을 때 그 사람이 자신 때문에 그 일을 하고 있다고 생각하며, 그 사람이 무슨 말을 하면 그 말도 자신과 관련되어 있는 반응이라고 생각한다. 또 자신의 것과 다른 사람들의 것을 비교하면서 누구 것이 더 좋은지 등을 비교하려고 한다. 이는 자신이 더 가치가 있는 존재

인지를 확인하고 싶기 때문이다. 자신의 것이 더 좋다고 여기면 일시적으로 위안이 될 수 있지만, 자신의 것이 부족할 경우 위축되어 버린다. 성 중독자들의 이와 같은 사고 형태는 자신이 경험했던 것, 말했던 것, 보았던 것 등을 단서로 끊임없이 자신의 가치를 스스로 높게 평가하려는 오류에 기인한 것이다.

- 모든 사람을 성적으로 바라본다. 성 중독자들은 모든 사람을 물건처럼 바라보면서 성적으로 이해하는 경향이 매우 심하다. 특히, 남성 중독자들은 모든 여성을 성적 욕망을 충족시킬 수 있는 대상으로 바라본다. 그들에게는 모든 여성이 성적으로 면밀히 검토되는 물건 같은 대상이 된다. 예를 들면, 해수욕장이나 거리에서 지나가는 여성을 바라볼 때에도, 심지어는 사무실이나 교회에서도 여성의 가슴 부위만을 습관적으로, 강박적으로 쳐다본다. 머릿속으로는 여자가 옷을 벗고 있다고 생각하고 성기나 가슴 부위만을 머릿속으로 그리면서 쳐다본다. 성 중독자 남성은 성 파트너를 물건처럼 여기고 있기 때문에 파트너와 정서적인 관계를 형성하지를 못한다. 파트너와의 성행위에서 성적 흥분의 고조 상태를 경험하는 것 자체는 성 중독자에게 파트너를 물건처럼 여기는 경향을 강화시켜 준다.

5. 방어기제의 오남용

성 중독자는 중독 유지를 위한 방어기제(defense mechanism)의 오남용이 보통 사람에 비해 매우 심하다. 이는 일종의 인지적 왜곡에 해당된다. 방어기제는 자신에게 위협적인 상황에 대처하기 위한 적응 행위이며, 고통스러운 현실로부터 보호해 주는 기능을 지니고 있다. 그렇기 때문에 모든 사람이 어린 시절부터 방어기제를 발달시키면서 사용하고 있으며, 방어기제의 이용 자체는 정상에 해당된다. 예를 들면, 아들이 경찰서에 범죄 피의자로 연행되었다는 연락을 받은 아버지가 현실의 불편함이나 고통을 잊기 위한 수단으로 "내 아들이 그럴 리가 없다! 나쁜 아이가 아니다!"라고 말한다면, 아버지가 사용하고 있는 방어기제는 부정(denial)에 해당된다.

그러나 성 중독자들이 방어기제를 그와 같이 사용하는 것은 문제다. 그들에게 고통스러운 현실이란 무엇인가? 중독에 관련된 행동과 생각을 감추고 살아가야 하는 어려움이다. 그들은 중독 행동과 사고를 유지하기 위해서 방어기제를 사용하는데, 중독이 진행됨에 따라서 중독 행동의 악화된 결과를 숨기려다 보니 방어기제가 더 강해지고 융통성이 점점 사라져 버린다.

성 중독자가 방어기제를 이용할 때의 문제점은 너무 편의적이고 선택적이라는 점이다. 인식하고 싶지 않은 것들을 모두 여과해 버리면서 상황을 편하게 지각해 버리는 대신 자신에게 이롭지 못한 현실을 망각해 버린다. 예를 들면, 성행위에서 얻은 경험 중에서 좋았던 부분만을 기억하고 그렇지 못한 부분을 여과시켜 버린다. 그렇기 때문에 성 중독 행동이 유지되기도 한다. 이와 같은 방어기제는 현실을 왜곡하며, 그 현실 왜곡이 심하다 보니 일상생활에서 문제가 생긴다.

특히 대인관계에서 문제가 심하게 드러난다. 사람들은 성 중독자가 자신을 대하는 태도나 행동, 상황의 판단 등에서 불편함을 느끼게 되면 그를 멀리하게 된다. 자신을 힘들게 하는 현실을 너무 왜곡하다 보니 극단적으로는 자살을 생각하기도 한다. 무언가 잘 해 보려고 하지만 번번이 자신이 의도하는 대로 되지 않으면 자신이 무가치하다고 생각하게 되고, 이에 고통을 느껴 가장 손쉬운 해결책으로 자살을 생각하는 것이다.

성 중독자는 자신이 시도한 성적인 행동화에 대한 이유나 계기를 남의 탓으로 돌린다. 자신의 책임을 피하기 위하여 타인의 잘못을 찾아서 비난하는 것, 변명하는 것, 정당화하거나 합리화하는 것들은 모두 자신의 중독 상태를 유지하기 위해 편하게, 별다른 저항감 없이 쉽게 사용하는 방어기제에 속한다.

중독 상태에서 회복되기 위해서는 우선 현실을 제대로 직시해야 하고, 또 자신의 중독으로 인해 초래된 불편한 결과에 책임을 져야 한다. 그렇게 되기 위해서는 융통성이 담긴 사고를 할 수 있어야 하고, 정직하고 건전하게 살아가도록 하는 성숙한 방어기제를 발달시킬 필요가 있다. 즉, 방어기제를 이용하는 수준이나 상황 등이 현실적으로 보통 사람들이 이해하는 정도에서 크게 벗어나지 않아야 한다.

6. 성 중독자들의 성격 특성

성 중독자들의 공통적이고 주요한 특성 중 하나가 바로 타인과의 인간관계를 형성하는 능력이나 이미 형성된 관계를 적절하게 유지시키는 능력의 결여다. 겉으로 볼 때에는 본인이 다른 사람들과의 관계 형성을 원하지 않아서 회피하는 것처럼 보이지만, 실제로는 그렇지 않다. 관계를 형성하고 싶더라도 사회적 교제 기술이 부족하기 때문에 그들이 다른 사람들을 피하기도 하며 또 다른 사람들이 그들을 회피해 버리기도 한다.

그럼 왜 다른 사람들이 그들을 회피하고, 그들은 왜 다른 사람들을 피하는가? 이러한 점을 성격 특성을 토대로 하나씩 점검해 보자. 우선 성 중독자들이 자신의 힘들고 고통스러운 상황을 해결하는 방안으로 성적인 행동화를 시도하는 모습을 그려 보자. 너무나도 이기적이고, 충동적이고, 유아적으로 보인다. 그런 모습을 보일 경우 중독 여부에 상관없이 다른 사람들과 원만하게 교류하기 어렵다. 성 중독자들이 중독에서 회복되기 위해서는 성격 문제의 균형을 찾아야 한다. 그들이 지니고 있는 몇 가지 주요한 성격 특성을 소개한다.

1) 수치심

성 중독자들이 지니고 있는 가장 독성적인 요소는 수치심(shame)이다. 이를 달리 표현하면, 성 중독자가 주기적으로 중독 행동을 보일 때 가장 결정적인 역할을 하는 요소는 수치심이다. 수치심이란 내적으로 자신이 가치가 없는 존재라고 인식하는 절망감이다. 이를 역으로 표현하면, 중독으로부터 회복이나 치유로 가는 길은 가치가 없는 존재가 아님을 인식시켜 주는 일이다.

어린 시절 좋지 못한 가정환경에서 살아왔다는 사실을 인식하는 순간부터, 남에게 알리고 싶지 않은 과거사는 그들이 지니고 있는 수치심의 뿌리에 해당된다. 그러한 환경에서 쓸모없는 사람으로 취급받았던 탓에 수치심이 더 심해졌고, 그와 같은 삶에서 벗어나기 위해서 성 중독자가 되었고, 성 중독 생활을 청산하고 싶어서 노력했지만 벗어날 수 없다는 것으로부터 스스로를 조절할 수 있는 능력의 결핍을 느끼면서도 수치심을 경험했다.

수치심 때문에 자신의 진실한 모습을 타인이나 자신에게도 감추고 겉으로는 좋은 사람이나 완전한 사람인 것처럼 생활하고 있다. 여러 방어기제를 이용하여 현재의 상황을 왜곡하면서 수치심을 극복하기 위해서 성행동을 추구한다. 성적 쾌감의 고조 상태를 맛보기 위해서 몸을 파는 사람을 찾아다니고, 성적 상대가 될 수 있는 사람을 유혹하고, 자위행위를 하는 것 등에 귀중한 시간이나 에너지, 돈을 낭비한다.

성 중독자들은 수치심 때문에 성적 쾌감을 얻기 위한 행위를 하지만, 그러한 행위를 하고 난 다음에는 자신이 그 행위를 통제하지 못했다는 것에 대해서 마음속으로 엄청난 죄의식과 수치심을 느끼며, 그런 모습이 발각될까 봐 두려움 속에서 살아간다. 수치심을 느낀다는 것은 스스로가 결함이 있음을 고통스럽게 인식한다는 의미임과 동시에 자신의 잘못이나 결함을 숨기고 싶어 한다는 의미, 그리고 그 고통을 없애기 위한 방안으로 다시 성적인 행동화를 시도한다는 것을 의미한다.

2) 완벽성

성 중독자가 수치심으로 인한 고통을 없애기 위해 시도한 성적인 행동화 이후에 다시 수치심이 생기는 이유는 무엇인가? 완벽주의(perfectionism) 성향 때문이다. 성 중독자들 대다수가 강박적으로 완벽한 삶을 추구한다. 다른 사람들로부터 가치를 인정받고, 사랑을 받고, 용납되기 위해 완벽해야 함을 매우 심하게 강조한다.

성 중독자들은 보통 자제해야 하는 성행위에 대한 나름의 기준을 설정해 놓고 있다. 그렇지만 본인이 자제하지 못하고 그 기준을 위반하기 때문에 성행위 이후에 곧바로 죄의식이나 수치심을 느낀다. 완벽을 추구하는 시도가 너무 강박적이어서 스스로 소진되면서 수치심을 느끼고, 그 수치심을 피해서 중독 행동을 하고 난 뒤에 다시 수치심을 느낀다. 시간이 갈수록 죄의식과 수치심이 쌓이고, 다시 도덕적으로 완벽한 모습을 추구하는 등 수치심에 따른 중독 주기[1]가 반복된다.

3) 해리 현상

수치심이나 죄의식을 만성적으로 경험하게 되면 어떻게 되는가? 결국 이를 마음속에 깊이 숨겨 버리면서 자아를 분리시켜 버린다. 수치심이나 죄의식을 전혀 느끼지 않은 것처럼 감추면서 살아가기 때문에 괴롭고 수치스러운 현실을 왜곡하거나 망각하고 어떤 특정한 행동을 시도하는 것이다. 이처럼 감정과 행동을 분리시켜 버리는 현상을 해리(dissociation)라고 부르는데, 성 중독자들은 수치심을 잊은 채로 또는 잊기 위한 수단으로 성적 행동화를 시도하는 것이다.

자아의 분리 현상이 나타나지 않으면 내적으로 두려움이 클 수밖에 없다. 곧 해리 현상은 수치심에 근거한 성격이 드러날 때 보이는 가장 공통적인 방어기제다. 그러므로 성행위는 해리 상태의 자아가 추구하는 가장 손쉬운 선택 수단에 해당된다. 이는 아동기 시절에 당했던 학대에 대한 불가피한 결과물이다. 다시 말하면, 성 중독자는 중독에 앞서 해리시키는 능력을 발달시켰다. 아동은 힘든 상황에서 생존하기 위

---

1) 성 중독 주기는 나중에 더 체계적으로 소개될 것이다.

하여 본능적으로 마음에 벽을 쌓는 것을 터득한다. 처음에는 그 벽이 다른 학대로부터 보호해 주는 역할을 하지만, 성장하면서 자신이 쌓았던 요새에 갇힌 포로가 되어 있음을 알게 된다. 그러한 이유로 성 중독은 일종의 학습된 전략으로 가족에게 세대를 거듭해 오면서 전수된 부산물이라고 표현할 수 있다.

4) 성격이나 기분의 변화

성 중독자들의 공통적인 특성 중 하나가 기복이 심한 성격이나 기분의 변화다. 마치 극에서 극으로 바뀌는 삶이라고 할 수 있다. 중간 지점이 거의 없는 것처럼 보인다. 상황에 따라서 세상을 너무 쉽고 편하게 여기다가도 어느 순간에는 너무 어렵게 여기는 식으로 확 바뀌어 있다. 어떤 경우에는 너무나도 따뜻하고, 친절하고, 다정하고, 신이 나 있지만, 어떤 경우에는 그와 반대로 몹시 냉담하고, 무심하고, 거칠다. 다른 사람들이 보기에는 기분의 변화가 심한 이유가 명확하지 않다. 기분이 좋을 때에는 자신의 성적 행동화에 대해서 죄의식이나 수치심을 느끼고 잘못된 행동을 바로잡으려고 하지만, 기분이 나쁠 때에는 중독이 되어 있는 상태인지라 만족에만 신경을 쓴다.

성격이나 기분의 변화는 성적인 행동화 전후로 더 두드러진다. 행동화를 시도할 때는 자신에게 너무 부드럽고 남에게도 편하게 대한다. 성적으로 흥분하거나 실제로 성행동이 이루어지는 과정에서는 기분을 좋게 해 준다. 그 시점에서는 마치 자신이 우주의 지배자처럼 모든 것을 잘 해낼 수 있다고 느끼는 등 들떠 있다. 완전히 다른 세상 사람처럼 모든 것을 잊게 해 주기 때문이다.

그렇지만 행동화가 종료되고 일정한 기간이 경과하고서 수치심이 생기는 시점부터는 무척 힘들어한다. 중독자들은 보통 성적 행동화, 즉 원하지 않았던 성행위를 했던 것에 대한 절망감과 수치감 때문에 기분이 심하게 가라앉아 버린다. 머릿속에는 자신에 대한 수치심, 공허함, 무가치함 등이 가득 차 있어 매우 힘들어한다.

성격 변화가 처음부터 심했던 것이 아니다. 자신이 원했던 것도 아니다. 시간이 흐를수록 알아차리기 힘들 정도로 서서히 심해졌으며, 시간이 지나면서 그를 알았던 사람들은 그가 예전과 다른 사람이 되었다고 여기기 시작한다. 그래서 성 중독자는 실제로 매우 외로운 사람들이다.

5) 자기중심(이기심)

성 중독자들은 다른 사람과 사랑을 전제로 하는 관계의 형성에 대한 자신감이 결여되어 있다. 그렇기 때문에 타인을 타산적으로, 교묘하고 부정직하게 그리고 무자비하게 상대한다. 그들은 다른 사람과의 관계에서 자신의 의도를 일부러 애매하게 표현하며, 행동에서는 유혹적이다. 성관계의 기회를 확실히 포착하기 위한 노력으로 매사를 조종하려고 한다.

상대방을 유혹하여 성관계를 가졌더라도 시간이 얼마 흐르지 않아 너무 자기중심적인 성격의 소유자임을 쉽게 알아차려 버리기 때문에 그 사람과의 장기적 관계 형성은 매우 어려워진다. 그러나 그들이 자기중심적인 모습을 보이는 것은 자존심 저하 및 자신의 중독 상태를 숨기기 위한 것이다.

7. 내성

성 중독을 이해할 때 빠지지 않는 요소가 내성(tolerance)이다. 내성의 의미를 약물과의 관계를 토대로 살펴보자. 어떤 약물을 처음 복용할 때는 그 효과가 잘 나타났으나, 두 번째 복용하면 효과가 처음보다 약간 줄어들듯이 약물의 장기 복용에 따라서 점점 약물의 효과가 줄어들게 되면 내성이 생겼다고 표현한다. 이러한 상황에서 처음 약물이 가져다준 효과를 얻기 위해서 두 번째는 약물을 조금 더 복용해야 하고, 나중에도 그 약물의 효과를 얻고 싶어서 약물의 사용 빈도가 지속되거나 약물의 강도가 더 높아지면 중독이 되었다고 표현한다.

약물과 같은 물질중독에 내성이 생기듯이 성행위 중독에서도 내성이 생긴다. 행동 중독에서 내성이 생긴다는 말은 같은 효과를 얻기 위해 행동의 빈도가 증가하거나 강도가 더 세어진다는 뜻이다. 물론 중독자마다 내성 발달의 속도나 수준이 다르지만, 일단 내성이 생기면 자신의 의지와 상관없이 주변을 의식하지 못할 정도로 중독 행동에 빠져든다.

성 중독자의 내성은 어떻게 발달하는가? 가상적인 예를 들어 설명해 보자. 어떤 남성이 처음에는 자위행위를 한 번만 하더라도 쉽게 흥분되고 성적 만족을 경험했었는데, 나중에는 하루에 몇 차례 자위행위를 해야 처음과 같은 만족을 얻게 되었고, 다음에는 그와 같은 만족을 얻기 위해서 자위행위를 할 때 포르노와 같은 자극이 필요해졌고, 시간이 흐를수록 포르노 자극도 처음에는 단순히 성행위 장면이면 충분했지만 변태적인 성행위, 아동이 등장하는 포르노 등이 필요해진 경우다.

또 다른 예로 한 남성이 여러 스트립 클럽을 순회 방문하는 빈도가 늘었을 때 그 이유를 추론해 보자. 아마도 처음 방문했을 때 기분이 무척 좋았고, 나중에도 그 효과를 얻고 싶어서 업소를 찾았을 것이다. 처음 방문에서는 보고 듣고 냄새 맡았던 것들이 새롭고, 흥분되고, 사회 통념에 어긋나서 전율을 느끼게 했으나, 세 번째나 네 번째 방문에서는 새로운 맛이 줄고 무희들도 처음처럼 흥을 북돋아 주지 못하는 것 같다. 그러다 보면 전보다 더 오랫동안 머물러서 더 나은 무희들이 나와서 흥을 북돋아 주기를 기다리며, 더 자주 방문하게 된다. 그러다가 그 클럽은 그에게 더 이상 흥을 돋우어 주지 못하므로 다른 클럽을 찾아다니며, 처음의 느낌을 얻을 목적에서 자동차를 타고 먼 지역까지 찾아다닌다. 그는 자신을 흥분시키기에 충분했던 경험에 대한 내성을 발달시킨 것이다.

성 중독자가 성적 쾌감에 익숙해지면 원래 처음 경험했던 것과 같은 상태를 얻기가 쉽지 않다. 같은 결과를 얻기 위해서는 중독 행동에 더 자주 연루되든지 혹은 더 위험하거나 강한 행동으로 발달시켜야 한다. 이와 같은 내성의 발달이나 증가를 신경계의 기능으로 표현하면, 교감신경계를 혹사시키는 일이다. 교감신경계의 혹사는 바로 부교감신경계의 역할 과잉을 의미한다. 이를 자동차로 비교하면, 자동차가 초고속으로 달리기 위해서는 가속페달(교감신경계)을 밟아야 하지만, 속력을 무한대로 올릴 수 없으므로 속도를 조절하기 위해서 감속페달(부교감신경계)도 더 자주 밟아야 하는 원리와 유사하다.

8. 금단

보통 약물과 같은 물질을 지속적으로 사용하다 보면 몸과 마음이 그 물질 사용에 적응해 버린다. 그러한 상태에서 갑자기 약물 사용을 중단하거나 양을 감소시킬 경우 몸과 마음은 부적응 현상을 보인다. 이를 보통 금단(withdrawal)[2] 현상이라고 부른다. 예를 들면, 알코올중독자가 일정한 시간 동안 알코올을 섭취하지 않으면 악몽에 시달리거나, 우울이나 불안 증상, 수면 장애 또는 위염, 부종 등이 나타난다.

성 중독자들도 성행위를 중단하게 될 경우 금단 현상이 나타나는가? 많은 사람들은 성 중독자의 금단 증상의 심각성에 대해서 크게 신경을 쓰지 않는다. 그러나 금단 증상으로 나타난 성 중독자의 정서적 고통이 마약 중독자들의 금단 증상으로 나타난 신체적 고통에 버금간다고 여기는 사람도 많다.

성 중독자가 회복 과정에서 행동화를 중단하거나 자제할 때 초기에 금단 증상을 보일 수 있으므로 불편함이 적지 않다. 대다수 사람에게 성생활은 삶의 일부이기 때문에 성행위를 통해서 얻을 수 있는 쾌락을 쉽게 포기하기가 어렵다. 특히 중독 행동에 빠져 있었던 기간이 짧지 않았다면 자제나 금욕 등으로 인한 금단 증상의 강도가 낮다고 할 수 없다. 신체적으로 기대하지 않았던 불편함이나 변화를 경험하기도 하고, 정서적으로 기복이 매우 심해지기도 한다. 아마도 그런 공허감이 처음이라서 다시 중독 행동을 하고 싶은 마음이 큰 상태일 것이다.

---

2) 나중에 성 중독의 치유 및 회복에 대한 설명을 할 때 금단 현상의 특성이 더 상세히 거론될 것이다.

성 중독자들에게서 나타나는 금단 증상은 시간에 따라서 두 가지 모습을 보인다. 하나는 급성 금단(acute withdrawal) 증상으로 금욕 생활을 시작한 지 며칠 이내에 발생하는 것이다. 다른 하나는 급성이 아닌 상태의 금단(post-acute withdrawal) 증상으로 금욕 생활을 시작한 후 거의 2년 이상이 지났음에도 별 문제가 없는 것 같지만 힘든 느낌이 드는 경우를 뜻한다. 두 가지 모두 참아내기가 쉽지 않으며, 개인마다 금단 증상에 취약한 정도가 다르다.

9. 의존

일반적으로 중독을 설명할 때 의존(dependence, dependency)이라는 용어가 자주 등장한다. 의존이라는 용어를 중독과 유사한 의미로 여기면서 혼용하기도 하지만, 의존과 중독을 구별하기도 한다. 중독된 사람과 보통 사람의 주요한 특성 차이는 의존에 대한 관점이 다르다고 할 수 있다.

다양한 중독 중 성 중독에 국한시켜 의존을 표현해 보자. 어떤 사람이 생존하기 위해서 성행위에 의존하고 있다면, 그를 성 중독자라고 부른다. 보통 사람은 정도의 차이가 있을지라도 살면서 사랑이나 성행위를 원하지만, 일정 기간 동안 사랑이나 성행위가 없어도 살아갈 수 있다. 그렇지만 성 중독자들은 성행위 없이 살아가지 못한다. 그들은 살기 위해서 성행위에 의존하고 있는 사람이다.

의존은 신체적 측면이나 심리적 측면에서 나타날 수 있는데, 성 중독에는 두 측면의 의존이 모두 포함된다. 성행위 자체가 바람직하지 못하거나 비난받을 행동이 아니지만, 성 중독자는 삶을 피폐하게 할 정도로 성행위에 의존하는 것이 문제다. 성 중독자는 단순히 성욕을 만족시키기 위한 것이 아니라 존재를 다루는 수단으로 성행위에 의존하는 것이다.

먼저 성 중독의 신체적 또는 생리적 의존(physical or physiological dependence)을 보자. 이는 코카인 중독자의 신체적 의존과 유사할 정도로 영향력이 강하다. 다른 말로 표현하면, 중독자는 정상적인 기능을 유지하기 위해, 또 정상임을 느끼기 위해 물질(예: 약물)이나 행동(예: 도박, 성행위)을 필요로 한다.

상당수 성 중독자들이 보인 신체적 의존 상태를 설명하자면, 오르가슴 없이 잠을 자기 어려울 정도로 자기 신체에 대한 프로그램이 짜여 있다. 그들은 성적인 쾌감을 맛볼 수 없을 것 같은 생각이 들면 불안이나 불편함이 매우 심해진다. 곧 성 중독자는 성행위에 의한 쾌감 경험을 통해서 정상 기능을 상실하거나 금단 증상의 초기 신호가 되는 불편함을 예방해 줄 정도까지 자극이나 위안에 관한 자기 신체의 패턴을 다시 정렬시키는 것이다.

심리적 의존에는 성행위나 사랑의 대상자, 성행위에 필요한 도구나 놀이, 중독 생활과 관련된 흥분이나 자극, 거짓말이나 비밀에 대한 생각을 하지 않고는 살아갈 수 없는 것 등이 포함된다. 사랑이나 성 중독자들의 심리적 의존은 매우 강한 편이다. 신체적인 금단 증상이 나타나듯이 심리적 금단 증상도 매우 강하게 나타난다. 그렇다면 심리적 의존을 약화시키고 타파시키는 것이 성 중독으로부터 회복 과정의 중요한 부분이 될 것이다.

10. 갈망

중독자가 일정한 기간 동안 쾌락을 맛보지 못하면, 즉 쾌감의 고조 상태(하이)를 경험한 후 일정한 시간이 경과하여 그 효과가 약해지면, 이를테면 회복(치료) 과정에서 금욕 상태를 비교적 오랫동안 유지하고 있다 보면, 다시 그 하이 상태를 강렬히 원하게 된다. 이러한 현상을 갈망(cravings)이라고 부른다. 성 중독자들이 보고하는 갈망의 정도는 거의 코카인 중독자들이 보고하는 강한 충동과 비슷하다.

갈망은 욕망의 강도 측면에서 의존보다 더 약하지만, 갈망도 의존과 유사하게 신체적 갈망과 심리적 갈망으로 구분된다. 신체적 갈망이란 호흡이 빨라지는 등의 신체 변화와 함께 성적 행동화를 하고 싶은 강한 욕망을 지니는 것으로, 성 중독자가 행동화를 토대로 쾌감의 고조 상태를 경험할 때 뇌에서 생성되는 화학물질을 기대하는 것을 의미한다. 심리적 갈망은 외적인 자극(예: 노출이 심한 상태로 살아가는 여름철과 같은 환경)이나 내적인 자극(불안, 우울, 기분 변화, 지루함 또는 스트레스 상황)에 의한 쾌감의 고조 상태를 강하게 원하는 것이다.

갈망의 예방과 관련된 내용은 이 책의 후반부인 성 중독의 회복 편에서 소개하겠다.

11. 동반의존

중독자와 함께 살고 있는 사람들은 중독의 영향을 어느 정도 받는 것일까? 예를 들면, 한 남성이 알코올중독자라면 부인이나 자녀도 온전하게 살아가기가 어려울 것이다. 부인이나 자녀들은 가족을 괴롭히는 남편이나 아버지와의 관계를 끊지 않은 이상 중독자인 그 남성의 삶에 적응하면서 살아가야 한다. 이런 생활에 익숙하다 보니 중독자의 가족도 알게 모르게 중독자만큼 중독의 영향을 심하게 받으며 살아간다.

이러한 경우를 보통 동반의존(공동의존: co-dependence, co-dependency)이라고 표현하는데, 이는 정서적으로 결핍되어 있는 중독자와의 관계에 얽히면서 자기 자신을 상실한 것이어서 '관계 중독(relationship addiction)'에 해당되기도 한다. 동반의존 현상은 역기능적인 가정(dysfunctional family)[3]에서 살아온 사람에게서 매우 흔하게 나타난다. 특히 알코올중독자나 다른 형태의 중독자들의 파트너나 아이들 중에 흔하며, 그들을 동반의존자 또는 공동의존자(co-dependent)라고 부른다. 중독과 마찬가지로 동반의존에 대한 이해나 인식도 필요하다. 즉, 또한 회복이나 치유 역시 중독과 마찬가지의 도움이 필요하다.

1) 동반의존의 전형적 증상

동반의존 증상을 보이는 자들이 모두 유사한 특성을 지니고 있지는 않다. 그러나 그들의 대부분이 보이는 공통성은 무엇이 정상인지를 인식하거나 옳고 그른 것을 구분하는 능력이 부족하며, 이로 인하여 다

---

3) 성 중독의 배경과 역기능적인 가정의 관련성은 다음 장에서 상술된다.

른 사람들과의 관계에서 좋지 않은 결과가 나타날 뿐만 아니라 본인도 무슨 일이든지 제대로 해 내지 못한다는 점이다.

그들의 대부분은 다른 사람들에 대한 불신감이나 두려움, 저하된 자존감, 불안, 외로움, 수치심, 죄의식, 감정의 회피나 부적절한 감정이나 정서 경험, 습관적인 거짓말 등 중독자와 매우 유사한 특성을 지닌다. 역시 어린 시절의 상처 때문에 권위가 있는 사람에 대한 분노 감정을 지니며, 그 분노가 폭발할 것 같아서 두려워하거나 그 분노를 억지로 억누르고 살아가고 있어서 신체질환에도 시달리며, 간혹 그 분노를 폭발시키다 보니 좋지 않은 결과에 직면하기도 한다.

이제 동반의존의 증상을 보이는 자들의 특성 또는 유형을 살펴보자. 이들은 대부분 중독자와 유사한 특성을 지니고 있다.

첫째, 자긍심이나 자존심이 매우 낮다. 어린 시절의 상처 때문에 자신이 누군가로부터 사랑을 받고 있다는 느낌도 없고, 스스로를 가치 있는 사람이라고 여기지도 않는다. 그러다 보니 무슨 일을 하거나 생각이나 행동을 할 때 누군가로부터 인정을 받고 싶은 마음이 크다. 그러나 가까운 사람이 인정을 해 주지 않으면 기분이 쉽게 상하며, 막상 인정을 받거나 칭찬이나 선물 등을 받으면 어색해한다.

또 무슨 일을 할 때에도 언제 시작할지를 쉽게 결정하지 못하고, 시작해도 신속하게 추진하지 못하며, 끝내야 할 시점까지 마무리하지도 못한다. 도움이 필요한 사안이 있거나 자신에게 필요한 것들이 있어도 다른 사람들에게 요청하지 못하므로 일을 그르친다. 그럼에도 간혹 자신이 남들보다 더 대단하거나 뛰어난 사람이라고 생각하기 때문에 실수를 했을 때 이를 인정하기는 쉽지 않다. 실수를 하거나 무슨 일이 발생해도 전혀 아무 일이 없는 것처럼 가식적인 행동을 해 버린다.

둘째, 자신이나 다른 사람들의 느낌이나 믿음, 행동 등에 아무런 문제가 없다고 생각한다. 자신이 어떤 느낌을 얻었는지를 비롯하여 감정과 생각의 차이도 잘 깨닫지 못하며, 설령 어떤 느낌을 알아차리더라도 이를 부정하거나 축소 또는 변화시켜 버린다. 예를 들면, 거부감이나 공격성을 직접 표현하지 않고 간접적이고 수동적으로 표현하거나 분노나 고립감 등을 다양한 방법으로 위장한다. 그뿐만 아니라 다른 사람들의 감정이나 욕구 등도 전혀 공감하지 못한다.

이 유형의 동반의존 증상을 지닌 자들은 본인이 아무런 약점이 없는 사람이기에 다른 사람들의 도움 없이 스스로를 돌볼 수 있으며, 다른 사람들에게 매력적인 존재라고 믿는다. 그 대신 그들의 눈에는 다른 사람들의 약점만 보인다. 그것이 자신의 약점임에도 이를 전혀 인식하지 못한다. 그러므로 자신이 다른 사람들의 안녕에 헌신하면서 살아가고 있다고 느낀다.

셋째, 자신의 느낌이나 생각이 다른 사람들의 것과 달라서는 안 된다고 믿고 따르려고 한다. 다른 사람들의 느낌에 대해서 매우 민감하며, 자신도 그렇게 느끼고 있다고 믿어 버린다. 혹시라도 자신이 먼저 의견이나 믿음 또는 감정을 표현해서 다른 사람들의 것과 다르면 불편해지므로 표현 자체를 억제하면서 타인의 반응을 기다린다. 하물며 따르지 않으면 타인이 싫어할지도 몰라서, 타인의 분노나 거절을 피하기 위해서, 타인에게 인정을 받기 위해서, 또는 변화 자체를 싫어해서 자신의 가치나 믿음에 어긋나도 타인의 생각이나 입장을 따라 버린다. 또 자신의 선택이 잘못되었음을 알더라도 타인의 뜻을 따라 버린다. 자신이 좋아하는 취미생활이나 관심거리도 제쳐 두고 따르는 편이다.

다른 사람이 원했을 경우에 좋지 않은 결과가 예상되더라도 이를 고려하지 않고 쉽게 타인에게 동조해 버린다. 혹시라도 유해한 결과가 나타나더라도 자신이 참고 이겨낼 수 있을 거라고 생각하면서 타인을 따를 정도다. 성행위를 할 경우에도 진정한 친밀감이나 연결 의식 등을 고려하지 않고 상대방이 좋아하는 것 같으면 자신도 사랑한다고 느끼고 응해 버린다.

넷째, 타인을 조종하려고 한다. 기본적으로 파트너, 친구, 친척 등 다른 사람들은 스스로를 돌볼 수 있는 사람이 아니라고 믿으며, 그 대신 자신이 그들의 느낌이나 생각, 행동을 통제(조종)해야 하는 책임감을 지니고 있다고 믿는다. 그는 이를 도움이라고 여기며, 그 도움을 주려고 노력한다. 예를 들면, 상대방이 요청하지 않아도 그에게 훈계나 충고를 하고, 지시나 방향 제시를 하며, 도가 지나칠 정도의 선물이나 호의를 베풀기도 한다. 상대방을 휘어잡기 위해 매력이나 권위를 이용하기도 한다. 그렇게 해야 그들과의 관계가 형성된다고 믿는다.

만약 상대방이 자신의 요구에 잘 따르지 않거나 자신이 원하는 대로 결과가 나타나지 않으면, 즉 조종하려는 의도가 충족되지 못하면 상대방을 비난하면서 이용하고 조종하려고 한다. 그러나 상대방이 잘 조종되지 않으면 분노하고 후회하면서 심한 스트레스를 받는다. 지금은 자신이 조종한 대로 되지 않아서 실망하고 스트레스를 받았더라도 나중에는 조종에 성공하여 보상을 받을 것이라는 기대를 지니고 있다. 또한 자신이 현재 행복하지 않는 등의 문제가 생기면 이를 모두 타인의 탓으로 돌리고 그들을 비난한다. 자신이 타인에 대한 책임을 지니듯이 그들도 자신에 대한 책임이 있다고 믿기에 그러한 비난을 한다.

그러나 모든 면에서 자신만이 옳다고 믿으므로 다른 사람들의 의견을 듣고 협상이나 화해하는 일이 없으며, 함께 도우면서 일을 하는 경우도 없다. 그 대신 자신이 원하는 바를 얻기 위한 수단으로 상대방에게 거짓으로 동조하기도 한다. 그들은 자신의 힘으로 타인을 돕고자 노력하면서 무언가 일시적으로라도 타인에게 변화가 생기는 것을 감지했었기 때문에 그와 같은 조종의 성향을 지니고 있다.

상대방에게 자신의 도움에 대한 가치를 인정받기 위한 수단으로 성행위를 이용하며, 상대방과의 관계가 꼬일 때에도 성행위를 이용해서 회복하려는 태도를 보인다. 그러한 이유로 성행위 자체에서 기쁨보다도 불편함을 얻는다. 예를 들면, 파트너를 기쁘게 할 목적으로 성행위에서 오르가슴을 느낀 것처럼 연기하거나 파트너와의 성행위에 대한 느낌이나 반응 등을 거짓말로 표현한다.

다섯째, 다른 사람들하고 가까워지지 않으려고 한다. 이와 같은 동반의존의 증상을 보이는 사람들은 다른 사람들의 생각이나 말, 행동 등을 심하게 비판한다. 다른 사람에게 감사의 표현도 하지 않으며, 다른 사람들과 거리를 유지하기 위해서 정서적으로나 신체적, 성적인 친밀감 유지를 회피한다. 스스로 취약하다는 느낌이 들지 않도록 하기 위해 자신의 감정이나 요구 등을 억압하며, 감정이나 정서의 표현 자체를 스스로 약하다는 것을 노출한 것이라고 믿는다.

이들은 다른 사람들을 끌어당기지만, 막상 다가오면 밀어내 버린다. 갈등이나 적대적인 상황이 되는 것을 회피하기 위해서 의사소통도 간접적이거나 회피적인 방식을 이용한다. 이와 같은 특성을 보이는 이유는 바로 어떤 사람과 관계를 가질 때 나중에 헤어지는 두려움을 피하기 위해서다. 처음부터 아예 관계 유지를 회피하는 방식을 택하고 있는 것이다.

여섯째, 자신 때문에 다른 사람에게 문제가 생겼다고 믿는다. 예를 들면,

이러한 동반의존 증상을 보인 부인은 무언가 자신의 잘못 때문에 남편이 성 중독자가 되었다고 느끼고서 중독자의 내면세계를 알고 싶어 하고, 또 공유하고 싶어 한다. 부인은 중독자의 요구를 잘 충족해 주는 사람이 되려고 하지만, 중독자는 죄의식이나 수치심을 모두 감추어 버린다. 그런 과정에서 부인은 심적으로 고통스러워하며, 고통을 이겨 내기 위해 남편에게 집착하게 된다. 즉, 어떤 부인은 성 중독자와 살면서 성적 매력을 높이는 일에 집착하기도 하며, 어떤 부인은 중독자의 생각이나 느낌, 행위들에 집착하면서 살아간다.

유감스럽게도 그런 노력은 전혀 통하지 않는다. 초창기 노력에서는 서로 의사소통이 매끄럽지 못하여 오해를 하고 외로움을 느낀다. 그러다가 동반의존 상태에 있는 자들은 흔히 중독자로부터의 배신, 거부, 버림받음을 경험하면서 상처를 받고 분노한다. 그런 경험이 다른 사람들과의 관계로 확대되고, 전이된다. 타인에 대한 의존성이 강하고 자신을 떠나지 않을까 하는 두려움이 큰 상태에서 타인을 만나고, 끊임없이 상대의 동의나 확인을 추구하다 보니 의미 있는 관계를 발달시키거나 유지시키기가 어려워진다. 결국 자신이나 타인을 무자비하게 평가하고 판단하게 된다. 자신이 느낀 감정이나 정서에 대한 책임이나 원인이 모두 타인에게 있다고 믿으며, 혹시라도 자신을 비난할 경우 매우 민감하게 반응한다.

2) 중독 발달의 위험성

동반의존 증상을 보인 사람은 나중에 다른 형태의 중독자가 될 가능성이 상당히 높다. 이를 역으로 표현하면, 성 중독자의 상당수가 어린 시절 역기능적인 가정에서 자라면서 동반의존 증상을 보였던 사람들이라는 말이다. 부모가 성 중독자 또는 다른 형태의 중독자였던 탓에 자신도 동반의존 증상과 함께 나중에 성 중독자로 발달하게 되었다.

동반의존 증상을 보인 사람이 성 중독자로 발달하는 경우 그들은 성행위를 즐기는 것이 아니라 자신의 파트너를 즐겁게 해 주기 위해서 성행위를 한다. 그들은 파트너가 자신을 버리고 떠나는 것을 두려워해서 파트너에게 성행위를 즐기지 않는다는 말도 하지 못한다. 아무런 도움도 없이 성 중독자는 그런 삶에 젖어서 살아가고 있는 것이다.

동반의존은 아동기에 중독자 부모로부터 받은 학대와 중독자 가정에 관련된 수치심에 뿌리를 둔 장애다. 수치심이 심한 사람들 중에서 일부는 자신이 다른 사람들보다 한 수 아래라는 열등의식을 갖고 살아간다. 또 다른 일부는 자신이 정서적인 문제를 지니고 있음을 감추고 부정하면서 살아가는데, 그들은 오만함을 보이면서까지 다른 사람들보다 우월하다는 느낌을 가지려고 하면서 스스로를 위로하고 보상한다.

양자 모두 성인기에 와서는 수치심이 너무 깊은지라 다른 사람들과의 관계 및 친밀감 유지나 형성 과정에서 잘 대처하거나 적응하지 못한다. 다른 사람들을 한 수 아래로 보았든지 아니면 한 수 위로 보았든지 그들과의 관계가 오래 가지 못한다. 책임의식이 너무 강하든지 아니면 너무 약해서 문제가 되었고, 너무 과도하게 친절을 베풀어서 또는 너무 무자비할 정도로 자기 마음대로 타인을 통제하려다가 문제가 되었으며, 어떤 상황에서 다른 대안을 전혀 고려하지 않고 너무 충동적으로 반응해서 문제가 되었고, 무언가를 결정하거나 선택해야 할 때 자신감이 없어서 문제가 되었던 것이다.

12. 교차 중독

중독의 발생은 한 가지 문제에만 국한되지 않고, 전형적으로 다른 문제와 복합적으로 나타난다. 이는 한 가지 형태의 중독을 보인 사람도 나중에 다른 형태의 중독 위험성을 안고 살아갈 가능성이 높다는 뜻이다. 일단 두 가지 형태의 문제에 연루된 경우를 교차 중독(cross-addiction), 동시 중독(concurrent addiction), 중복 중독(multiple addiction, dual addiction) 등이라고 부른다. 예를 들면, 우울증 환자 중의 일부가 알코올중독자다. 이를 역으로 표현하면, 알코올중독자의 일부는 우울증 환자라고 할 수 있다. 술을 자주 마시지 않으면 안 될 정도의 중독 상태가 반복되면서 우울한 증상이 생겼는지, 아니면 우울하기 때문에 술을 자주 마시면서 중독되었는지를 구분하기 어려울 정도로 두 가지 문제는 연결되어 있다.

성 중독도 행위 중독(behavioral addiction)[4]이든 화학물질에 관한 중독이든 보통 다른 중독과 함께 나타나기도 한다. 성 중독자는 수치심이나 고통, 부정적인 감정 등을 누그러뜨리기 위한 대처 행위로서 술이나 음식, 마약과 같은 것에 손을 댔다가 알코올중독, 섭식장애, 마약 중독이 되거나 다른 심리적 장애가 발생할 수 있다. 그러나 이러한 설명은 성 중독자가 쉽사리 다른 형태의 중독자가 될 수 있다는 의미는 아니다. 상당수의 성 중독자들은 다른 형태에 전혀 중독되지 않는데,

---

4) 다양한 형태의 중독을 크게 물질 중독과 행위 중독으로 구별할 수 있는데, 어떤 행위나 과정, 활동에 관한 중독은 행위 중독 또는 과정 중독(process addiction)이라고 부른다.

그 이유는 다른 물질에 의해서 얻은 쾌락이 성적인 행동화를 통해서 얻은 쾌락만큼의 느낌을 가져다주지 않기 때문이다.

성 중독자가 죄의식이나 수치심을 줄이기 위하여 강박적으로 종교를 찾았다면, 성 중독이 종교 중독(religious addiction)에 일차적으로 연루된 교차 중독이다. 그러나 성 중독과 연루된 교차 중독은 대부분 성 중독이 일차적인 것이 아니라 이차적인 것으로 연결되어 있다. 그와 같은 교차 중독의 형태는 매우 다양하며, 그 형태는 대부분 약물중독이 성 중독이나 강박적인 성행동과 연결된 것들이다. 예를 들면, 코카인 중독자가 코카인을 얻기 위한 수단으로 쉽게 다른 사람들의 성적인 요구를 받아들이거나 자신이 유혹하여 성행위를 하는 경우다. 약물에 중독되면 약물을 구입할 돈이 부족할 경우 절도 행위를 하거나 성매매를 통해 돈을 마련하는데, 이러한 일이 습관처럼 나타나는 것이다. 많은 약물이 약물 사용에 관련된 경험이 진행되는 동안 일시적인 기억상실이나 의식상실을 가져오므로 약물중독자는 자신이 약물을 얻기 위해서 성행위와 연루되었다는 사실을 잘 기억하지 못한다. 일반적으로 약물중독 초기에는 약물이 성욕을 증진시켜 성적 쾌감도 경험하게 된다. 그렇지만 중독 상태가 심해지면 약물이 성욕을 억압하므로 약물을 구입하기 위해 몸을 팔더라도 성행위로 인한 쾌감을 별로 얻지 못한다.

그 외에 알코올중독은 강박적인 성행동과 어느 정도 상호작용을 하는 편이며, 도박중독자들의 생활양식에서도 마찬가지다. 과식이나 거식증도 빈번히 성적인 거부 현상이 수반된다. 교차 중독 상태를 보일 경우, 한 가지 중독에 초점을 맞추고 치료할 때 회복의 초기 단계에서 치료를 하고 있지 않은 다른 중독이 더 심해지는 경향을 보인다.

교차 중독과 유사한 의미를 지닌 용어가 있다. 바로 공존 질환(comorbidity, 문어적으로는 additional morbidity)이다. 이는 기본 질환이 존재하면서 하나 이상의 다른 장애가 나타나거나 추가 장애나 질환이 가져다주는 효과를 이르는 의학적 용어다.

중독이라는 용어 사용을 피하고자 할 때 공존 질환이라는 용어를 적용할 수 있다. 즉, 강박적인 성행동을 성 중독으로 볼 경우 교차 중독이라는 용어를 사용하면 되고, 질환으로 볼 경우 공존 질환이라는 용어를 사용하면 된다.

여러 연구자(예: Kafka나 Martin 등)는 강박적 성행동을 보인 환자들의 상당수가 임상적인 장애를 지님을 보고하고 있다. 예를 들면, 강박적 성행동 환자나 변태성욕자들의 70~80%는 기분장애를 보이는데, 그들의 절반 이상은 그와 같은 기분장애를 어린 시절부터 겪었던 것으로 드러났다. 기분장애 비율이 높다는 것은 기분장애를 초래하는 상황 등을 스스로 잘 조절하지 못함을 의미한다.

그들의 절반 정도는 불안장애도 지니고 있었는데, 불안장애 비율이 높다는 것은 충동적인 강박 성행동이 강박장애의 변형체임을 의미한다. 불안을 덜기 위한 수단으로 성행동에 의존하는 것이다. 역시 변태성욕자의 42~50% 그리고 강박적 성행동 환자의 17~19%는 어린 시절 주의력결핍과잉행동장애(ADHD)를 지녔다고 한다.

성 중독의 근본 원인

1. 성 중독의 배경

조사마다 비율의 차이는 있지만, 성 중독자의 대다수가 어린 시절 양육자로부터 상처를 심하게 받았던 것으로 드러났다. 예를 들면, 회복 프로그램에 참여한 600명의 성 중독자들을 조사한 칸스(Patrick Carnes)의 보고에 의하면, 참여자들의 87%가 어린 시절 성 중독, 알코올중독, 도박 중독 등 다양한 중독자 가정의 출신이었다. 그리고 그 중독자의 대부분은 부모였다. 중독자 부모는 양육자로서의 역할을 제대로 하지 못했고, 자녀들에게 심한 학대를 가했다. 성 중독자들 중에서 어린 시절 정서적 학대를 심하게 받았다는 비율은 97%, 성적으로 학대가 있었다는 비율은 81%, 또 신체적인 학대를 경험했다는 비율은 73%나 되었다.

중독자 가정에서는 아동의 요구를 학대나 방치 등으로 부정하거나 묵살해 버렸다. 또 그런 가정에서 자란 일부 아동은 자라서도 다른 사람들에게 부모가 중독자라는 사실을 속이기도 했다. 그렇지만 대다수 아동은 그와 같은 가정환경을 일반적인 것으로 이해했기 때문에 자신이 학대의 희생자였다는 것도 모르고 자라다가 중독자로 전락했다.

2. 아동기에 경험한 학대 유형

성 중독자들이 어린 시절 경험했던 학대를 크게 세 가지 유형으로 구분할 수 있다. 물론 내용이 두 가지 이상의 유형에 해당되기도 하지만, 편의상 세 유형의 예들을 각각 소개하면 다음과 같다.

1) 신체적 학대의 예

- 물건으로 때리기
- 손으로 때리거나 발로 차기
- 손으로 밀어뜨리기
- 뺨 때리기 등

2) 정서적 학대의 예

- 아동을 향해서 소리치거나 비명을 지르기
- 비웃거나 놀리거나, 다른 사람들 앞에서 바보 만들기(모욕)
- 비난하거나 완벽함을 요구하기
- 아동의 사고 과정이나 내용을 비판하기
- 아동의 성적 발달(성숙 과정)을 비난하거나 부당하게 처벌하기
- 아동에게 사생활을 허락하지 않기
- 억지로 비밀을 지키라고 요구하기
- 아동에게 안전상의 문제나 적절한 감독을 하지 않기

- 집안에 어떤 문제가 생길 때 "너 때문이다!"라고 말하기
- 아동의 요구는 모두 무시하면서 오직 부모의 요구를 위해서 아동을 이용하기
- 쓸모가 없다거나 못생겼다거나 어리석다고 말하면서 아동의 가치 폄하하기 등

3) 성적 학대의 예

- 아동에게 억지로 키스를 하거나 껴안아 달라고 요구하기
- 아동을 상대로 외설적인 농담하기
- 아동의 신체를 부적절하게 만지거나 음흉하게 쳐다보기
- 아동기에 자기보다 나이가 훨씬 더 많은 청소년과의 성행위
- 근친상간
- 아동기에 나타나는 성적 호기심이나 성적 실험[1] 등을 처벌하기
- 성인이 자신의 성적 쾌락을 위해서 아동을 이용하기
- 억지로 성행위를 시도하기 등

3. 가족의 기능과 역기능

보통 무언가 제대로 작용해야 하는데 그렇지 못하고 반대로 작용하는 기능을 역기능이라고 하며, 가정의 기능이 반대로 작용할 경우 역

---

1) 성적 실험(sexual experimentation)은 아동기의 성장 과정에서 나타나는 매우 정상적인 과정에 해당된다.

기능 가정(dysfunctional family)이라고 부른다. 중독이나 폭력 등의 문제를 안고 있는 가정이나 해체된 가정 등을 이를 때 사용하는 용어다. 가족 구성원들끼리의 원만한 관계를 유지하지 못하고 있는 가정, 즉 부모가 자녀를 사랑하고, 양육하고, 잘못된 행동을 바로잡아 주고, 교육하는 기능 등을 제대로 발휘하지 못하는 가정을 말한다.

그럼 어떤 가정이 기능을 제대로 하고 있다고 말할 수 있는가? 이를 하버드 대학교 교수를 역임했던 사회학자 파슨스(Talcott Parsons, 1902~1979)의 견해를 토대로 이해해 보자. 그는 기능주의적 입장에서 가정의 기능을 여섯 가지로 정리하였다.

- 사회의 규칙들이 너무 복잡하여 사회에 적응하기가 쉽지 않기 때문에 자녀들이 성인이 되어서도 그 사회에 확실하게 적응하여 생존할 수 있도록 양육해 주는 기능이다.
- 가족 구성원들이 성적 본능을 잘 조절하여 자녀가 건강한 인격체로 성장하도록 도와주는 기능이다.
- 자녀에게 가장 기본적이고 중요한 교육 담당자는 부모를 비롯한 성인들인데, 그들이 자녀에게 사회의 규준과 가치를 만족스럽게 수용하도록 사회화시키는 기능이다.
- 가족 구성원들이 모두 다른 구성원들(예: 어린 자녀, 노부모 등)의 생존을 위한 재정적인 지원을 제공해 주는 기능이다.
- 어린 시절부터 타인에게 사랑이나 관심을 전혀 받지 못한 아동은 성장해서 다른 사람에게 사랑이나 관심을 어떻게 주는지 또는 왜 주는지를 잘 모를 수 있으므로 가정은 아동에게 사랑이나 안전과 같은 정서적 요구를 채워 주는 기능을 해야 한다.

- 자신이 누구와 어디서 살고 있으며, 사회에서 어떤 역할을 하는지 등을 확인시켜 주면서 사회나 가정에서 자신의 존재 가치를 느끼게 해 주는 기능을 한다.

이상의 기능이 제대로 작동하는 가정이라면, 자녀 입장에서 자신이 존중이나 인정을 받고 있는 느낌이 들고, 자신의 요구에 가족 구성원들이 귀를 기울여 주고 있기 때문에 학대의 두려움이 없는 환경에서 살아가고 있다고 할 수 있다.

이와 같은 일반적인 기능이 반대로 작용하는 가정을 역기능 가정이라고 하는데, 여기에는 알코올이나 화학물질 등에 중독 또는 의존된 가정, 정서적으로나 심리적으로 혼란스러운 가정, 또는 성적으로나 신체적인 학대가 존재하는 가정 등이 속한다. 역기능 가정의 부모를 언급할 때 폭력적이거나 학대하는 부모(abusive parents), 알코올중독자 부모(alcoholic parents), 결함이 있는 부모(deficient parents) 등의 표현을 할 수 있다.

밖에서는 전혀 문제가 없는 가정처럼 보이더라도 부모가 자녀에게 요구하는 기본 규칙이 너무 엄한 가정도 있다. 즉, 자녀 입장에서는 부모가 설정한 규칙이나 역할 등을 따르기가 거의 불가능할 경우나 맹목적으로 따라야 할 경우에는 정서적 관계가 결핍될 가능성이 높기 때문에 역기능 가정에 포함시키기도 한다. 그런 가정의 부모를 보통 통제나 감독이 심한 부모(controlling parents)라고 부른다.

4. 역기능 가정의 특성

중독자이거나 권위주의적인 부모들의 특성을 하나 소개하면, 그들은 대부분 자녀에게 매우 엄한 편이다. 그들은 자녀를 비롯하여 자기가 상대하는 다른 사람들을 인격체가 아니라 물건처럼 대하는 경향이 있다. 또한 그들은 누구든지 자신이 쉽게 조종할 수 있다고 생각한다. 그래서 자기 자녀도 물건처럼 자신의 욕구를 위해 조종해도 괜찮다고 생각하면서 대하는 것이다.

중독은 스스로를 조절하는 능력이 결여된 장애다. 중독자인 부모가 자신의 정서적 고통을 조절하지 못하고, 이를 해결하기 위한 수단으로 아동을 대상으로 다양한 학대를 가한다. 소리를 지르고, 때리고, 성적으로 학대하는 것이다.

중독자인 부모는 자신이 자녀에게 가한 행동이 어떤 영향을 미치는지, 또 무엇이 학대 행위이고 아닌지에 대해 관심도 없고 알려고 하지도 않는다. 아동이 정서적으로 힘들어할 것이라는 점을 전혀 인식하지 못하고 관심도 없다. 오히려 자신이 하고 있는 행동에는 전혀 문제가 없으며, 그 대상이 자녀라면 자녀에게 유익한 행동이라고 생각한다. 중독자인 부모는 평소 품행이 바르지 못한 행동을 자주 하면서도 타인에게는 다른 행동 기준을 적용한다. 어떤 행동의 기준을 마련하거나 적용할 때에는 자신의 것만 중요하고 타인의 것은 무시한다. 예를 들면, 다른 사람이 자신의 어깨를 만지면 화를 내는 등 만지지 못하게 하면서 다른 사람의 어깨는 그 사람이 싫어해도 아무렇지 않게 만지는 식이다.

그러한 부모는 다른 사람들에게 적용하는 행동 규칙을 설정해 두고 있지만, 그 규칙의 적용에는 일관성을 보이지 않는다. 규칙이 있더라도 아동이 따르기에는 너무 엄격하다. 아동이 규칙을 지키지 못할 때 차별적이고 일관성이 결여된 처우를 한다. 어떤 사람에게는, 또 어떤 시기에는 인정사정없이 대하는가 하면, 다른 사람이나 다른 시기에는 너무나도 따뜻하게 대하기도 한다. 심지어 강아지에게도 따뜻하게 대하면서 자신에게는 무자비하게 대하는 것을 경험하는 자녀는 자신이 동물보다 못한 존재라는 느낌을 받는다. 한마디로, 역기능 가정의 구성원들 사이에는 늘 극심한 긴장이나 갈등이 존재한다. 특히, 아동에게는 건강하고 적응적인 행동을 할 수 있는 부모로서의 역할 모델이 결여되어 있다.

5. 역기능 가정의 아동

역기능 가정에서 자녀들에게 가해지는 가장 기본적인 폐해는 학대나 방임이다. 설령 부모가 자녀에게 학대행위를 고의로 가하지 않는다고 하더라도 학대 장면을 자주 목격하는 등 중독자 가정이라는 역기능 가정환경에서 자라는 것 자체가 학대에 해당된다. 폭력이나 직접적인 학대행위 등이 없다고 하더라도 부모의 사랑 표현이 결여된 환경은 아동을 정서가 결핍된 사람으로 발달시켜 버린다.

'역기능 가정' 이라는 어구 자체에는 학대의 존재 가능성이 높다는 의미가 내포되어 있다. 역기능 가정에서의 아동은 신체적 · 정서적 · 성적으로 학대를 당하면서 자신이 무가치한 존재, 버려진 존재라는 느낌을 갖게 된다. 유감스럽게도 아동은 자신에게 가해지는 학대행위를 스스로 방어할 수 있는 존재가 아니다. 그러므로 아동은 자신에게 발생한 방임이나 학대행위의 이유가 무엇인지 잘 모르지만 자신이 잘못했기 때문에 나타난 것이라고 정당화시켜 해석한다. 왜 방임이나 학대가 발생했는지는 모르지만 아동은 무의식적으로 스스로를 보통 사람과는 달리 결함이 있는 사람이라고 생각해 버린다.

물론 어떠한 가정에서 살아가든지 누구나 어느 정도의 상처나 욕구 좌절을 경험할 수 있다. 그러나 그 상처를 어떻게 다루는가에 따라서 가족들의 관계나 그들의 삶에 매우 다른 결과가 나타난다. 역기능 가정에서는 아동이 학대를 경험하더라도, 그리고 그것이 그들 스스로 참기 어려울 정도의 고통이라 하더라도, 생존하기 위해서 고통으로 지각하지 않는 방법을 터득하게 된다. 아동은 자신이 혼자임을, 즉 누구도 자기편이 아님을 잘 알고 있기 때문에 스스로 생존법을 터득해야 한다.

어린 나이에 다른 유형의 학대보다도 성적인 자극에 노출되거나 성행위를 경험했을 때, 이를테면 성적인 학대를 받았을 때 그 후유증이 훨씬 더 심각할 가능성이 높다. 특히 친족 성폭력, 좀 더 구체적으로 표현하면, 부모나 주 양육자로부터 당한 성폭력 또는 이와 유사한 성적인 학대를 당한 아동은 어른들이 시도한 성행위를 양육 행위의 일부로 혼동하게 된다. 아동은 성인이 성행위를 시도해도 어리기 때문에 그 행위의 본질이 무엇인지를 전혀 알지 못하며, 조금 더 자라서 무엇인지를 알았다고 하더라도 두 사람의 관계를 상호적이라고 해석할 수 없다. 아동은 성인과의 성행위에서 쾌락을 얻는 것이 아니라 두려움이나 수치심, 혼동만을 심하게 느낄 뿐이다.

종합적으로 역기능 가정의 환경은 아동의 입장에서 너무 엄격하고,

혼란스럽고, 외부와 격리되어 폐쇄적이고, 밖으로 새어나가지 않아야 할 비밀이 많고, 적대적이고, 자신에게는 관심이 없는 등 스스로 헤어나기 힘들 정도의 곤경 상황이다. 한마디로 아동은 어린 시절부터 만성적인 스트레스 상황에서 살아가고 있는 것이다. 다음 절에서도 설명하지만, 에릭슨(Erik H. Erikson)에 의하면 신뢰감은 생의 초기에 형성되어 다른 사람들과의 관계에서도 전이된다. 그러나 역기능 가정에서 아동은 누구를 신뢰할 것인지 그리고 어떻게 다른 사람들과 가까워질 수 있는지 등에 부정적인 영향을 받으며 성장한다. 장차 원만한 대인관계를 형성하거나 유지하지 못할 가능성이 높은 환경에서 살고 있는 것이다.

6. 역기능 가정에서 아동의 생존 법칙

가족의 기능을 제대로 하지 못하는 중독자 가정에서 자라는 아이들은 어떻게 살아가고 있는가? 예를 들면, 학대를 당했을 때 어떻게 적응하고 대처하며 반응하고 살아가는가? 중독 가정 문제 전문가 블랙(Claudia A. Black)에 의하면, 중독자 부모와의 관계에서 자녀들은 어린 시절부터 생존을 위해서 나름대로의 전략을 세우는데, 이를 세 가지 무언의 원리 또는 법칙이라고 한다. 학대를 당하더라도 생존하기 위해서 그런 상황에서 고통을 덜 느끼는 방법을 터득하는 것이다. 그 세 가지 내용을 하나씩 살펴보면, 다음과 같다.

1) 믿지 말자

영문으로 "Don't trust!", 즉 아무도 신뢰하지 않는다는 법칙을 발달시킨다. 신뢰감은 어떠한 인간관계에서든지 가장 기본적인 요소 중 하나다. 에릭슨의 성격발달이론에 의하면, 사람이 태어나서 가장 먼저 형성하는 성격 특성이 바로 타인에 대한 신뢰감과 불신감이다. 부모가 아이에게 어느 정도 일관성 있게 대해 주었는가, 아이의 요구에 제대로 반응해 주었는가 등에 따라서 신뢰감이나 불신감 수준이 다르게 발달하는 것이다.

학대 가정에서의 아이는 신뢰감보다 불신감을 더 잘 발달시킬 수밖에 없다. 중독자인 부모와의 부정적인 경험 때문에 어린 시절부터 부모를 비롯하여 누구도 믿지 않는 것이 고통을 덜 느끼는 법이라고 터득한 것이다. 성장한 후에도 이러한 이유 때문에 불신감을 기저로 사람들을 상대하게 되므로 인간관계가 꼬여 버릴 가능성이 높다.

2) 느끼지 말자

영문으로 "Don't feel!", 즉 아무것도 느끼지 않는다는 법칙을 발달시킨다. 누구나 인간관계에서 부정적인 감정을 가질 수 있지만, 상처투성이 가정에서는 부정적인 감정을 갖게 되면 될수록 자신이 더 약한 존재임을 스스로 인정하면서 비참해진다. 아동에게는 부정적인 감정이 생기는 것 자체가 고통스러우므로 부모를 비롯한 가족이나 다른 사람들과의 관계에서 힘들다고 느끼지 않으려고 노력하거나 관계를 회피해 버린다. 느끼지 않는다는 법칙은 부정적인 감정을 피하게 해 버리는 생존이나 적응 행동이다.

그래서 대인관계가 불편하고 힘들 때면 이를 억누르면서 고통을 잊으려 하거나, 그 감정을 상쇄해 버리기 위해 남을 욕하고 거부하거나, 아니면 그 느낌을 변화시키려고 한다. 중독 가정이나 다른 상처투성이 가정에서는 사소한 감정도 허용하지 않고 통제하려고 한다. 고통이나 갈등 때문에 울고 싶어도 가족 구성원에 의해 억압되거나 비판되어, 슬픔의 표현이 용납되지 않기도 한다. 또 어떤 사람에게는 감정의 표현이 허용되지만, 어떤 사람에게는 허용되지 않는 등 일관성이 없기도 한다.

솔직한 정서 표현을 용납하지 않는 가정은 안전하지 않다. 분노나 슬픔, 울음 등 기타 부정적인 감정이 바로 상처에 대한 자연스러운 반응이라는 것을 이해해야 한다. 감정 표현을 허용하지 않는 가정에서 살아가면 마음은 상처투성이가 된다. 누구든지 내적인 감정을 안전하게 표현할 수 있어야 상처가 생기지 않는다.

역기능 가정에서의 아동은 청소년이나 성년으로 성장해서도 아무것도 느끼지 않는다는 법칙 때문에 정서를 자연스럽게 표출하지 못하므로 억압된 부정적인 정서가 쌓이고 쌓인 채로 살아가게 된다. 이러한 억압 때문에 다른 사람들과의 관계에서 항상 압도당하는 느낌이 들고, 불안하고, 쉽게 분노하고, 우울한 증상이 사라지지 않는다. 표출되지 못한 부정적 정서가 많이 쌓일수록 나중에 중독에 더 취약해진다.

3) 말하지 말자

영문으로 "Don't talk!", 즉 아무 말도 하지 않는다는 법칙을 발달시킨다. 이 생존 법칙은 의사소통을 하지 않는다는 뜻이 아니다. 진실을 감추고 의미가 있는 속마음을 이야기하지 않는다는 뜻이다. 특히 개인적인 문제나 관계의 문제에 대해서 말하지 않는다는 의미가 담겨 있다. 그들은 갈등이 생기는 주제에 대해서는 항상 얼버무리든지 문제를 감추어 버린다. 개인적 요구나 해결해야 할 문제를 어지간해서는 말하지 않는다. 그래서 가정의 어떤 문제점이 누군가로부터 제기되지 않으면, 가족들은 문제가 없거나 있더라도 별 게 아니거나 문제가 풀렸다고 지각하게 된다.

진실을 말하지 않는 것을 생존 법칙으로 생각하지만, 이런 경우 문제도 풀리지 않고 갈등도 해결되지 않는다. 일단 갈등이 생기면, 이를 해결해야 할 문제로 보는 것이 아니라 관계의 문제로 여겨 버린다. 어려움을 풀어 가는 것보다 서로 비난하는 것이 더 쉽다. 그러나 문제는 풀리지 않은 상태로 존재하고 있으며, 그것이 풀릴 때까지 스스로를 괴롭힐 것이 분명하다. 문제가 풀리지 않을 것처럼 여겨질 때에는 그냥 억압해 버린다. 이 억압된 정서가 좌절이나 분노, 우울, 혐오 등으로 이어지며, 이로 인하여 인간관계에서 문제가 생기게 되고 일상생활에서 경험하는 스트레스를 대처할 능력도 사라져 버린다.

7. 학대의 장기적 영향

역기능 가정에서의 아동들은 어린 시절부터 만성적인 스트레스 상황에서 살아 왔다. 그들은 줄곧 안전이나 안정과는 거리가 먼 생활을 했다. 양육자(대부분 부모)로부터 끊임없이 학대를 당했는데, 그렇다고 해서 부모가 시종일관 힘들게 했던 것도 아니다. 어떤 상황에서는 실제로 아동이 잘못을 저질렀어도 무섭게 대하는 것이 아니라 오히려 따뜻하게 대해 주기도 했다.

그러나 부모는 변덕이 너무 심했다. 사랑이나 보살핌의 순간이 언제 모욕이나 책망의 순간으로 바뀔지 모르는 환경에 적응하는 것은 쉽지 않다. 당연히 불신이 몸과 마음에 익숙해진다. 이 때문에 내적으로 두려움이나 불안이 가득 차 있는 아동은 자기 자신은 물론이고 주위 세상에 대해 확신을 가지지 못한다.

아동은 태어나서부터 줄곧 그런 상태에서만 살아왔다. 그 때문에 그와 같은 역기능 가정의 모습을 마치 일반 가정의 분위기처럼 이해할 수밖에 없었다. 실제로 정상적인 기능을 하고 있는 보통 가정의 모습을 전혀 알지 못하기 때문에 나중에도 몸에 배인 그 상태를 유지하려고 노력한다.

그러다가 성장하면서 친구들과 자신을 비교해 볼 기회가 자주 생긴다. 예를 들면, 친구가 아버지와 함께 야구장에 가서 재미있는 시간을 보냈다는 얘기를 듣게 되면 아버지가 저런 사람인가 하고 생각하면서 자신의 아버지와 비교해 본다. 자신의 가정을 일반적인 모습으로 알고 살아오다가 친구들의 가정은 상당히 다르다는 느낌이 들기 시작한다. 친구들 집에 가끔 놀러가서 그들이 어떤 상태에서 살아가고 있는지를 직접 보면, 왜 자신과 이렇게 다른지에 대한 궁금증과 함께 자신이 살아 온 모습의 일반성에 대한 의심과 혼란이 생긴다. 관점이 다른 친구들을 보면서 자신이 나아가야 할 길을 제대로 찾아가는 경우도 있지만, 대부분 그렇지 못하다.

상당수의 아동이 자라서 부모처럼 중독의 전철을 밟게 된다. 자신의 출신 배경을 알아차리면서 느끼는 절망과 수치심, 자긍심 저하, 또 다른 사람들과의 관계에서 자신이 버려질지도 모른다는 두려움, 신뢰감 상실 등으로 괴로워진다. 자기파괴적인 생각이 자주 나타나고, 실제로 그런 행동을 자주 하게 된다. 괴로움을 잊기 위한 행동이 성 중독으로 연결되는 것이다.

8. 성 중독의 발달

중독자 부모와 함께 살아가는 자녀는 역기능적인 요소를 극복하기 위해 부단한 노력이 필요하다. 그렇지 못하면 자신도 문제가 심각한 성인이 되어 나중에 부모와 똑같은 전철을 밟게 될 가능성이 적지 않다. 유감스럽게도 스스로 모든 문제를 극복한 사람은 매우 드물다.

실제로 역기능 가정에서 자란 아동은 성인이 되어서 여러 형태의 중독자가 되기도 한다. 이를 역으로 표현하면, 상당수의 성 중독자들은 역기능 가정 출신이며, 자신도 다음 세대에게 그런 환경을 물려줄 가능성이 매우 높다는 것이다. 물론 그런 가정에서 자란 모든 아동이 성년기에 성 중독이나 다른 문제에 연루되는 것은 아니지만, 성 중독자들이 자랐던 어린 시절의 가정환경은 중독자가 아닌 사람들에 비해서 중독자로 발전할 조건을 훨씬 더 많이 갖추고 있다.

부모가 중독자일 경우 일부 자녀는 부모처럼 되는 것을 피하려고 노력하는 도중에 중독자인 부모와는 다른 형태의 중독, 즉 물질이나 행동에 중독되기도 한다. 예를 들면, 알코올중독자의 자녀가 술을 전혀 마시지 않으려고 노력하는 과정에서 섭식장애나 도박중독에 빠질 수 있다. 부모가 성 중독자일 경우도 마찬가지다.

아동기로부터 청소년기를 거치면서 중독자로 발달하게 된 배경을 생각해 보자. 이미 수차례 언급했고 나중에도 다시 언급할 가능성이 높은 것은 바로 어린 시절 학대 등의 상처에 의해서 초래된 부정적인 자아상의 형성이다. 역기능 가정이 아니더라도 부모에게 사랑을 제대로 받지 못한 아동은 자긍심에 문제가 생긴다.

하물며 역기능 가정에서 자란 아동은 어떠하겠는가? 쓸모없는 존재라는 이야기를 수없이 들어 왔기 때문에 본인도 어려서부터 스스로를 가치가 없는 존재라고 믿었고, 원래부터 나쁜 사람이었을 것이라고 생각해 버린다. 이런 믿음과 생각에 젖어 살다 보니 항상 자신을 수치스럽게 여긴다. 그 수치심의 본질은 혹시라도 누가 자신의 과거 모습이나 가족에 대해서 알까 봐 불안해하는 것과 관련된다.

역기능 가정 출신의 아동은 항상 심한 스트레스 상태에서 벗어나지 못하고 살아간다. 거기에다 일상생활을 하는 도중에 힘든 일이 생기거나, 너무 무료하거나, 잠이 오지 않는 등 불편함을 느낄 때 자신의 모습이 너무 초라해지면서 괴로워지는 것이다. 아동기 시절부터 청소년기, 성년기에 이르기까지 어떤 부족한 부분이 느껴질 때마다 괴로워진다. 이런 상황에서 누구도 자신에게 사랑이나 관심을 표현해 주지 않았으며, 그래서 그 괴로운 상태에서 탈피하고 싶은 욕구가 커진다. 그것이 바로 성과 관련된 문제 행동으로 연결되어 버린다.

성 중독자들이 처음부터 의도적으로 중독되기 위해서 포르노를 보고, 성매매 업소를 찾아다니지는 않는다. 그들의 상당수는 도피의 수단으로 자위행위를 시도하다가 괴로울 때마다 자위행위에 습관적으로 의존하면서 중독자로 발전한 것이다.

의외로 많은 성 중독자가 어린 시기, 즉 보통 8세 이후 포르노에 노출되면서 중독으로 발전한다. 그들은 포르노 노출 시기에 따라서 크게 두 부류로 구분된다. 일부는 어느 정도 성장한 후에 의도적으로 포르노 노출 경험을 시도해 보면서 중독으로 발전했고, 다른 일부는 어려서 우연히 포르노에 노출되면서 중독으로 발전했다. 두 경우 모두 전형적으로 초기에는 경미한 수준의 포르노에 노출되어 자위행위를 했지만, 노출 빈도가 잦아지면서 포르노 내용이나 수준에 둔감해지다 보니 시간이 갈수록 더 변태적이고 일탈된 포르노 내용을 선호하게 되었다.

성 중독의 형태는 다양하더라도 앞에서 설명한 바처럼 성 중독의 출발은 자위행위부터였든지, 아니면 포르노 노출에서 자위행위가 결부되었든지 둘 중 하나다. 의외로 자위행위에서 출발하여 자위행위에 집착하는 형태로만 발달한 성 중독자들이 적지 않다. 어떻게 그런 형태로만 머무르게 되었을까?

성욕을 발산하는 유일한 수단으로 성적인 환상을 자주 하고, 이러한 환상과 함께 자위행위를 반복하는 한 남성을 생각해 보자. 시간이 흐를수록 약물중독처럼 자위행위도 일정한 수준의 쾌락을 얻기 위해 더 많은, 더 강한 자극이 필요해진다. 이러한 이유로 자위행위의 빈도가 늘어나거나 그 수준의 쾌락 경험을 얻기 위해서 자극이 될 수 있는 새로운 것을 계속 찾게 된다. 곧 자위행위를 시도하기 전이나 도중에 이루어진 환상의 내용은 강간이나 아동 성추행 등 일탈된 것일 가능성이 높다. 그러면서 자위행위를 통해서 얻은 쾌감과 일탈된 환상 사이의 관련성은 증폭한다.

자위행위는 자기중심적인 자극에 반응하도록 신체를 조건화시키는 기능을 한다. 일단 자위행위에 의존하다가 중독 상태가 되면, 다른 사람과의 관계 형성이나 유지가 어려워진다. 그가 기혼자라면 배우자와의 건강한 관계의 형성이나 유지가 쉽지 않다. 다른 사람과 성적으로 연결시키는 능력에 큰 손상을 입는다. 다른 사람과의 성행위보다 혼자서 포르노를 보고 자위행위를 하면서 얻는 성적 만족이 더 중요하고 더 낫다고 여기기 때문이다. 이 때문에 자위행위 중독은 인간성을 말살시켜 버리는 행위가 되는 것이다.

자위행위에 의존하면서 괴로움을 탈피하다가 어느 순간부터 어떤 요구가 생길 때마다 점점 그 대처 행위가 성행위로 발전한 중독자들이 있다. 자위행위에만 의존하는 중독자와 달리 이들은 자신이 다른 사람들을 조종할 수 있다고 믿는다. 그래서 그들을 내 마음대로 조종하면서 자신이 원하는 바를 충족하고자 노력한다.

그에게는 성이 가장 중요한 욕구이며, 성행위가 가장 중요한 사랑의 표시다. 다른 사람들은 그 욕구를 충족할 때 필요한 대상이 된다. 그는 다른 사람이 자신과 성행위를 하는 것을 자신을 수용하고 인정해 주는 것으로 생각한다. 성행위를 통해서 얻는 만족이 자신의 존재 가치가 없다는 느낌을 치유해 준다고 믿는다. 치유되었다는 느낌을 항상 유지하려면 성행위를 지속적으로 해야 한다.

이제 인간관계를 형성하는 차원이 아니라 성행위에 이용하기 위해서 다른 사람들을 유혹해야 한다. 곧 성행위 상대를 찾아 나서거나 유혹하는 일, 포르노 잡지 탐닉, 성매매업소 방문, 성적으로 부적절한 행위나 자위행위 시도 등이 모두 치유를 위한 생존 행위에 해당된다. 성 중독자들은 치유를 위해 다른 사람들을 유혹할 수 있고, 성행위를 통해서 희열을 얻으면 수치심이나 괴로움 등이 사라질 것이라고 굳게 믿고 있다.

그들은 이 같은 치유의 방법을 택하여 의존하다가 중독자가 된 것이다. 중독 문제는 바로 아동기 당시 자신을 둘러싼 학대의 세상에서 출발한다. 그런 세상은 아동이 스스로 만든 것이 아니다. 역기능 가정의 고리를 끊어 주어야 한다. 역기능 가정에서 자라면 왜 이렇게 쉽게 중독으로 발달하는가를 알고 어딘가부터 단절시켜야 한다. 그중 하나는 바로 그들의 스트레스 대처 방식을 바꾸어 주는 일이다.

중독자 가정에서 자라는 아동이 스트레스에 대처할 때의 공통적인 반응은 우선 자신이 받은 학대로 인한 상처를 인정하지 않는다는 것이다. 그들은 상처를 부정하거나 상처와 관련된 언급을 회피해 버린다. 누군가가 자신의 상처에 대해서 알려고 하거나 상처를 해결해 주려고 하면 저항을 한다. 부정하고 저항하는 이유는 바로 문제나 상처로 인정하지 않으면 결국 사라질 거라고 믿기 때문이다.

9. 성년기의 포르노 및 사이버 중독

앞에서 어린 시절에 포르노 노출 경험과 연결되었던 성 중독 발달을 언급하였다. 역기능 가정 출신이더라도 모두 중독자로 발달하거나 다른 문제에 연루되는 것은 아니다. 자신의 기본적인 요구나 원하는 것들을 스스로 다룰 수 있는 역량이 커진다면, 아동기나 청소년기를 그럭저럭 큰 탈 없이 보내게 된다. 그렇지만 그런 사람들도 성년기에 기본 욕구가 제대로 채워지지 못하거나 이를 건설적으로 다루지 못할 때 성 중독에 빠질 가능성이 크다.

어린 시절 부모의 일관성 결여 등으로 힘들었던 시기를 잘 견디어 왔더라도 성년기에 자신에게 의미가 있는 사람이 자신을 힘들게 한다고 느낄 때 견디지 못하기도 한다. 이때 결정적인 역할을 하는 것이 바로 포르노 노출이다. 포르노 노출이 자신의 기본 욕구를 대신 충족시켜 주는 역할을 하다 보면 중독으로 발전할 가능성이 적지 않다.

청년기까지 성 중독자의 삶을 살다가 탈피했지만, 나중에 다시 심각한 중독자가 된 한 남성을 예로 들어 보자. 그는 이미 중독자 가정에서 힘들게 지내면서 9세경에 포르노에 노출되었고, 자위행위를 시작했으며, 청소년기 이후에는 수많은 여성과 성행위를 경험하면서 보냈다. 그러다가 자신의 요구를 그런 식으로 충족하는 것에 크게 죄의식을 느꼈고, 그 후 평범한 사람처럼 한 여성과만 연애를 하고, 결혼에 성공하였다.

결혼 후에도 별 문제없이 살아가고 있었는데, 아이들이 생기고 부인의 직장일이 많아지면서 어려움을 느끼게 되었다. 자신이 원하는 시기에 성적 욕구를 제대로 충족시키지 못하게 되자, 피곤해서 지친 부인이 아이들과 함께 잠들면 혼자서 컴퓨터 앞에 가서 하는 일이 포르노 감상과 뒤이은 자위행위였다. 이런 생활이 지속되면서 온라인상에서 성적 채팅(chatting)을 하는 대화방에 매일 출입하고 이야기를 주고받으면서 자위행위를 즐기고, 나중에는 클럽을 찾아다니게 되는 중독자로 전락한 것이다.

어려운 시기에는 포르노 노출이 성 중독으로 발달시키는 촉매 역할을 하는데, 근래에는 정보기술의 발달로 포르노 노출이 더욱 쉬워졌다. 물론 아동기에 상처를 받지 않았던 사람이 성년기에 포르노 노출로 중독자로 발달하는 경우는 흔하지 않다. 성년기에 중독으로 발달한 경우도 대부분 아동기 상처와 관련되어 있다.

사이버 공간에서 중독자로 발달하는 과정을 간단히 유추해 보자. 사이버 공간에서 채팅 등으로 상대방과 성적인 이야기를 주고받을 때에는 당장 초래되는 해악은 눈에 보이지 않는 듯하다. 혹시라도 이 사실을 파트너가 알아채더라도 신체적인 접촉이 전혀 없었기 때문에 자신의 행위가 별다른 것이 아니라고 합리화해 버릴 수 있다. 사이버 공간의 파트너는 외국에 있는데, 무슨 문제가 되는가 하고 반문할 것이다.

이런 상황은 여성에게도 일어날 수 있다. 남편이 아닌 다른 남성과 실제로 성행위가 이루어진 것이 아니므로 외도가 아니라고 합리화한다. 그러면서도 사이버 공간의 애인이 자기에게 관심을 가져 주기 바란다. 사이버 공간에서의 행위가 일단 강한 감정이나 정서 반응을 초래하게 되면 파트너에게 충실했던 사람도 사이버 공간의 성적 음모에 강박적으로 빠져들어 간다.

성적으로 일탈된 행동의 일부는 이런 방식으로 습득되며, 죄의식이 크지 않아서 그런 행동이 쉽게 사라지지 않는다. 그런 행동을 한 자들의 대부분은 성 중독자가 될 위험이 매우 높으며, 이런 일탈된 행동 때문에 배우자나 파트너와의 관계도 와해된다.

다시 포르노 노출로 인해 성 중독으로 발전했던 남성들을 살펴보자. 포르노에 노출된 그들이 단순히 포르노만 즐겨 보았던 것은 아니다. 포르노를 보면서 자위행위를 했든지, 아니면 자위행위를 시도하기 위해 포르노를 이용했던 것이다. 이런 과정이 반복될수록 포르노로부터 전달된 메시지가 뇌에서 성적 흥분과 결합되면서 자위행위에 중독될 가능성이 높아진다.

성 중독이란 사실상 자신이 유도한 약물중독과 같은 것이다. 앞에서 언급했듯이, 성적으로 흥분하는 동안 방출된 화학물질은 마약을 복용하여 뇌에 미치는 효과와 흡사하거나 그보다 훨씬 강하다. 반복적인 자위행위는 중독에 관련된 뇌 부위에서의 화학적 회로를 강화시킨다. 이로 인해 실제 성행위를 하는 것보다 자위행위나 그와 연결된 환상에 대해서 더 쉽게 성적으로 반응하게 되는 것이다.

타인과의 성행위는 인간관계에 관련된 경험으로 자기의 요구가 중요한 만큼 타인의 요구에도 유의해야 한다. 만약 자신의 욕망에만 자꾸 신경을 쓴다면, 습관이 되어서 파트너의 요구에 관심을 두기가 어려워진다. 포르노 노출과 자위행위의 탐닉은 타인과의 관계에 얽매이지 않고, 파트너의 요구에도 신경 쓸 필요 없이 중독될 수 있다. 만약 파트너가 있는 사람이 그런 중독 상태로 발전한다면 그 파트너는 어떨 것인가?

만약 남편이 포르노 중독자라면, 결혼 관계에 미치는 영향은 매우 지대하며 다양하다. 신뢰감 문제, 감추어진 진실로 인한 정서적인 몸부림, 분노, 억울함, 불안정, 비밀, 절망감, 통제력 상실, 의사소통 부재, 이기심 및 성관계에 대한 부정적인 효과 등이다. 남편이 혼자서 성적 행동에 탐닉하게 된 일차적 자극은 포르노이며, 이로 인하여 의미나 관계의 맥락에서 이루어져야 할 성행동과 단절되어 버린다.

배우자(남편)가 포르노에 탐닉하게 되면, 상대 배우자(아내)로부터 정서적, 심리적 및 성적인 신뢰감이나 약속에 대한 의심을 받는다. 포르노 이용에 탐닉하게 되면, 결혼 생활이나 가족 관계에 악영향이 심각하다는 것을 알아차려도 포르노 이용을 쉽사리 중단하지 못한다. 포르노는 애착 관계를 토대로 한 성적 반응이나 경험의 가치를 분해시켜 버린다.

포르노가 있거나 없거나 강박적으로 자위행위를 하는 것 그리고 자위행위가 수반되거나 되지 않거나 강박적으로 포르노를 보는 것은 수많은 사이버 섹스 중독자들의 전형적인 모습이다. 사이버 섹스를 통해서든지, 폰섹스를 통해서든지, 포르노 잡지나 비디오를 통해서든지, 아니면 단순히 환상을 통해서든지 성 중독자들은 매일 환상과 자위행위에 몇 시간씩 쏟아붓는다.

일단 성 중독자 되면 범죄행위로 인하여 체포되든지, 도덕과 거리가 먼 사람이 된다. 유감스럽게도 중독자들은 중독 후기에 와서야 도움을 받고 싶은 욕구가 더 커진다. 이런 식으로 자신의 힘든 상황을 극복해 나가고 싶었던 것은 아니지만, 어려서부터 부모가 지니고 있었던 특성을 그대로 물려받아 정서적 충동을 자제하지 못하고 바로 행동하는 것만을 배웠다. 조절 능력이 결여되었던 것이다.

10. 성 중독 주기의 5단계 모델

교차 중독을 보이는 성 중독자의 일부는 간혹 다른 형태의 중독 행동이 나타나는 시기에는 성 중독이 나타나지 않기도 한다. 성 중독 상태가 그렇게 심하지 않아서 본인이 직접 기회를 찾아나서는 것이 아니라 우연히 기회가 생길 때에만 성적으로 행동화(acting out)를 시도하는 성 중독자도 있으며, 몸이 별로 좋지 않을 때나 체포 등으로 투옥되었을 경우에는 행동화를 시도하지 못하는 성 중독자도 있다.

그러나 대다수 성 중독자는 급성 단계로까지 발전해 버린 사람들인데, 그들은 주변에 있는 사람들에게 소외된 채로 중독 생활에만 집착하며 살아가고 있다. 시간이 지남에 따라 중독의 강도가 더 심해지고, 빈도 역시 더 잦아지고, 위험도 더 커지고, 통제력도 잃는다. 대다수 중독자가 보이는 성 중독은 보통 예측이 가능한 단계를 거치며 진행된다. 이런 과정에서 중독자는 스스로 다루기 힘든 상태로 변해 가며, 그 과정은 주기(cycle)를 이루면서 반복된다.

칸스를 비롯한 대다수 성 중독 치료전문가들이 제시하는 성 중독의 주기는 5단계 모델이다. 물론 4단계나 6단계 또는 7단계 등으로 모델을 변형시켜 제시할 수도 있지만, 그 경우는 5단계로 제시되는 모델의 첫 단계를 마지막 단계와 연결시키기 때문에 설명이 생략된 것처럼 보이거나 또는 다른 단계를 2개 이상의 단계로 분해하기 때문에 다르게 보일 뿐 모두 같은 것이라고 할 수 있다.

그럼 그 다섯 단계가 무엇인지를 간략하게 설명하고서, 뒤이어 세부적인 설명을 하겠다.

첫째 단계는 중독 행동을 촉발시키는 계기가 되는 단계로, 중독자가 정서적으로 힘들어 하는 시기를 말한다. 이를 보통 정서적 고통(emotional pain or discomfort) 단계라고 표현한다. 개인마다, 또 동일인이더라도 시기마다 정서적 고통을 유발시키는 요인(pain agent)은 다를 수 있는데, 그 요인을 도화선(trigger)이라고 표현하기도 한다.

둘째 단계는 그 정서적 고통을 없애거나 고통에서 탈피하고자 하는 생각(craving for relief), 어떤 방식으로 그 고통을 없애거나 탈피할 수 있을 것인가에 대한 고민, 그리고 섹스를 통해서 그것이 가능할 것이라는 환상에 집착하거나 몰두하고 있는(fantasy & preoccupation) 단계라고 할 수 있다.

셋째 단계는 고통을 없앨 수 있다는 환상을 실천하기 위한 준비 단계인데, 중독 과정에서는 그 준비를 보통 의식(ritual)[2]이라고 표현한다. 곧 고통 대신에 쾌락을 가져다주는 성행위에 집착하는 기회나 정도가 증가하면, 마치 정해져 있는 어떤 특정한 행동 패턴이 뒤따르기 때문에 의식이라고 부른다.

넷째 단계는 실제로 성행위를 추구하는 행동화(acting out) 단계다. 행동화를 통하여 얻는 성적 흥분의 고조 상태(하이, high) 때문에 일시적으로 쾌감을 맛보면서 앞 단계까지 느꼈던 고통을 잊을 수 있다. 그러한 느낌 때문에 자신의 행동이 미치는 부정적인 결과의 심각성을 망각해 버린다.

다섯째 단계는 행동화 이후의 느낌이 지속되는 기간을 말한다. 행동화를 통하여 비록 짧지만 일정한 기간 동안 고통을 잊을 수 있다. 그렇지만 곧바로 중독자는 자신이 선택한 성적 행동화를 후회하면서 수치심, 죄의식, 절망 등을 느끼게 된다. 이러한 부정적 정서 경험에다 일상생활에서 받는 스트레스가 누적되면 다시 정서적으로 힘들어 하는 첫째 단계로 이어진다.

1) 성 중독 주기: 제1단계

정서적 고통을 유발하는 요인은 개인마다 다르며, 복합적으로 작용하기도 한다. 고통을 잊기 위해서 성적으로 행동화를 시도한 이후 중독 주기의 마지막 단계에서 수치심이나 죄의식 등이 생겨서 다시 힘들어지면서 주기가 반복되는 것이 일반적이다. 그러나 그러한 상태라도

---

2) 의식(ritual)은 중독에서 강박적인 사고 등으로 인하여 습득되어 거의 습관적으로 나타나는 일종의 행동 패턴을 이른다.

시간이 흐르면서 일상생활에서 받은 스트레스가 쌓이면, 더 힘들게 느껴지면서 과거에 성적으로 행동화하면서 얻었던 쾌감을 회상하게 된다. 이런 상황에서 둘째 단계로 넘어가게 만드는 계기가 생기면 다시 중독 주기의 전철을 밟게 된다.

둘째 단계로 넘어가게 하는 계기 또는 도화선의 예들은 앞에서 말한 대로 개인마다 다르고, 복합적이다. 이들을 나열해 보면 다음과 같다.

- 슬픔이나 분노, 수치심을 느끼는 경험
- 무서움이나 두려움을 심하게 느낌
- 불안이나 우울 수준의 증가
- 현실적으로 해결하기에 너무 어려운 상황을 맞이함
- 무언가를 빼앗겨 박탈당한 느낌
- 다른 사람들과 가까워지고 싶지만 그렇지 못해 외로움을 느낌
- 내적인 갈등이나 외적인 갈등이 해결되지 못한 상태
- 성행위가 없는 삶을 지루하게 느끼면서 성적 욕구에 집착
- 열심히 노력하여 성취감을 경험할 때 보상이 필요하다는 느낌
- 기분이 너무 좋아서 그 기분을 그대로 유지하고 싶은 느낌
- 지나가다가 매력적인 여성을 봄
- 기타

도화선이란 현재의 기분이나 정서를 갑자기 부정적으로 변화시키거나 심화시켜 버리는 기능을 한다는 의미를 지닌다. 이러한 것들은 중독자에게 스트레스(고통)로 작용하기 때문에 성적인 충동이 걷잡을 수 없이 커진다. 즉, 스트레스는 중독자의 금단 및 환상에 대한 요구를 키

워 주므로 강박적 성행동이 폭발하는 부분적인 원인이 된다. 이런 맥락에서 칸스 등 대다수 성 중독 전문가는 성 중독을 성이 아니라 고통에 관한 질환에 해당된다고 정의했다.

성 중독을 치료하기 위해서는 무엇이 고통을 초래하는 도화선이 되는지를 빨리 알아차리고, 그 도화선에 잘 대처할 수 있는 방법을 습득시켜 주어야 한다. 보통 사람의 경우에는 도화선이나 계기가 되는 상황이 전개되더라도 성적 충동이 급증하는 일은 생기지 않는다. 그렇지만 성 중독자들은 어려서부터 학대가 심했던 역기능 가정에서 살면서 경험했던 것들 때문에 자신 앞에 전개되는 세상을 중독과 연결시키는 것이다. 이를 도화선의 배경 요인이라고 할 수 있다.

물론 치료를 받는 성 중독자의 상당수가 어린 시절의 학대 경험을 부정하며, 성적으로 학대를 받았던 사실을 잘 모르겠다고 답하기도 한다. 앞에서 서술했지만, 도화선의 배경을 다시 간략하게 정리하면 다음과 같다.

- 아동기에 받았던 성적 또는 신체적 학대나 상처
- 정서적으로 매우 엄격하고 무심했던 가정환경
- 신뢰감이나 애착이 형성되지 못했던 가정환경
- 아동기부터 존재 가치가 없음을 느껴서 발달한 수치심(예: 너는 태어나지 않았어야 될 놈이야!)
- 강박적으로 문제를 해결하는 습관이나 성향의 발달
- 이미 다른 형태의 중독 행동이 발달된 상태
- 오래전부터 있었던 불안이나 우울증 성향
- 자기 자신이나 다른 사람들과의 관계에 대한 부정적인 믿음

- 흑백논리의 사고 성향
- 최악의 상황만을 상상하기
- 기타 인지적 왜곡 등

2) 성 중독 주기: 제2단계

첫 단계에서 지각한 고통을 건강한 방법으로 이겨 낼 수 있다면 중독 주기에 대한 설명이 더 이상 필요하지 않을 것이다. 그러나 성 중독자들의 머릿속에는 대부분 고통을 해결하는 방법으로 성행위가 가져다주는 쾌감, 무아지경의 기대감으로만 가득 차 있다. 이 단계는 성행위를 해야겠다는 생각에 집착하는 단계나 성적인 자극을 강박적으로 찾으려는 마음이 굳혀지는 단계라고 할 수 있다. 한마디로 중독자는 성행위의 추구가 자신에게 가장 중요한 요구가 되어 버렸다.

어떠한 방법으로 할까, 어디를 찾아갈까, 누구와 성행위를 할까 등은 개인의 경험에 따라서 다르며, 상황에 따라서 다르다. 이렇게 마음이 성적 환상이나 사고에 강박적으로 사로잡혀 있기 때문에 성적 자극도 강박적으로 추구하려고 한다. 그러나 이와 같이 성적으로 집착하고 몰두하기 위해서는 엄청난 에너지가 필요하다. 특정한 행동을 계획할 때 시간과 에너지를 많이 소요하게 된다는 뜻이다.

이 단계를 전문적인 용어로 해리(dissociation) 단계라고 표현하기도 한다. 해리란 수치심과 같은 성격이 발달할 때 나타나는 일종의 방어기제다. 곧 해리는 분리되었다(split)는 의미를 지니는데, 한 개인의 생각(마음)과 감정(정서)이 분리되어 따로따로 작동한다는 뜻이다. 자기가 누구인지, 무엇을 하고 있는지, 어떠한 느낌을 받고 있는지를 지각하지 못할 정도로 고통의 해결 방법에만 몰두해 있는 단계다.

3) 성 중독 주기: 제3단계

고통의 해결 방안으로 행동 개시를 준비하는 단계다. 그 준비 행위는 중독자마다 다르며, 머릿속에 가득 차 있던 성행위를 현실화시키기 위한 노력이 수반된다. 예를 들면, 포르노에 노출된 후 자위행위를 하는 것에 중독된 자들은 포르노 채널을 검색하거나 포르노 사이트에 접속한다. 성행위에 중독된 자들이 파트너를 물색하기 위해 공원을 배회하다가 파트너가 될 수 있는 사람을 만나면 믿음을 주기 위해 유혹하는 행위, 자동차를 타고 성매매 업소를 찾아다니는 행위, 폰섹스를 위해서 전화를 거는 행위, 성인 전용 서점이나 술집을 찾는 행위 등도 그 예다.

성행위를 시도하기 위한 절차를 밟기 위한 단계이므로 이를 중독자 나름의 일종의 절차나 의식(ritual)에 해당된다고 표현할 수 있다. 이러한 절차를 거치면서 성행위에 더욱 사로잡히게 되고 성적 흥분에 대한 기대를 가중시킨다. 머릿속에는 오직 행동화로 쾌감의 고조를 맛볼 수 있다는 기대나 환상으로 가득 차 있을 뿐, 행동화로 인해 야기되는 위험성과 같은 부정적인 결과에 대해서는 전혀 인식하지 못한다.

성 중독자들은 성행위 파트너를 찾아다니거나 그를 유혹하는 계략을 꾸미는 일에 시간을 투자하면서 흥분 상태가 증가하게 되고, 그들이 경험하는 쾌락도 증가한다. 성 중독자들은 이러한 흥분의 고조 상태를 얻거나 지속시키는 일에 능수능란하다. 또 그들은 성 파트너를 찾아다니고, 유혹하며, 성관계를 가지려는 일 자체가 성적 에너지와 홍분을 높여 주므로 그런 일에 몇 시간씩 소비한다. 실제 성행위보다 파트너를 찾아나서서 유혹에 성공하는 일 자체에 더 중독되어 있는 것처럼 보인다.

노출증 환자의 경우 노출 행위를 시도하기 전에 노출 행위로 놀라게 해 줄 여성을 물색하기 위해 자동차 안에서 몇 시간을 보내기도 한다. 술집이나 성인 전용 서점, 거리의 모퉁이들은 모두 성 중독자가 자신의 목표 행동을 기대할 수 있는 장소다. 그러나 중독자들은 공공장소에서는 홍분 수준을 높이기 위한 시도를 별로 하지 않는다. 그 대신 포르노를 읽거나 보면서 시간을 보내는데, 그동안 자위행위가 홍분 수준을 높여 주는 행위의 일부가 된다. 이러한 행위들은 중독자에게 좋은 느낌을 가져다주기 때문에 중독자들은 그 행위에 집착하고 포기하지 않는다. 그들은 자신이 원하는 감정을 어떻게 얻을 수 있는지를 잘 알며, 비교적 예언 가능한 상태로 그 감정을 경험한다.

실제로 다음 단계의 행동화를 통해서 얻는 위안은 일시적이지만, 강박적 사고와 환상에 의해 거의 일정한 수준의 성적 홍분을 유지하는 이 단계에는 엄청난 에너지와 시간을 투자한다. 이 단계에서는 중독자가 오직 성적인 행동화를 통해서 희열을 얻을 수 있다는 것만 생각할 정도로 현실과 차단되어 있는데, 둘째 단계보다도 더 해리된 상태나 완전한 해리 상태 또는 비정상적인 의식 상태에 해당된다.

성 중독자가 이미 1단계를 지나 2단계의 해리 상태에 해당된다면, 이를 빨리 알아차려서 개입해 주어 성 중독으로 진행되는 것을 막을 수 있다. 생각과 정서를 연결시켜 주는 개입이 절실하게 요구된다. 일단 2단계를 지나 3단계에 진입했을 경우에는 성 중독 주기에서 벗어나기가 매우 어려워진다. 만약 3단계에서 개입하면, 중독자는 행동화를 하지 않을 것이라고 말하거나 하더라도 괜찮을 것이라고 말한다. 이 상태는 올라탄 기차가 이미 출발해 버린 셈이 된다. 이는 성 중독의 치료에서 1단계와 2단계가 매우 중요하다는 것을 의미한다. 가장 효과적인 치료는 1단계에서 건강한 방법으로 고통을 해결하는 것 또는 고통을 예방하는 것이다.

4) 성 중독 주기: 제4단계

성적인 생각에 사로잡혀 있었고, 행동 추구를 위한 준비나 절차를 밟고 난 후 최종 목표로 행동화가 실제로 나타나는 단계다. 본인이 선호하는 성행위나 성적 상황을 반복적으로 경험하는데, 이러한 경험을 통해서 쾌감의 고조, 즉 하이(high) 상태를 맛본다. 이는 그가 겪은 고통으로 인한 불안에 대한 방어기제다.

5) 성 중독 주기: 제5단계

앞 단계에서 본인이 원하는 행동화를 시도했을 때 어떤 결과가 기다리는가? 바로 성적으로 강렬한 희열, 즉 쾌감의 고조 상태를 맛볼 수 있다. 그동안 불안이나 우울, 고통 등의 좋지 않았던 감정을 일시적으로 잊게 해 주고, 또 만사를 긍정적으로 확신하게 해 주는 희열이다. 그야말로 자신이 바라던 바를 얻은 셈이다. 어떤 중독자는 행동화를 시도하고 희열을 맛본 이후 정신적으로 집중도 더 잘할 수 있다고 말할 정도로 모든 고통이 순간적으로 날아가 버린 것이다.

그렇지만 행동화로 얻은 긍정적 결과와 희열의 상태는 실제로 매우 짧은 기간에 불과하다. 시간이 얼마 지나지 않아서 원래의 자아 상태로 돌아오면, 자신의 행위를 되돌아보면서 항상 후회를 한다. 아마도 행동화를 할 때마다 이번만큼은 달라서 좋은 느낌만 얻을 것 같고 부정적인 결과도 나타나지 않을 것 같다고 기대하지만, 실상은 그렇지 않다.

그래서 중독자는 자신의 행동을 조절할 수 있는 능력이 전혀 없는 사람임을 깨달으면서 자기 행동에 대한 후회를 비롯하여 죄의식, 실망감, 수치심, 불안, 자기 증오와 같은 자긍심 상실 등을 경험한다. 이 단계를 한마디로 절망(despair)의 단계라고 표현할 수 있다. 이러한 절망과 같은 고통 속에서 살아가기 때문에 다른 사람들과의 관계도 망치고, 자신과의 관계도 망치게 되며, 그로 인해 일상생활에서는 스트레스를 쉽게 지각하게 되고, 이는 다시 1단계부터 주기를 반복하게 만든다.

11. 성 중독 주기의 반복

중독자가 행동화를 경험하고 나서 절망 상태에 이르게 되면, 일정한 시간이 흐르면서 일상생활에서 스트레스를 받는 등 정서적 고통이 심해질 때 다시 1단계부터 주기가 반복된다. 첫 단계부터 그다음 주기의 첫 단계까지의 기간이 어느 정도인지는 중독자마다 다르다. 몇 시간에 불과할 정도로 짧은 사람도 있으며, 일주일 또는 그 이상으로 긴 사람도 있다.

주기가 반복되는 시간 간격보다도 주기가 거듭되면서 중독의 강도가 세지는 것이 중독의 특성이다. 처음의 주기에서 행동화를 통해서 맛보았던 수준의 성적 희열이 다음 주기에서는 잘 느껴지지 않는다. 처음의 희열 수준이 두 번째 주기에서는 더 약하게 느껴지고, 세 번째 주기에서는 그 수준이 더욱더 약하게 느껴진다. 이것이 바로 내성(tolerance)이다.

내성이 생기면서 중독의 상태는 주기가 반복될수록 악화된다. 첫 단계의 고통이 생길 때 둘째 단계에서 성행위를 통해서 고통을 잊으려는 생각에 더욱 집착하게 되고, 셋째 단계에서는 특정한 행동을 계획하는 데 시간이나 에너지를 더 많이 투자하게 되며, 네 번째 행동화 단계에서는 최초의 희열을 다시 맛보려고 하다 보니 위험성이 더 높은 성행위를 시도하게 된다. 결국 주기가 진행될수록 행동화의 빈도가 잦아질 뿐만 아니라 본인이 스스로를 통제할 수 없다는 상실감도 커진다.

초창기에는 성적으로 행동화를 시도해도 어느 정도 조절할 수 있는 상태였고, 그 행동화의 내용도 사회적으로 일탈된 형태는 아니었지만, 시간이 흐를수록 자신도 상상하지 못했던 폐해를 경험하게 된다. 어느 순간에 행동화는 조절이 불가능한 상태, 또 반사회적인 형태로 변해 있는 것이다.

왜 그렇게 되는가? 달리 표현하면, 만약 주기가 반복되는 상황에서 갑자기 행동화를 중단하면 어떻게 되는가? 신체적으로나 심리적으로 금단(withdrawal) 현상이 나타날 가능성이 높다. 바로 그 금단 현상 때문에 일상생활에서 스트레스를 지각할 경우 그 전의 행동의 결과에 따른 고통이 누적되어서 곧바로 주기가 반복되는 것이다.

성 중독자들은 행동화를 추구하는 과정에서는 현실과 차단된 상태라서 반복된 행동화 이후의 위험 등 부정적인 결과를 거의 인식하지 못한다. 그러나 성 중독자들은 행동화에 의한 성적 회열 상태를 자주 경험하면서 일상생활에 영향을 미치고 있음을 알아차린다. 재정, 법, 직장, 다른 사람과의 관계, 신체 손상 등의 부정적인 결과가 눈앞에 확연히 드러나고, 이제는 그러지 않아야겠다는 중단의 욕구가 생기지만 강박적으로 그와 같은 성행동을 지속한다.

그와 같은 부정적인 결과를 인식하면서도 중독 생활을 중단하지 못하고 지속하게 되므로 성 중독자들은 차라리 죽어 버리고 싶다는 생각도 자주 한다. 실제로 자살을 택한 사람들도 간혹 있지만, 다른 방식으로 자신을 처벌한다. 바로 더 타락한 형태의 성행위를 하면서 자신의 가치를 망가뜨리는 것이다. 그러나 결과적으로 중독 주기로부터의 회복이 더 어려워지게 된다.

성 중독의 회복

1. 성 중독과 비용 손실

성 중독자는 자신의 삶에서 가족이나 친구, 일보다 성이 더 중요했다. 건강하지 못한 행동을 지속하기 위해서 자신이 간직한 모든 것을 희생할 정도였다. 그러다 보니 성 중독 생활로 인한 손실은 금전으로 계산하기 어려울 정도로 막대했다. 비용 손실을 계산하는 것 자체가 고통을 유발하는 일이다. 이를 몇 가지 측면으로 나누어 살펴보자. 물론 그 측면들이 서로 관련되어 있지만, 편의상 하나씩 나누어 본다.

첫째, 금전적인 손실 부분이다. 성적인 행동화를 위해서 소비되는 비용이 적지 않다. 포르노를 구입하거나 업소를 방문하는 비용, 교통비 등이 그것인데, 직장생활을 하다가 일자리를 잃거나 일을 제대로 하지 못해서 생기는 손실도 크다.

둘째, 법적인 손실 부분이다. 행동화가 성폭력이나 성매매, 경범죄 등에 속해서 노출되거나 체포되었을 때 가해자나 범법자 신분이 되면서 생기는 손실이다. 간혹 성 중독으로 이혼 소송을 당하는 경우도 적지 않고, 배우자에게 위자료나 자녀양육비를 지불해야 되는 경우에 경제적 손실도 수반된다.

셋째, 시간과 에너지 손실 부분이다. 강박적으로 성에 대하여 생각하는 일, 성적인 행동화를 준비하는 일, 실제 성적 행동화를 시도하는 일, 행동화 결과를 숨기거나 거짓말을 하는 일 등에 엄청난 시간과 에너지를 투자하게 된다.

넷째, 기회의 상실 부분이다. 직장생활을 할 경우 자신이 지니고 있는 재능 발휘의 기회를 잃게 되며, 승진을 못하거나 직장을 잃게 되기도 한다. 학업을 지속해야 하는 사람이라면 교육 기회의 상실도 경험한다.

다섯째, 관계의 상실 부분이다. 중독 상태가 심해질수록 대인관계를 지속시킬 수 있는 사람이 거의 없어져 버린다. 성 중독 사실이 노출되었을 경우에는 파트너와의 갈등이나 이혼 등으로 가족 관계도 와해된다.

여섯째, 건강이나 정서적 상실 부분이다. 강박적인 행동화로 인한 성행위는 안전하지 못할 수 있기 때문에 성 전파성 질환(STD)에 감염될 가능성도 있다. 역시 성 중독으로 인하여 죄의식, 수치심, 불안이나 우울 증상, 극단적인 절망감, 외롭고 고립되었다는 느낌, 자긍심 저하, 미래에 대한 두려움 등 정신건강 측면에서 손실이 지대하다.

2. 성 중독의 회복

성 중독으로 인한 비용 손실이 더 이상 발생하지 않도록 예방하기 위해서, 그리고 중독 이전의 상태로 회복되기 위해서는 적절한 치료를 받아야 한다. 치료를 제대로 하지 않고 호전되는 경우는 거의 없다. 그들은 자신이나 가족, 사회에 책임감이 부족한 사람으로 살아가고 있지만, 회복 과정을 통해서 가족이나 사회에 관심을 보이는 책임감 있는 구성원으로 돌아와야 한다.

성 중독의 회복에는 크게 두 가지 전제 조건이 포함된다. 하나는 성적 행동화의 중단이고, 다른 하나는 그로 인한 정서적 상처의 치유다. 그 회복의 목표는 매우 분명하다. 바로 자기 주변의 사람들과 원만한 인간관계를 재건시키기 위함이다. 곧 배우자나 파트너, 가족, 지인들과의 친밀감을 유지하면서 신뢰 관계를 복원시키는 것이다. 그렇게 하기 위해서 성 중독에 관련된 행위가 다시는 나타나지 않도록 해야 한다. 소위 재발 방지를 위해서 금단 현상을 극복해야 하고, 그런 행위를 다시 추구하고 싶은 갈망을 이겨 내야 한다.

이와 같은 회복을 위해서는 혼자서 노력할 수도 있지만, 혼자만의 노력으로 회복될 가능성은 극히 희박하다. 성 중독 회복을 위한 효과적인 도움은 이 문제를 치료한 경험과 특별한 훈련을 받은 전문 상담자나 치료자를 통해서 얻을 수 있다. 물론 전문가나 전문 시설은 상대적으로 부족한 실정이지만, 회복 과정은 전문적인 치료를 할 수 있는 시설에 입원을 하면서 시작하는 것이 가장 효과적이다. 입원을 할 경우 치료의 동기나 의지가 강해지며, 성적인 행동화를 이끌었던 익숙한 환경과 하루 24시간 동안 단절될 수 있다. 그런 생활을 하는 도중에 치료 관계자들로부터 금욕 생활에 대한 지지를 받기 때문에 회복 가능성이 높은 편이다.

입원치료(inpatient treatment)를 받을 수 있는 형편이 아니라면 외래환자처럼 주기적으로 방문하는 외래치료(outpatient treatment)를 받아야 한다. 외래치료에서는 정신건강 관련 치료적 개입이 짧게 제공되므로 입원치료가 필요하지 않을 정도로 상태가 심하지 않은 중독자에게는 적절한 방안이 될 수 있다. 외래치료라도 상태에 따라서 매일 방문

해야 할 사람이 있고, 몇 주 간격으로 참여해도 괜찮은 사람이 있다. 외래환자를 위한 프로그램은 개인의 요구에 맞추어져 있으며, 개인 및 집단치료, 회복에 관한 서적이나 프로그램 참여 등이 요구된다.

그것도 힘들다면 성 중독에서 회복된 사람들이 중심이 되어 운영하는 회복 프로그램에라도 참여해야 한다. 어떤 중독자는 입원치료보다도 상담이나 외래치료 프로그램에 참여하면서 성적으로 금욕하려는 약속을 스스로 지켜내기도 하지만, 이는 주변에서 많은 도움을 받을 수 있기에 가능한 일이다. 유감스럽게도 우리나라는 주변에 성 중독의 회복을 돕는 치료 시설이 거의 없고, 성 중독자를 위한 회복 프로그램도 찾아보기 힘든 실정이다.

3. 성 중독 회복의 조건

성 중독자가 중독에서 회복되었을 때 얻을 수 있는 이점은 수없이 많다. 자포자기나 체념, 무력함으로 가득 차 있었던 삶 대신에 믿음이나 희망, 자신감에 찬 삶을 살아갈 수 있고, 더 이상 자기 자신이나 타인을 멸시하는 마음이 사라지면서 존중하는 마음을 갖게 된다. 다른 사람들과의 관계에서도 외로움을 느끼는 대신에 진정한 우정이나 친근감을 얻게 되고, 가족도 의심이나 두려움 대신에 이해와 사랑으로 대할 수 있게 되고, 두려움과 죄의식, 혼동 속에서의 생활 대신에 용기와 깨끗한 양심, 평온함 속에서의 생활로 바뀌게 되고, 목적이 없는 존재감 대신에 삶의 의지를 확인하기도 한다. 한마디로 성에 대한 구속된 생활 대신에 자유롭고 행복한 생활을 할 수 있게 된다.

중독에서 회복되기 위해서는 몇 가지 조건을 갖추어야 한다. 중독자들이 자기 스스로에게 질문하고 싶은 것들이 바로 그 조건이다. 강박적으로 시도하고 있는 성행동의 중단을 원하는지 스스로에게 먼저 묻고, 자신이 그 성행동을 실제로 조절하지 못함을 이해하고 있는지, 그 성행동을 중단하려고 시도할 때마다 실패했다는 사실을 수용하는지, 중독 때문에 자신이 원하지 않는 방향으로 변해 버린 것을 아는지 등도 물어본다.

이와 같은 질문들을 토대로 성 중독 회복을 위한 조건을 다음과 같이 정리할 수 있다.

- 우선 회복을 해야겠다는 의지, 그 의지를 실천하기 위한 용기 그리고 회복 과정을 버티어 갈 수 있는 인내력이다.
- 자신의 상태가 중독임을 스스로 받아들이고, 중독 상태에서 벗어나 보려고 혼자서 여러 차례 노력해 보았음에도 실패했음을 인정하며, 회복을 위해서 타인의 도움이 반드시 필요하다고 인정하는 일이다.
- 중독 생활을 하는 동안 자신에게도 남에게도 정직하지 못했다. 비밀을 유지해야 했고, 거짓말을 해야 했고, 이중생활을 하기도 했다. 정직함은 회복을 위한 필수 조건이다.
- 회복의 길로 접어들었을 때 또 다른 필수 조건은 바로 회복이 가능하다는 믿음을 갖는 것이다. 도움을 받으면서 치료나 회복 계획을 따르면 회복될 것이라는 믿음이 여러 역경을 이겨 내게 해 준다.

그 외에도 여러 조건이 있다. 예를 들면, 회복 과정에 관련된 모든 것에 감사하는 태도를 지니는 것이다. 그렇게 되면 분명히 회복 속도는 빨라진다.

1) 의지와 용기

성 중독자들이 직면하게 되는 중독의 결과는 거의 파멸에 가깝다. 두려움이 커지고 피해망상도 심해지는 등 스트레스가 이만저만이 아니다. 파멸로 가는 도중에 스스로 중독에서 벗어나기 위한 노력을 해 보았지만, 성공하지 못했다. 그들은 중독에서 벗어나고 싶은 마음과 그렇지 않기를 바라는 마음이 공존하고 있음을 알고 있다. 오래전부터 중독은 자신의 친구와 같았다. 중독을 통해서 고통스러운 상황에 대처했기 때문에 벗어나고 싶지 않았고, 중독이 자신을 너무 힘들게 했기 때문에 벗어나고 싶은 마음도 컸다.

그들이 자발적으로 회복의 길을 걷게 되는 경우가 없는 것은 아니지만, 유감스럽게도 그들의 행각이 발각되거나 노출되면서 타의에 의해 회복의 길을 걷게 되는 경우가 대부분이다. 회복의 길을 걷게 된 계기가 무엇이었든 성 중독에서 회복되기 위해서 필요한 전제 조건 중에서 가장 중요한 것은 바로 의지와 용기다. 우선 중독자가 중독에서 회복되어야겠다는 의지를 지녀야 하고, 그 의지를 실천하기 위한 용기가 있어야 하며, 회복 과정을 버티어 갈 수 있는 인내력이 절대적으로 중요하다.

성 중독자는 그동안 중독으로 인한 강한 수치심 때문에 회복을 위한 첫발을 내딛지 못했다. 첫걸음이 가장 어렵다. 큰 용기와 의지가 필요하다. 용기는 두려움이 없다는 것이 아니라 두려움을 이겨 낼 수 있는 능력을 지녔음을 의미하며, 의지력이란 약점을 스스로 극복해야 하는 능력보다도 약점을 인정하고 도움을 받으면서 회복을 해야겠다는 마음가짐, 즉 자기 자신에 대한 책임감을 말한다.

용기를 가지고 도전했으면, 이제 어떻게 해야 하는가? 바로 책임감을 바탕으로 실천해야 한다. 앞 장에서 설명한 대로 성 중독의 근본 원인은 어린 시절의 상처와 관련이 깊다. 성 중독자가 된 것을 자기 책임이 아니라고 할 수 있지만, 회복은 다르다. 회복에 대한 책임은 성 중독자에게 있다. 그러므로 자신의 모든 생활에서 회복을 제일 최우선 과제로 여기고 실천을 해야 한다. 생활 자체가 회복을 중심으로 구성되어야 한다.

처음에는 이치에 맞지 않을 수 있지만, 회복을 위한 생활이 기본이 되어야 한다. 회복이나 치료 프로그램에 참여하기로 했다면, 가기 싫을 때에도 억지로라도 참여해야 한다. 어떤 일을 계획하든지, 누구를 만나든지 회복과 관련이 없다면 나중으로 미루어야 한다. 어떤 희생을 치르더라도 회복 과정에서는 회복과 관련된 생활을 해야 성공 가능성이 높아진다.

회복 과정에서 의지와 용기 이외에 필요한 것은 바로 인내심이다. 하루아침에 성 중독자가 된 것이 아니듯이 회복도 하루아침에 이루어지는 것이 아니다. 회복 과정을 회복이라는 목적지까지 가야 하는 머나먼 여행이라 여기고 도전해야 한다. 시간이 흐를수록 출발 지점에서 점점 멀어지며, 출발 지점에서 멀어지면 멀어질수록 목적지에 더 가까워진다. 그렇다고 해서 목적지가 곧바로 눈앞에 나타나는 것은 아니다. 회복이라는 목적지까지 도달하는 데에는 꽤 오랜 시간이 걸린다.

그래서 여행하는 도중에 자기 자신의 모습이나 다른 사람들에게 인내심을 가지고 대해야 한다.

성 중독은 만성질환과 유사하다. 목적지가 눈앞에 있는 것처럼 차도가 보일 때도 있지만, 목적지까지 가는 여정이 너무 더디게 느껴질 때가 더 흔하다. 적어도 몇 년이 지나야 목적지에 완전히 도달할지도 모른다. 빠른 시간에 회복되는 질환이 아니고, 완치되지 않는 상태에서는 쉽게 재발될 수 있는 질환으로 이해해야 한다. 그렇기 때문에 회복을 조급하게 바라지도 않아야 하고 포기하지도 않아야 한다. 회복 과정에 있다는 것은 목적지로 향해 가고 있다는 뜻이며, 언젠가는 완벽하게 목적지에 도달해서 여행이 끝나 버릴 수 있는 순간에 가까워지고 있다는 뜻이다.

2) 수용

용기를 내어 회복의 길로 들어선 성 중독자에게 요구되는 다른 전제조건은 자신의 상태가 성 중독임을 받아들이는, 즉 시인(인정)하는 일이다. 이와 같은 수용이나 인정은 크게 세 가지 맥락에서 이루어져야 한다.

- 자신이 성 중독자임을 또는 자신의 상태가 성 중독에 해당됨을 인정하는 일
- 중독 과정에서 수차례 중독 상태에서 벗어나기 위한 노력을 혼자서 시도해 보았지만 성공하지 못했음을 인정하는 일
- 중독에서의 회복은 혼자서가 아니라 타인의 도움이 반드시 필요

하다는 것을 인정하는 일

이 세 가지를 좀 더 세부적으로 살펴보자.

(1) 성 중독의 시인

중독자들은 대부분 회복 과정에 참여하기 전까지 스스로를 중독자라고 여기지 않는다. 자신이 일시적으로라도 행동화를 중단할 수 있으면, 중독 상태가 아니라고 생각한다. 충분히 조절할 수 있다고 믿기 때문이다. 그러다가 중독이 진행되는 과정에서 상태가 심해지면 오히려 중단해야겠다는 생각이 점점 줄어들게 된다. 회복 과정에 참여하기 전에는 자신의 성 중독 상태를 줄곧 부정해 왔더라도 회복을 위해서는 일단 자신의 상태가 중독에 해당됨을 시인해야 한다. 성 중독의 부정은 중독자를 회복으로 이끌 때 가장 큰 장애가 되기 때문이다.

즉, 회복 과정에 있는 성 중독자가 자신의 중독 상태를 부정하면 할수록 회복의 희망이 사라지게 된다는 것을 알아야 한다. 유감스러운 일이지만, 회복에 참여하는 상당수의 성 중독자가 자신의 중독을 인정하다가도 부정하는 경우가 종종 있다. 회복을 해야겠다는 마음과 행동화를 유지시키고 싶다는 마음이 공존하기 때문에, 또 가족이나 지인들이 자신의 상태를 중독으로 생각하고 있는 것을 두려워하기 때문에 본인의 성 중독 상태를 인정하기가 쉽지 않다. 그들은 일반적으로 자신이 대처해서 이겨 낼 수 있는 것들에 대해서만 인정하고, 그렇지 않은 것에 대해서는 부정해 버린다. 부정하는 것과 인정하는 것 사이의 내면적인 싸움을 이겨 내야 한다. 물론 자신의 상태가 성 중독이 아니라고 부정하는 것이 항상 부정적인 것만은 아니다. 간혹 회복의 희망이 없다면서 포기해 버리는 행동이나 자살 등을 예방해 주기도 하기 때문이다.

아울러 중독자는 그동안 자신의 중독 생활이 얼마나 힘들었는지에 대해서도 인정해야 한다. 중독자들에게 가장 고통스러운 일은 아마도 외로움이었을 것이다. 중독이 되는 과정에서 수치심과 죄의식에 사로잡혀 살아 왔다. 무언가 잘못했다는 느낌이 들 때 죄의식이 생기고 자신이 옳지 않았다는 느낌이 들 때 수치심이 생기는 것이다. 자기파괴적인 생활도 충분히 경험했고, 자신이 얼마나 무력한 존재인가에 대해서도 충분히 경험했다.

그 외로움을 비롯하여 수치심, 죄의식, 무력함, 절망감, 공허함, 두려움 등을 부정하면, 회복의 희망이 희미해져 버린다. 물론 대다수 중독자가 회복 과정에 참여하기 전에는 모든 것을 부정했었다. 배우자나 파트너와 헤어지든지, 직장을 잃든지, 치료를 요하는 심각한 건강 문제가 생기기 전까지 중독 상태를 부정하기도 했다.

그들의 일부는 회복 과정에 막 접어들었을 때까지도 수치심이 매우 심하여 모든 것을 부정하고 싶은 마음을 버리지 못한다. 이를 정면으로 맞서서 이겨 내야 한다. 회복 프로그램에 적극적으로 참여하면 할수록 과거에 느꼈던 수치심을 더 이상 느끼지 않게 되며, 오히려 자신을 자랑스럽게 여기게 될 것이다.

(2) 금욕 실패의 수용

대다수 성 중독자는 중독 과정에서 성욕을 자제하거나 아예 금욕을 실천하고자 노력해 보기도 했다. 여러 방법으로 성 중독을 중단해 보려고 노력하다가 잘되지 않으면 주변 환경이나 상황을 탓했다. 그러나 거의 대부분 그 같은 시도는 항상 미약했고, 결국 노력할 때마다 실패로 끝났다. 그 실패의 반복 때문에 심신의 고통을 맛보게 되었다. 그러고 나서 스스로 무가치함을 느꼈고, 그 후에 그런 노력도 포기해 버렸다.

성 중독의 극복은 자신의 성 관련 문제를 혼자서 조절할 수 없다는 것을 인정하는 것에서 출발한다. 성 중독으로 초래된 문제나 자신의 능력을 냉정하게 들여다보면 이미 스스로 해결할 수 있는 상태를 벗어난 경우가 많다.

성 중독자 중에는 이사를 가면서까지 과거의 환경을 차단해 보려고 노력한 사람도 있다. 어떤 사람은 결혼을 하면 성적 행동화를 더 이상 하지 않을 것이라고 생각하고, 어떤 사람은 종교에 심취하여 강박적 성행동을 조절해 보려고 한다. 그러한 방법으로 일정 기간 동안 성적 표현을 하지 않고 살아갈 수 있지만, 그러한 노력은 오직 성 중독을 부채질할 뿐이다. 성 중독은 그렇게 혼자서 쉽게 해결할 수 있는 문제가 아니다.

나 혼자서 해결할 수 없다는 것을 인정해야 성 중독에서 회복할 수 있다. 이 시점에서 중독자가 혼자서 해결하려고 노력했지만 허사였음을 시인하는 일은 실패가 아니다. 오히려 중독에서 회복되는 길을 찾는 성공의 열쇠가 된다. 실패를 인정한 후 모든 것을 포기하고 회복 프로그램에 참여하면서 자신을 맡겨 버리면 반드시 이겨 낼 수 있다.

프로그램에 참여하면 자신을 돕는 사람이 의외로 많다는 것을 실감한다. 그동안 죄의식 때문에 마음의 죄인이 되었고, 실패자라고 자책하기도 했다. 일단 회복 프로그램에 참여할 때는 자책할 필요가 없다. 자신의 조절 능력이 미약했음을 인정하고 모든 것을 맡겨 버리면 된다.

이는 마지못해서 수용하는 것이 아니라 자신을 확실히 비우고 받아들이라는 뜻이다. 이러한 상황에서 종교에 의지하는 것이 도움이 된다고 판단한 사람은 그렇게 해도 좋다. 절대자에게 의지하여 자신의 문제가 해결될 거라는 믿음을 갖게 되면 평온을 찾기가 더 쉬울 수도 있기 때문이다.

(3) 도움 필요성의 수용

중독에서 회복되기 위해서는 도움이 반드시 필요하다. 도움을 받는다는 것은 수치스러운 일이 아니라 용기를 보여 주는 행위다. 역시 내가 성 중독자였으며 잘못된 사람이었음을 시인하는 것도 수치가 아니라 용기 있는 행동이다. 그 이유는 나 자신이나 다른 사람들에게 그리고 절대자에게 용서를 구하는 행위이기 때문이다.

용서를 구했다는 것은 회복의 길로 접어들어 도움을 받고 싶다는 의미다. 자기 혼자의 힘으로는 해결하지 못했기 때문에, 더 나아가서 인간의 힘으로는 해결할 수 없을 정도로 어려운 문제이었기에 절대자에게 도움을 요청한다는 의미도 들어 있다. 결국 절대자에게 굴복하고 회복시켜 달라고 맡겨 버린다는 뜻이다.

도움을 요청하는 방법으로 일부 성 중독자는 자의든 타의든 치료기관을 선택하기도 하지만, 상당수의 성 중독자는 자조집단의 모임에 참석하면서 회복의 길을 걷게 된다. 개인적으로 상담을 받으면서 회복의 길로 가는 방법도 나름대로 이점이 있지만, 모임을 통해서 회복의 길을 택할 때도 이점이 적지 않다. 연구에 의하면, 개인 상담을 받더라도 모임에 참가한다면 회복이나 치료 효과는 훨씬 더 좋다.

일단 용기를 갖고 모임에 참석했더라도 초기에는 자신이 남에게 중독자로 인식되는 것이 싫고, 다른 한편으로는 집단의 이방인처럼 인식되는 것이 싫다는 느낌을 얻을 수 있다. 그러나 거기에 모인 사람들은 모두 성 중독자 출신들이다. 그들도 중독자 시절에는 다른 사람들과 깊은 인간관계를 잘 형성하지 못했다. 오직 성적으로만 인간관계를 유지하려고 했기 때문이다. 모임에 와서부터는 성행동과 무관한 상태에서 다른 사람들과의 관계를 가지는 것이 중요하다. 다른 사람과 어울리면서 친밀감이나 관계 형성의 기술을 억지로 발달시켜야 한다. 그것이 바로 회복의 한 부분이다.

자조집단으로 구성된 회복 프로그램에 참여하면 여러 사람이 관심을 가져 준다. 그 관심이 바로 중독자인 자신에 대한 도움이다. 도움 중의 일부는 실제로 도움이 되지만, 그렇지 않은 것들도 적지 않다. 이들을 구분하는 것은 중독자 자신에게 달려 있다. 또 무엇이든지 본인이 실천에 옮겼을 때 진짜 도움이 된다. 실천이 이루어질수록 모임에 참석하여 자신이 하고 있는 일이나 결정한 것들에 자부심이 생기게 된다.

자신의 성 중독을 수용하는 것은 단순히 한순간의 선택이나 마음가짐이라기보다도 회복 과정의 일부분이다. 자신에게 장애가 발달했음을 인지하고 수용하는 데에는 시간이 걸린다. 역시 회복 프로그램을 알게 되어 능동적으로 참여하기 시작할 때까지도 시간이 걸린다. 일단 자신의 질환을 수용하게 되면 회복을 다른 관점에서 이해하기 시작한다. 그들은 질환이 미치는 결과나 증상, 문제보다도 회복에서 더 많은 것을 얻고 싶어 한다. 회복 프로그램에 참여하면서 그것이 현실에 맞는 생활방식임을 알아차리게 된다.

3) 정직성

중독 생활을 하는 동안 중독자는 스스로나 남에게 정직하지 못했다. 이중생활을 하고 있다 보니 비밀을 유지해야 했고, 거짓말을 해야 했다. 남을 속이는 기술이 뛰어나서 이중생활이나 비밀을 즐기고 살았을지도 모른다. 회복에 참여하더라도 대다수 성 중독자가 초기에는 정직하지 못하다. 자신의 진짜 모습이나 감정을 수용해 주는 사람이 없을 것이라는 무의식적인 믿음 때문에 정직해지기가 어렵다. 결국 타인에게, 심지어는 자신에게까지 자신의 진짜 모습을 감추게 된다.

성 중독에서 완전히 벗어나려면 비밀이 없어야 한다. 비밀을 지키고 이중생활을 했더라도, 거짓말을 했더라도, 사실이 드러났음에도 이를 축소, 왜곡, 합리화, 비난하고 살았더라도 회복 과정에서는 달라져야 한다. 이 모든 것은 회복의 노력에 방해가 되며, 궁극적으로는 자기 자신을 더 힘들게 만든다. 회복 과정의 모임에 참여했다면, 자신뿐만 아니라 다른 사람에게 정직해야 함은 회복을 위한 필수 조건이다.

사실상 모든 중독자가 회복 과정에 참여하게 될 때까지는 자신의 중독에 대해서 어느 정도 정직하지 못하다. 회복 과정에 참여한 성 중독자들도 초기에는 거짓말을 한다. 더 이상 거짓말을 하지 않기 위해서는 자신이 어떻게 거짓말쟁이처럼 변해 버렸는지를 이해하는 것이 중요하다. 원래 나쁜 사람이어서 거짓말을 배웠던 것이 아니다. 어린 시절 무섭고 힘든 양육 환경에서 살아갈 때 생존하기 위해서, 자신을 보호하기 위해서 거짓말을 했을 가능성이 높다.

이렇게 이해하는 것은 스스로에게 동정심을 키워 주는 것이지만, 그렇다고 해서 자신이 거짓말을 계속해도 된다는 의미는 아니다. 스스로가 거짓말쟁이가 되었던 배경을 이해해야 앞으로 정직하게 살아가려고 할 때 방해가 되는 요소들을 없앨 수 있다. 정직한 자세로 살아가려고 하는 것이야말로 회복이라는 과정의 열쇠가 된다. 회복 과정에 들어온 것 자체가 정직해지려는 것을 배우려는 첫걸음이다. 그러면서 회복 과정에서는 자신이 과거에 거짓말쟁이, 사기꾼 또는 그 이상의 인물이었다는 추한 사실에 직면해야 한다.

성 중독 생활이나 회복 과정에서 위험한 것은 타인이 아니라 자신에게 거짓말을 하는 것이다. 스스로 변명을 하고 잘못된 행동에 대해서도 지속적으로 괜찮다는 믿음을 주면서 지나쳐 버렸다. 사소한 행위라서 별 게 아니라면서 간과해 버렸는데, 너무나도 자주 그렇게 생각했다. 회복 과정에서는 '그때 그러지 않았어야 했는데!' 하고 느껴야 한다. 자신이 사소하다고 생각했던 것들이 암울한 길로 빠져들게 했던 첫걸음이었다. 그동안 그것을 무시해 버렸다.

이제부터라도 악의가 없거나 사소하더라도 거짓말을 하지 않아야 한다. 자신이 무엇을 하고 어떻게 느끼는지에 대해서 솔직해야 한다. 타인에게 고백을 하는 것도 정직한 삶에 꼭 필요한 부분이지만, 자신에게도 정직해야 한다. 아울러 모임에 참가할 때는 자신의 중독에 대해서 완전히 정직해야 하지만, 다른 사람의 비밀을 지켜 주는 것도 필수사항이다.

4) 긍정성

회복의 길로 접어들었을 때 성공하기 위한 또 다른 필수 조건은 바로 회복 가능성에 대한 믿음을 키워서 간직하는 것이다. 도움을 받으면서 치료나 회복 계획을 순순히 따르게 되면 회복이 반드시 이루어진다는 믿음이 생겨나면서 앞으로 닥칠 수많은 역경을 이겨 내도록 해 준다. 실제로 회복 프로그램에 참여한 성 중독자의 상당수가 과거의 실패 기억 때문에 회복에 대한 믿음이 생기지 않아서 두려워하기도 한다. 회복 과정에서 성적 행동화를 시도해 버릴 것 같은 느낌이 들면서 재발의 두려움이 적지 않을 것이다.

그러나 자신이 도전해야 할 목표를 긍정적으로 바라보게 되면 실제로 자신도 모르게 믿음과 함께 자신이 지닌 내면적인 힘을 발휘하게 되고, 결국 성공의 길로 인도해 준다. 이와 같은 긍정성(affirmation)은 중독을 비롯하여 다른 불치의 질환도 이겨 내도록 하는 데 큰 역할을 한다.

앞에서 언급했던 것들과 결부시켜 표현하면, 곤경 상황을 정직하게 받아들이고 긍정적으로 대처하게 되면 중독자로서 수치심을 건설적으로 극복할 수 있는 힘이 생긴다. '나는 무엇이든지 할 수 있는 사람'이라는 자신감을 가져야 회복의 길로 갈 수 있다. 회복에 대한 믿음 대신에 걱정을 하면 미래의 희망이나 기쁨이 사라져 버린다.

자신이 설정한 최종 목표는 성 중독에서 완전히 회복하는 것이지만, 처음부터 최종 목표로 나가려고 하다 보면 목표가 너무 멀고 비현실적으로 느껴질 수 있어서 자신감을 갖는 일이 쉽지 않다. 그러므로 처음에는 자신이 실천할 수 있는 목표, 다시 말하면 현실적으로 도전해서 성공 가능성이 높은 목표를 여러 단계로 나눈 다음에 매일매일 한걸음씩 최종 목표로 나아가는 방법은 더 쉽게 회복의 길로 이끌어 준다.

첫 목표 단계를 실천하기 쉽게 정해서 일단 성공하면, 최종 목표 단계까지도 성공할 가능성이 높다. 이것이 회복으로 이끌어 주는 융통성 있는 접근 방법이다. 단 성공에 대한 긍정적인 믿음이 모든 단계에서 큰 역할을 한다는 것을 잊지 않아야 한다.

긍정성의 실천은 자기 자신과의 또 주변과의 관계를 변화시키는 실질적이고 효과적인 다목적 방안이다. 그런 관계를 변화시키면 그동안 수치심을 잊기 위해서 파괴적인 성 중독을 시도했던 자신의 선택에 저항하기가 더 쉬워진다. 그 실천의 한 방안을 세 단계로 나누어 소개하면, 다음과 같다.

첫째 단계는 조용히 자신이 누구인지를 머릿속으로 생각해 본다. 그리고 자신에게 상처를 가져다주었거나, 수치심을 불러일으켰거나, 또는 자신을 떨리게 했거나, 슬프게 했거나, 화나게 했던 일들에 주목한다. 그리고 그것들을 생각나는 대로 하나씩 모조리 기록해 본다.

둘째 단계는 앞의 생각과 정반대의 것들을 적어 본다. 이것들이 자신의 긍정적인 부분이다. 예를 들면, 나에게 좋은 일이 생긴다, 나는 그럴 가치가 있는 사람이다, 현재의 내 모습에 감사한다는 것 등을 적는다.

셋째 단계는 이 긍정적인 기록 목록을 큰 소리로 읽어 보면서 내 것으로 만들어야 한다. 이런 과정에서 어떠한 느낌이 드는지에 주의를 기울여 본다. 그 감정의 내용에 신경을 쓰는 것이 아니라 감정의 강도가 어느 정도인지에 신경을 써 본다. 그 감정이 강력할수록 그 긍정성 부분이 지금의 나에게 더 중요한 것들이다. 그 긍정성 부분을 종이에 써서 자동차 안이나, 컴퓨터 앞, 냉장고 문에 붙여 놓고 기회가 생길 때마다 보고 읽고 음미해 본다. 눈으로만 음미하는 것보다도 가끔 큰 목소리로 자신의 귀에 들리도록 읽어 보는 게 훨씬 더 효과적이다.

5) 치료 형태

성 중독자가 회복을 위하여 치료나 상담을 받고자 할 때 성 중독의 형태가 다양한 만큼 치료 기법이나 명칭도 다양하다. 앞서 언급했듯이, 시설기관에 입소한 상태에서 회복 과정을 거치는가 아니면 외래환자처럼 시설기관에 방문하는가에 따라서 입원치료 또는 외래치료라고 하며, 치료나 상담을 받는 대상이 혼자일 경우 개인치료 그리고 두 사람 이상이 참여할 경우 집단치료라고 한다.

집단치료도 부부나 커플이 참여한다면 부부치료 또는 커플치료가 된다. 전문적인 시설기관이 아니더라도 서양의 경우 성 중독자 자조모임 등의 단체에서 집단이 참여하는 회복 프로그램을 매우 활발하게 운용하고 있다. 치료나 상담을 받을 때의 접근 방법에 따라서 심층치료(intensive therapy), 정서중심치료(emotionally focused therapy), 인지행동치료, 약물치료 등으로 구분할 수도 있다.

치료의 형태나 접근 방법에 상관없이 공통적으로 성 중독자들은 보통 어린 시절의 상처로 인해 심각한 감정 응어리를 지니고 있다. 전통적인 심리치료는 기본적으로 환자가 치료자에게 이야기를 통해서 아동기 상처와 같은 자신의 문제를 표현하고 풀어 가도록 한다. 이야기를 전제로 한 치료 기법은 자기조절 능력을 향상시키고 과거 상처에 관련된 수치심 등 부정적 정서를 치료하는 데 도움이 된다.

⑴ 치료자

회복 과정의 초기에 성 중독자와 그 파트너는 중독 과정에서보다도 더 심각한 성 문제, 대인관계 문제에 직면하게 된다. 그래서 초기에는 성 중독 치료 전문가의 도움이 필요하다. 대다수 치료 전문가는 적절한 치료를 받으면 성 중독자가 건강하고 정상적인 삶을 다시 영위할 수 있다고 믿는다. 그렇지만 중독과 강박 성향은 쉽사리 치료되지 않는다면서 치료에 대한 부정적 관점을 고수하는 전문가도 적지 않다. 그들은 성적 환상과 행동에 대한 경계를 잘 유지하도록 감시할 필요가 있다고 강조한다.

성 중독으로부터의 회복은 즉각 사용을 중단시켜 버리는 화학적인 약물중독의 회복 과정과 다르다. 인간의 성은 본능의 문제라서 사람마다 복잡하고 독특한 경험을 할 수 있으며, 의미도 각인각색이다. 그래서 일부 내담자의 성 문제는 다루기 매우 까다로울 수 있다. 성적으로 강박적인 내담자를 성 문제나 중독 문제에 정통하지 않은 치료자가 다루면 내담자의 상태가 어느 정도 심각한지 잘 모를 수 있다.

치료자는 치료 효과를 얻으려면 내담자의 자기 판단 요소에 초점을 맞추어야 한다. 내담자에게 다른 사람들의 판단에 두려워하지 않고 자기 판단을 할 수 있는 기회를 제공해 준다. 내담자 입장에서 자기 문제에 귀를 기울여 주고 존중해 주는 느낌이 들어야 한다. 아울러 치료자는 내담자 주변에 있는 사람에게도 치료 과정에 있는 내담자를 지지해 주도록 조언한다.

(2) 개인치료

성 중독을 이해할 때의 핵심 사항은 그 원인이 본질적으로 성적인 것이 아님을 인식하는 일이다. 그러한 연유로 심리치료는 기본적으로 아동기에 경험했던 정서적 상처와 수치심 그리고 그로 인한 강박적인 성행동, 역시 그 성행동으로 인한 수치심, 분노 등을 다룬다. 성 중독을 도덕성에 초점을 맞추면서 잘못된 행위로 볼수록 성 중독자들은 그러한 관점에 저항하면서 더 고립되어 외로움이나 수치심이 커진다. 그들은 도움을 받을 필요가 큰 사람들이다.

성 중독자들이 도움을 구하는 시기는 그들이 결혼 생활이나 파트너와의 관계에서 매우 힘들다는 느낌이 들 때다. 그 시기에는 그들과 일상적인 의사소통도 쉽지 않게 느껴질 정도로 불신이나 분노, 배신감, 적대감, 후회감 등에 사로잡혀 있다.

성 중독자와 그 파트너들은 중독이 진행되던 과정보다도 회복 과정에서 더 힘든 성적인 문제나 대인관계 문제에 자주 직면하는데, 성 중독자를 위한 개인치료는 치료 초기보다도 후반부에 더 효과적이다. 자기치료를 하는 경우 보통 치료를 시작한 지 2년 이후가 가장 효과적이다. 그 정도는 지나야 혼자서도 자기의심 등을 버릴 수 있고, 과거에는 느끼지 못했던 자부심이 생기면서 건강하게 살아갈 수 있다는 희망이 보이기 시작한다.

치료자들이 성 중독자를 치료할 때 중독자들의 일부 믿음(예: 자위행위를 바람직하다고 보는 것)은 무시할 필요도 있다. 중독자의 회복 과정에서 경계선과 환자와 전문가의 관계를 조심스럽게 정하고 확실하게 감시하는 것이 중요하다.

개인치료를 받으면 내담자가 파트너 및 가족들과 더 가까운 관계를 유지할 수 있는 도움을 좀 더 구체적으로 받을 수 있다. 성 중독자가 개인치료를 받으면서 얻을 수 있는 주요한 이점들은 다음과 같다.

• 일대일로 만나서 치료를 하다 보면 치료자는 그 내담자에게만 집중할 수 있다. 많은 내담자가 어린 시절부터 무시당하고 학대를

받았던 가정환경에서 자랐다. 부모와의 관계가 좋지 않았을 뿐만 아니라 형제자매나 또래와의 관계도 거의 마찬가지였다. 어린 시절 힘든 환경에서 자라면서 그들은 가족이나 가까운 사람들과 의미 있는 관계나 친밀감을 형성하지 못했을 가능성이 매우 높다. 거기에다가 성 중독자들은 다른 사람과 비성적인 접촉을 할 수 있는 능력도 매우 부족하다. 일대일로 이루어진 개인치료를 통해서 이와 같은 인간관계에 필수적인 기술을 발달시켜 줄 수 있다.

• 개인치료는 성 중독자에게 파트너나 가족 구성원들과 기본적인 관계를 무조건적으로 받아들이도록 하는 데 도움이 된다. 기본 관계를 수용할 때 사랑과 신뢰감을 배우게 되고, 그동안 외로움을 느끼고 상대하지 못했던 다른 사람들에게도 개방적으로 변한다.

• 개인치료는 수치심을 감소시켜 주면서 방어기제만 이용하려는 습성을 타파시키는 데 도움이 된다. 성 중독자들은 따뜻하지 못한 가정 출신이어서 정서 표현에 익숙하지 못했으며, 수치심과 죄의식을 지닌 채로 중독 행동을 통제하고자 했다. 치료를 받으려는 많은 성 중독자는 수치심으로 인한 부담이 매우 큰 탓에 스스로를 나쁜 사람이나 가치 없는 사람으로 확신하고 있다. 방어기제만 이용하려는 습성을 없애 주려는 시도는 두려움을 증폭시킬 수 있다. 그렇기에 절대적인 신뢰와 지지가 필요하다. 개인치료를 통해서 신뢰와 안정감, 지지를 얻기가 쉬우므로 성 중독자는 과거 오랫동안 형성하고 이용했던 방어기제 체제를 해체하기 시작한다. 물론 어떤 중독자는 단체 모임에 가서 다른 사람들과 자신의 감정을 공유하면서 신뢰와 안정을 얻기도 하며, 집단치료 상황에서 이를 얻는 중독자도 있지만, 어떤 사람들은 일대일 개인치료 상황에서만

얻기도 한다.

- 성 중독자의 전형적인 성격은 자기중심, 과대망상, 자기애 등이다. 중독이 나타나기 전부터 그런 특성이 있었는지에 상관없이 중독으로 인하여 그런 성격이 더 발달하게 되었다. 마치 어린애처럼 자신의 욕구를 즉각적으로 충족하고자 하는데, 개인치료는 성 중독자의 성격적인 결함을 감소시키는 데 효과가 있다.

- 일부 성 중독자는 교차 중독 문제(예: 강박적으로 과로를 하거나, 많이 먹거나, 운동에 의존하거나, 종교나 권력 또는 금전 문제 등에 집착하는 것 등)를 지니고 있다. 개인을 상대로 한 심리치료에서는 그와 같은 여러 가지 문제를 진단할 수 있다. 치료자들은 다른 문제를 철저하게 살펴보기 전에 우선 성적으로 금욕 상태를 유지하고자 신경을 쓴다. 그러나 때로는 다른 문제 때문에 성적 행동화가 나타나기도 한다.

(3) 집단치료

성 중독자들은 성도착자처럼 왕따를 당하는 느낌을 받고 살아간다. 그들의 행각이 다른 사람들에게 알려졌을 때에는 보통 성도착자, 색골, 엽색꾼, 음탕한 자, 갈보 등으로 취급당한다. 실제로 그들의 행동이 그런 부류에 속하지 않을지라도 좋지 않은 꼬리표가 따라붙는다. 그 같은 취급은 이미 자존심이 저하된 성 중독자들을 더욱더 힘들게 한다.

성 중독자들은 치료를 받아야 할 아픈 사람이다. 외로움을 기반으로 하는 질환 때문에 자신이나 사회의 규준, 기대, 가치, 법 등을 위반하게 되었다. 결국 그들은 스스로가 설정한 기준을 위반한 범법자이고,

사회의 기대에 잘 맞추지 못하고 살아가는 부적응자이며, 사회도 자신을 받아주지 않을 것이라고 느끼며 살아가는 고독한 사람이다.

성 중독이라는 질환을 도덕적 결함으로 보면서 치료하려고 하면 중독자를 더욱 고립시켜 버린다. 그 경우 성 중독자들은 무언가 잘못되었음을 알고 있기 때문에 회피하고자 하며, 이러한 느낌 때문에 중독 행동을 자제하려는 것보다도 성적 행동화를 통해서 자신의 상태를 수용하고 싶어서 더 깊게 중독에 빠져든다. 심지어 자살까지 생각하기도 한다.

그들이 집단치료나 모임에 참석하면서 자신을 이해해 준다는 분위기를 감지하기만 해도 이미 치료나 회복 과정에 입문했다고 표현할 수 있다. 그곳에 모인 다른 사람들도 자신과 같은 문제를 지니고 있고, 그들도 자신처럼 충동 조절이나 생각, 감정, 행동 등에 어려움이 있다는 것을 알게 되면, 자신도 회복될 수 있겠구나 하는 희망이 생기기 때문이다.

집단치료는 전형적으로 치료 전문가와 6~10명의 내담자(환자)가 함께 참여한다. 개인치료와 비교할 때 집단치료의 목표와 장점은 여러 가지가 있는데, 일부를 소개하면 다음과 같다.

첫째, 현실을 점검할 기회를 가질 수 있다. 다른 내담자와 함께 치료에 참여하기 때문에 성 중독이 자신만의 문제가 아님을 알게 된다. 집단치료에 참여하는 것 자체만으로도 사회적으로 고립된 존재라는 느낌이 조금은 줄어든다. 타인의 경험, 장점, 희망 등을 들어 보면서 자신이 회복 과정에서 쉽게 도전할 수 있는 것이 무엇이고, 또 어떤 점이 어려울지 등을 파악할 수도 있다.

둘째, 책임감이 생기거나 커질 수 있다. 성 중독자들의 공통적인 특성 중 하나는 미덥지 못한 책임의식이었다. 그는 습관적으로 다른 사람을 배려하지 않고 살아 왔다. 그러나 집단치료에 참여하는 사람은 모임에 규칙적으로 참여해야 하고, 또 지각하지 않아야 한다는 책임이나 의무감도 가져야 한다. 성 중독에 빠져 있었을 때는 어느 누구도 시간을 지키라고 요구하지 않았고, 자신의 책임에 대해서 얘기해 주지도 않았다. 그러나 치료에 함께 참여하는 순간부터는 자신이나 타인을 위한 책임 있는 행동이 된다.

셋째, 정직성을 실천할 수 있다. 앞에서도 몇 차례 언급했듯이 비밀이나 수치심 때문에 중독, 특히 성 중독과 뗄 수 없는 생활을 했다. 그러므로 성 중독으로부터 회복 여부에 대한 열쇠는 정직성에 달려 있다고 할 수 있다.

성 중독자들은 자신의 성경험에 대해서 다른 사람들과 공유하는 것을 원하지 않는다. 집단치료에 참여하더라도 그들은 겉으로만 다른 참여자들과 친밀하고 개방적인 것처럼 가식적일 수 있으며, 거부나 합리화 등으로 상황을 대처하려고 할 수 있다. 그러나 자신의 비밀을 노출해야, 즉 솔직하고 정직해야 회복의 조짐과 변화가 생기는 것이다.

집단치료 참여의 횟수가 늘어나면서 거부나 합리화 등으로 대처하는 일이 쉽지 않다는 것을 알게 된다. 집단치료에 참가한 사람들은 노출을 하지 않고 속이는 행위를 하는 구성원에 대해서 민감하게 반응하기 때문이다. 그러므로 집단치료 참여 자체가 친밀감이 있는 척하면서 행동하는 가식을 깨는 데 도움이 된다.

아무런 노력을 하지 않아도 저절로 그렇게 되는 것은 아니다. 정직한 삶을 기본으로 해야 그렇게 된다. 집단의 상황에서 개방적이고 정직해진다는 것은 상대방의 이야기나 행동을 진지하고 성실한 자세로

들어주고 관찰하며, 다른 사람들의 입장을 이해하고 수용하며, 모범적인 행동을 보이는 등의 실천 행위를 통해서 가능하다.

넷째, 치료에 참여하는 사람들로부터 피드백을 제공받을 기회가 생긴다. 대부분의 사람은 친구나 친지들로부터 무언가를 얻을 수 있지만, 대부분의 성 중독자는 터놓고 얘기할 수 있는 친구나 친지들이 없다. 그러나 집단치료 과정에서는 항상 동일한 구성원들이 참석하여 상호 토의를 할 수 있는 기회가 주어진다. 마치 잘 아는 친구나 친지들처럼 서로에게 공감적인 반응을 해 주며, 자신의 경험이나 관점을 토대로 상대방의 입장이나 상황을 해석해 주고 충고도 해 준다. 매주 한 차례 모이는 치료 모임이더라도 참여자를 같은 사람들로 제한하기 때문에 가능한 일이다.

이 점이 바로 개인치료와는 다른 집단치료의 주요한 특징이며, 자조 모임과도 다른 장점에 해당된다. 자조 모임에서는 일반적으로 상대방의 발언에 토를 달면서 언쟁이 생기는 것을 금한다. 상대방에게 의견을 전달할 수는 있다 하더라도 자조 모임은 참여하는 구성원들이 매번 조금씩 달라질 수 있기 때문에 변화가 더 느리게 나타난다.

다섯째, 부정적인 정서를 정화시켜 줄 수 있다. 성 중독자들은 어린 시절의 정서적 상처를 가슴에 품고 살아 왔고, 그러한 상처 때문에 수치심이나 고립감에 사로잡혀 있으며, 이를 탈피하려다 보니 중독의 길을 걷게 되었다. 집단치료에 참여하면서 자신이 받았던 상처의 경험을 다른 사람들의 지지를 받으면서 안전하게 공유할 수 있다. 치료에 함께 참여하고 있는 집단은 내면에 있는 요구와 감정을 표현하면서 자신의 경험을 정화시킬 수 있는 안전한 장소가 된다. 집단치료의 상황은 일대일로 치료를 받는 경우보다 더 폭넓은 대인관계 상황이다 보니 부정적인 정서 경험을 정화시킬 수 있으며, 이를 통해서 수치심이나 고립감을 극복하게 된다. 사이코드라마에서의 역할 놀이와 같은 효과도 얻게 된다.

여섯째, 집단치료 과정 자체는 성 중독자를 수용해 주는 안전한 환경이 된다. 대부분의 성 중독자는 어린 시절 양육자로부터 학대를 받은 경험이 있었는데, 그들의 가정은 대부분 폐쇄적이었고, 은밀했고, 엄했고, 거리를 두고 있었으며, 혼돈스러웠다. 기본적으로 성 중독자는 가족들로부터 자신의 가치를 무시당하면서 살아왔다.

그러나 치료에 참여하고 있는 집단 구성원들을 만나면서 상대방에게 존중을 받고 또 상대방을 존중하며, 상대방을 아껴 주고 또 상대방이 자신을 돌보아 주는 느낌도 얻으며, 상대방을 믿고 또 상대방이 자신을 믿는 느낌도 얻으면서 다른 사람들과 건강한 접촉을 할 수 있는 기회를 얻게 된다. 이를 계기로 성 중독자는 다른 사람들로부터의 피드백을 겸허하고 정직하게 받아들일 수 있으며, 건강한 생활을 위해서 어떻게 대처해야 하는지도 배울 수 있다. 곧 집단치료는 대부분의 성 중독자에게 건설적인 대처 기술을 익히게 해 주는 안전한 환경이라고 할 수 있다.

일곱째, 성 중독에서 회복된다는 것은 다른 사람들과 비(非)성적으로도 친밀한 관계를 유지하고 살아갈 수 있다는 것을 의미한다. 집단치료에 참여하는 것은 성 중독자들이 특히 자신과 가까운 사람들과의 일상적이고 원만한 관계, 비성적인 친밀감을 형성할 수 있는 기회가 제공되는 것이다.

성 중독자들은 가정이 불우했고, 와해된 가족 관계 속에서 성장하다 보니 다른 사람들과 일상적인 관계를 형성하는 기술이나 능력이 결여되어 있다. 그들의 상당수가 아동기 후기나 청소년기 초기에 이미 성 중독의 행동화를 시작했고, 결과적으로 청소년기에는 또래들에게 자신의 행각을 비밀로 해 왔으며, 정직하고 솔직한 태도를 전혀 몸에 익히지 못한 채 지금까지 살아 왔다.

그들은 또래들과 진정으로 가까운 관계를 갖지 못한 상태에서 아는 사이만 되면 성관계를 가져 버리는 습성을 지녔는데, 그와 같은 친밀한 관계는 진짜가 아니었다. 그들은 진정으로 친밀한 관계가 무엇인지, 또 어떻게 가져야 하는지를 잘 알지 못했다. 집단치료는 비성적인 친밀감을 경험하는 기회를 주면서 혼자라는 느낌이 사라지도록 해 준다. 참가자들은 생활의 세세한 부분이나 깊은 생각과 감정을 공유하고 서로 지지해 주기 때문에 성 중독자에게 안전한 동료집단이 된다.

진정한 친밀감은 모든 장애를 이겨 내고 다른 사람이 자신을 있는 그대로 받아 주게 해 준다. 친밀감은 자신이 지니고 있는 가식적인 이미지를 벗어나도록 해 주고, 감정 표현도 편하게 해 준다. 어떤 사람들은 친밀한 관계를 한 번에 오직 한 사람과만 맺으려고 하고, 집단 상황에서는 위협을 느껴 자신의 참 모습을 노출시키지 못하기도 한다. 또 어떤 사람들은 일대일의 접촉을 더 위협적으로 느끼므로 집단 상황이 안전함을 느끼게 해 준다.

물론 친밀감이나 신뢰감을 형성하고 발달시키는 것은 집단이 아니라 개인치료를 통해서도 가능하다. 그러나 친족 성폭력이나 성 학대로부터의 생존자들로 구성된 집단은 어떻게 비성적인 측면에서 가까워지는가를 배우는 안전한 장이 될 수 있다. 그렇지만 구성원들이 모두 성적인 학대의 희생자였을 가능성이 높으므로 치료에서는 구성원들 사이에 성적인 친밀감 발생을 없애 주는 것이 좋다. 그러므로 집단치료의 참여자들을 이성애자인 동성으로만 구성하는 것이 바람직하다. 간혹 집단 구성원 중에서 다른 구성원에게 유혹적이거나 부정적인 반응을 보일 경우 곧바로 제동이 걸리므로 과거의 학대 경험이 재연될 가능성은 높지 않다. 하지만 만약의 상황을 대비하여 집단의 참여자를 잘 구성해야 한다.

집단치료의 목표는 모든 참여자에게 동일하다. 모두가 마음을 터놓는 법을 배우고, 정직과 같은 새로운 대응 기술을 발달시키고, 또래들로부터 피드백을 얻고, 개인의 가치를 인정하는 것을 수용하고, 또래 관계를 건강하게 형성하고 유지하는 법을 배우고, 다른 사람들이 자신을 지지해 주고 돌보아 주는 기회를 가질 수 있다.

물론 집단치료의 일부 이점(예: 피드백, 비성적인 친밀감)은 개인치료에서도 얻을 수 있지만, 그 질이나 양이 다르다. 그런 맥락에서 집단치료와 개인치료를 병행한다면 더 유익할 것이다. 집단에서 얻은 경험을 개인치료자와 함께 나누고, 개인치료에서 얻은 것을 집단치료에서 나눌 수 있기 때문이다.

(4) 커플치료

커플치료(couple therapy)란 비록 성행동 문제를 한 사람이 지니고 있다고 하더라도 그와 가장 가까운 사람도 그 문제로 인한 어려움을 겪는 등 영향을 받고 살아왔기 때문에 아예 커플이 함께 치료에 참여하도록 하는 것을 말한다. 커플이 부부라면 결혼치료(marital therapy)에 해당되기도 한다.

커플치료에서는 한 사람의 성행동 문제로 초래된 두 사람 관계에서의 부조화, 즉 갈등과 스트레스를 다룬다. 커플치료의 초점은 두 사람 사이의 친밀감을 복원시키면서 성 문제도 다룬다. 그러나 파트너가 지속적으로 자신이 일방적인 피해자라고만 여기고 있는 상황에서는 커플치료가 효과적이지 못하다. 그 경우에는 개인치료를 통해서 중독자의 의존성이나 동반의존 등의 사안을 다루는 것이 더 낫다.

커플치료의 이점은 매우 다양하다. 우선 파트너(배우자)에게 중독의 본질을 이해할 수 있도록 해 주므로 파트너(배우자) 개입의 효과가 높아진다. 파트너가 그 본질을 공감하면서 중독자를 정서적으로나 심리적으로 지지해 주기 때문에 중독자 입장에서는 그동안 중독에 연루되었던 비밀 생활을 포기하기가 쉬워지고, 대인관계에서 소외와 고립으로 이끌었던 수치심과 죄의식을 덜 느끼게 된다.

그와 같은 노력이 지속되면서 회복이 진행되는 과정을 더 쉽게 알아차릴 수 있으며, 두 사람 사이의 신뢰감을 다시 구축하게 되고, 건강한 친밀감이 형성될 수 있다. 아울러 파트너도 회복을 목표로 설정하고 치료에 함께 참여하고 있으므로 중독자를 더 쉽게 용서하게 될 수도 있다.

커플치료가 성공하기 위해서는 성 중독자의 파트너가 치료에 동참하는 동시에 중독자를 도와주어야 한다. 대부분의 파트너는 여러 이유로 치료에 쉽게 참여하지 않는다. 대다수 성 중독자의 문제는 그 혼자만의 것이 아니라 파트너와 얽혀 있는 문제일 가능성이 높으므로 설득하여 함께 참여하는 것이 좋다. 일단 파트너가 참여하면서 협조를 했을 때 치료 효과가 매우 뛰어나다.

커플치료의 효과가 뛰어나려면 파트너의 협조를 이끌어 낼 무렵부터 두 사람의 관계에 대한 치료나 회복 계획을 세워 실천해야 한다. 성 중독자는 환상으로 중독 주기가 시작되었고, 커플도 중독으로 와해된 관계에 대한 환상을 자주 하면 할수록 더 힘들어진다. 그러나 반대로 두 사람의 바람직하고 완벽한 관계에 대한 환상을 가질 수도 있다. 이러한 환상은 과거에 상처로 얼룩진 관계를 치유하기 위한 것과 관련된다. 커플에게 필요한 것은 친밀감 복원을 위한 적합한 모델을 개발하고, 친밀감을 성취하기 위한 계획을 수립하여 실천하는 일이다. 커플은 두 사람이 함께 추구하고 껴안을 수 있는 계획을 세워야 한다. 이는 커플의 관계 증진을 위한 공통적인 계획을 가지려면 상대방의 능력이나 장점 등을 지지해 주어야 한다는 것을 의미한다.

(5) 심층치료

치료나 회복 프로그램에 참여한다고 해서 모두 치료가 되는 것은 아니다. 일부 성 중독자는 다른 형태의 중독자처럼 치료가 잘되지 않기도 한다. 중독에 관련된 문제가 너무 복잡하여 중독자 본인도 자기 문제의 복잡성을 다 알아차리지 못한다. 재발 예방의 전략을 마련하여 유지할 수 있을 때까지 수년이 걸리기도 한다. 그와 같이 치료나 회복 프로그램에 참여해도 전혀 변화가 나타나지 않는 사람, 회복 과정에서 재발이 지속되는 등 치료가 잘 되지 않는 사람, 현재 참여하고 있는 프로그램을 더 보완하고 싶은 사람, 성 중독의 노출과 함께 이혼이나 실직 등의 위기에 처해 있는 사람, 또는 특별한 요구가 있는 사람 등은 적어도 일주일에 한 차례 이상 심층치료를 받는 것이 바람직하다.

심층치료의 이점은 일상생활에서 회복이나 치료에 방해가 되는 가정이나 직장, 여러 일을 걱정하지 않고 오직 치료에만 집중할 수 있게 해 준다는 점이다. 그렇다고 해서 시설기관에 입소해서 치료를 받는 사람들과 달리 현실세계로부터 완전히 고립된 것은 아니다.

심층치료에 참여하면서도 외부 세상과 소통하고 살아갈 수 있다. 그러므로 심층 치료의 이점은 중독자 본인은 물론 그와 관련된 사람에게도 있다. 그러나 이혼과 같이 결혼 생활의 문제가 생길 경우에는 앞에서 서술한 개인치료를 받으면서 파트너와 함께 심층치료를 받으면 더욱더 효과적이다.

(6) 이마고 관계치료

정신분석이론을 기반으로 한 이마고 관계치료(imago relationship therapy)는 헨드릭스(Harville Hendrix)에 의해 개발된 일종의 관계치료 기법이다. 이 치료기법도 성 중독 치료에 응용할 수 있는데, 이는 기본적으로 커플을 대상으로 한 치료다.

이마고 관계치료의 기본 전제는 모든 사람은 태어날 때 온전하고 완전한 존재이지만, 아동기 초기 양육 및 사회화 단계에서 주 양육자(primary caretaker)가 아동의 욕구를 제대로 충족시켜 주지 못할 경우 정서적 결핍, 즉 상처를 받는다는 것이다. 자라면서 무의식 속에 양육자에 관한 긍정적이고 부정적인 모든 특질에 관한 합성된 이미지를 갖게 되는데, 이를 '이마고(imago)' 라고 부른다.

이마고는 친밀한 관계를 형성하려고 할 때 자신의 파트너가 가졌으면 하는 청사진이다. 곧 사랑의 대상자를 찾을 때 사람들은 자신의 이마고에 맞는 파트너를 찾아서 사귀고 결혼을 한다. 그 이유는 어린 시절 양육자와의 관계에서 받았던 상처를 치유하고 싶기 때문이다. 다시 말하면, 양육자인 부모에게 상처를 받았고, 부모가 그 상처를 치유해 줄 수 있는 당사자였음에도 치유는커녕 더 힘들게만 했다. 그렇기 때문에 부모와 관련된 특질을 지닌 사람을 결혼 상대자로 선택하게 된다.

즉, 부모의 장점을 지닌 사람이나 부모의 단점을 갖지 않는 사람을 배우자로 선택한다. 결혼 생활에서 배우자는 어린 시절 자신의 부모 역할을 대신해 주면서 상처를 치유해 줄 것이라고 기대되는 사람이다.

연애를 통해서 결혼을 하려는 것은 결국 자신의 이마고에 해당되는 완벽한 파트너와 연결되어 어린 시절의 상처를 치유하는 자연스러운 길이다. 그러나 그 이마고 파트너와 언약의 관계가 형성되자마자 갈등을 겪기 시작하는데, 파트너가 본인의 기대에 맞추어 치유가(healer)의 역할을 못해 주기 때문이다. 부부일 경우 부부싸움이나 부부 갈등의 상처를 경험하는데, 이마고 관계치료에서는 이와 같은 다툼을 커플이 치유하고 성장하는 데 필수적이라고 여긴다.

결혼 초기의 사랑이 무르익는 단계나 그 뒤의 싸움이 나타나는 단계는 모두 무의식 수준에서 진행된다. 물론 결혼 이전에 그 파트너를 선택하는 단계도 무의식적으로 아동기 상처를 치유할 목적에서 이루어진다. 싸움이 지속되면서 불가피하게 사랑의 파트너는 자신과 너무 다르기 때문에 공존할 수 없으며, 자기 요구를 충족해 주지 않으면서 다시 자신에게 상처를 주는 사람이 될 수 있다.

이마고 관계치료의 목표는 행복이나 좋은 느낌을 원하는 의식의 세계를 치유와 성장을 바라는 무의식 세계에 맞추어 조절하는 것이다. 곧 치료 목표는 내담자가 의식적으로 친밀하고 헌신적인 관계를 발달시킬 수 있도록 돕는 것이다. 그러나 그와 같은 도움의 실현은 통찰만으로 이루어지지 않고, 매일 그와 같은 도움이 실현될 수 있도록 하는 특수한 기술과 과정이 필요하다.

이마고 파트너와의 결혼 생활에서 안정을 찾기 위해서는 최소한 몇 년이 걸린다. 부부 모두 무의식적으로 동일한 기대를 지니고 있으므로 관계에서 갈등이 생긴다. 초기의 관계에서 생긴 상처는 관계의 맥락에서 치유되어야 한다. 이마고 관계치료자들은 무의식적 동기에 접근하여 커플 관계를 해결해 준다.

치료자의 도움으로 안전한 분위기에서 의사소통을 하다 보면 상대방에게 숨기고 있었거나 자신도 크게 의식하지 않았던 어린 시절의 상처나 욕구 좌절 경험과 관련된 희망, 두려움, 열망이 드러나고, 이를 계기로 서로 자신의 배우자를 다르게 보기 시작하며, 서로를 더 공감하게 되며, 관계에서 새로운 것을 경험하려고 적극적으로 노력하게 된다. 이때 치료자는 커플들이 관계에서의 핵심적인 문제, 즉 관계의 교착 상태를 파고들면서 도움을 준다. 보통 이러한 교착 상태는, 겉으로 보기에는 전혀 움직일 수 없는 것 같지만, 갈등 상태의 커플을 치료 장면으로 끌어들인다. 치료 과정을 밟아 가는 동안 교착 상태는 서서히 녹아 버린다. 이 과정에서 역시 커플들은 함께 존재하는 것에 대한 새로운 목적을 찾는데, 의식적인 관계의 맥락에서 서로에게 치유가 역할을 하게 된다.

이마고 관계치료자들은 커플의 오래된, 해결되지 못했던 문제를 서로 해결할 수 있도록, 그리고 희망이 없었던 상황에서도 새로운 관계로 발전할 수 있도록 해 준다. 그들의 임무는 커플이 서로 상대방에 대한 치유가 역할을 하여 시간이 흐를수록 더 이상 치료자의 도움이 필요하지 않은 존재가 되도록 해 주는 것이다.

성 중독 치료에서도 부부 중 한 명만이 성 중독자이더라도 부부는 성 중독 커플이라는 사실을 받아들이도록 한다. 또 한 사람이 성 중독자이더라도 부부 모두 중독에 대한 책임이 있으며, 두 사람의 관계 회복이나 개선에 대해서는 서로 책임이 있다는 것도 인식시킨다. 성 중독자가 아닌 배우자에게 왜 성 중독자 파트너와 부부가 되었는지를 생각하도록 한다. 어린 시절의 상처도 상처이지만, 그 상처가 결혼 후에도 치유되지 못한 것과 관련된다.

(7) 정서중심치료

정서중심치료(emotionally focused therapy: EFT)에서는 개인이 지니고 있는 문제를 치료하는 근원으로 부정적 정서를 이용한다. 대인관계에서 불쾌를 경험하게 했던 부정적인 정서를 표현하거나, 이해하고, 수용하고, 조절하며, 변화시키도록 돕는 것이 EFT의 근간이다. 그러므로 개인을 상대로 한 치료도 가능하지만, 커플이나 가족 위주의 치료를 시도할 때에도 매우 효과적이다. 다음에서는 남성이 성 중독자일 때 커플을 대상으로 치료하는 EFT의 틀을 간략히 소개하고자 한다.

치료자는 성 중독 행동의 상처나 영향을 좀 더 분명히 평가하기 위해 중독에 연루되지 않은 파트너도 초대한다. 커플치료를 통해서 내담자(중독자)가 파트너와 다시 연결을 시도하도록 격려한다. 보통 상처를 받은 파트너(부인)에게 먼저 남편의 중독 행동 때문에 느꼈던 정서적 고통을 표현하도록 한다.

그러면 그녀는 안정된 관계가 깨졌을 때나 신뢰감 상실을 경험했을 때 자신이 얼마나 무력했거나 헤어지고 싶었는지 등을 피력한다. 보통 상처를 받은 파트너는 자신이 입은 상처를 표현할 때에도 정서적 반응을 보인다. 다시 말하면, 상처를 표현할 때 상처가 현재와 멀리 떨어진 과거의 회상이 아니라 그 순간에도 생생하게 다시 나타나는 것이다.

이러한 상황에서 성 중독자는 일반적으로 자신이 상처를 주었던 사건이나 상황을 축소하거나 부정하면서 파트너가 받은 고통을 사소하게 만들어 버리고자 노력한다. 이는 자신의 연약한 존재감을 보호하기 위한 방어에 해당된다.

상처를 받은 파트너는 무슨 일이 어떤 맥락에서 발생했는가를 종합적으로 얘기하면서 정서적인 반응도 보인다. 고통스러운 정서를 확인하고 표현하는 과정에서 새로운 정서가 유발되는데, 상처, 무력감, 공포, 수치심 등이 분노로 표현된다. 상처를 받은 파트너는 중독자가 자신의 상처를 씻어줄 수 없기 때문에 희망이 없다고 말하며, 그래서 그에게 소리를 지르고 그가 고통을 받기를 원한다고 호소한다.

이제 중독자에게는 자신의 행동의 의미나 본질을 이해시키고, 파트너의 정서적 고통을 인정하도록 한다. 중독자는 치료자의 도움으로 애착의 맥락에서 자신의 성 중독 행동이 파트너에게 미치는 영향을 이해하기 시작한다. 파트너가 고통을 받고 있는 것이 자기를 사랑하기 때문이며, 자기를 중요한 사람으로 여기고 있기 때문에 그 고통이 지속되고 있음을 중독자가 인식하도록 도와준다.

상처를 받은 파트너는 상처로 인한 상실감을 지속적으로 표현하는데, 이를테면 헤어질 것 같다거나, 혼자일 것 같다거나, 더 이상 사랑받지 못할 것 같다거나, 또 배신당할 것 같다거나, 신뢰감이 파열될 것 같다는 두려움 등이다. 이때 치료자는 중독자에게 파트너가 얼마나 취약한 존재인가를 인식시켜 준다. 중독자는 파트너와의 관계에서 애착에 대한 상처를 유발시킨 책임감을 깨닫고, 후회, 회환, 공감을 표현하면서 관계를 치유하는 과정에 노력하게 된다.

상처를 받은 파트너에게도 정서적 표현을 요구하는데, 사랑받고 싶은 느낌, 안전을 느끼고 싶은 것, 자신을 안심시켜 주는 말 등을 중독자에게 요구한다. 애착에 대한 상처를 보상하는 차원에서 위안과 보살핌

등을 요청하도록 하는 것이다. 중독자가 상처를 받은 파트너의 정서적 요구를 들어줄 능력을 보인다면, 관계가 연결되면서 중독 행동으로 초래된 상처에 해독이 될 수 있다.

관계에 대한 믿음이 다시 싹트면, 이를테면 두 사람의 관계를 안전한 장소로 인식하게 되면, 커플은 과거 상처를 받았던 상황을 함께 새롭게 해석하도록 한다. 상처를 받았던 파트너는 배우자가 어떻게 중독자로 발달했으며, 왜 그들의 애착 관계가 잘 형성되지 못했겠는가를 이해하게 된다. 중독자도 정서적 고통이나 스트레스에 대응하는 자신의 방식에 대한 믿음을 다시 정리하게 된다.

(8) 인지행동치료

인지행동치료(cognitive-behavioral therapy: CBT)는 성 중독으로 연결된 행동을 강화시켰거나 유발한 요인이 무엇이었는지를 살펴보면서, 중독 과정에 관계된 요인을 단절시키는 방법을 찾는 치료기법이다.

치료를 위한 접근 방법으로는 중독자에게 성에 관련된 사고나 환상을 감소시키거나 중단시키는 대신에 다른 것을 생각하도록 가르치는 것, 즉 성 중독으로 이어지는 비합리적인 사고나 믿음, 감정 등을 교정해 주는 것을 비롯하여 성행동을 운동이나 호흡, 명상 등과 같은 다른 행동으로 대체시켜 주는 것, 중독된 행동의 재발을 예방하는 것 등이 있다.

중독자에게 중독 행동의 발단이나 계기가 되었던 것들을 알도록 해주며, 그것들에 합리적이고 건설적으로 대응할 수 있는 기제를 발달시키도록 도와준다. 이는 재발을 방지하는 데 도움이 되며, 성행동의 계기가 될 수 있는 불안, 우울, 스트레스에 건강하게 대처하는 방법도 가르쳐 준다.

이와 더불어 성 중독을 부추기는 또래들의 압력에 저항하는 방법 및 성 중독자의 자긍심을 높여 주는 일도 CBT에서의 핵심이다. 성 중독자로부터 변화를 유도하는 CBT의 모든 과정은 점진적인 단계를 거치면서 실시한다.

(9) 약물치료

성 중독자를 치료할 때 약물이 이용되기도 한다. 성 중독자가 심한 우울 증상을 보이거나 다른 형태의 중독을 동시에 보일 경우 약물의 도움을 받기도 한다. 약물은 성 중독자의 강박적 사고나 행동을 다룰 때 도움이 되기도 한다.

성 중독을 치료할 때 약물의 도움이 필요한 경우에는 반드시 그와 같은 약물치료 접근 방법을 지지해 주는 환경이 조성되어 있어야 한다. 즉, 약물치료를 할 때 성 중독자와 가까운 사람이 개입되어야 한다. 약물치료에 개입시켜도 좋은 사람은 성 중독자가 통제하지 못한 행동과 관련된 경험이 있는 사람이어야 한다. 그런 사람은 중독자의 중독과 관련된 신호 등을 잘 알아차릴 수 있기 때문이다.

중독자에게 별 의미가 크지 않은 동료나 친지가 개입하는 것은 바람직하지 않다. 아울러 중독자의 파괴적인 행동에 관여했던 사람이 약물치료에 끼어들도록 하는 것도 바람직하지 않다. 그런 사람들은 전혀 도움이 되지 않는다.

약물치료에 개입할 수 있는 사람은 중독자에게 의미가 큰 사람, 중독자에게 영향력을 행사할 수 있는 사람이어야 한다. 예를 들면, 중독자가 직장생활을 하고 있다면 고용주는 개입에 적격인 사람이다. 가족이 개입해도 괜찮다. 중독자의 부모가 정서적으로 불안정한 상태가 아니라면 또는 중독자와 함께 있고 싶어 하지 않는 경우가 아니라면 참여해야 한다. 형제나 자매가 개입해도 괜찮다. 자녀가 있고 그 자녀가 충분히 성숙하여 부모의 잘못된 점을 말해 줄 수 있으면 개입할 수 있다. 회복에 관련된 상담이나 치료를 담당하는 팀원 중 한 명이 개입하는 것도 가능하다.

(10) 자조 모임

성 중독자들이 자조 모임(self-help group, support group)에 참석하면서 회복의 길을 찾을 수도 있다. 자조 모임에 참석한다는 말은 자조 모임에서 실시되고 있는 회복 프로그램에 참여한다는 의미다.

회복의 조건에서도 설명했지만, 회복 프로그램 참여를 위한 첫걸음이 가장 어렵다. 자조 모임에 처음 참석할 당시에는 좌절의 상태이며, 무엇을 기대해야 할지도 모르고 있는 상태다. 그러나 모임에 한번 참여하고, 또 참여하다 보면 다른 사람(회원)들이 자신에게 관심을 가져주고 도움을 주려고 하는 것을 느끼기 시작한다. 회원들이 회복할 수 있다는 자신감을 보일 때 서로에게 희망을 주고, 과거의 생각이나 행동에 상관없이 모두 같은 기대와 감정을 갖고 있음을 알게 된다. 소속감이 생기기 때문이다.

중독자가 살고 있는 지역에 자조 모임이 존재한다는 것은 행운이다. 회복의 길을 안내해 주는 모임에 더 쉽게 접근할 수 있기 때문이다. 자조 모임이 다양하게 존재한다면 중독자 입장에서 가장 적합한 모임을 찾아서 참여하면 된다. 자조 모임의 역사나 규모 등에 따라서 회복 프로그램 수준도 다르며, 프로그램 운영의 효율성도 다르다.

자신의 주변에 자조 모임이 없을 경우에는 만들면 된다. 자조 모임을 만들기 위한 최소한의 필수 조건은 오직 성 중독을 중단시키고자 하는 욕망을 지닌 두 명 이상의 성 중독자가 모이는 것이다. 그들이 서로 강박적 성행동이 중단될 수 있도록 도움을 주고받으면 그것으로 충분하다. 규모가 커질수록 모임의 목적이나 성격, 세부적인 운영 방안 등에 관한 규약이나 원칙이 분명히 설정될 필요가 있으며, 특히 성 중독으로부터의 회복에 관한 프로그램이나 방식은 더 분명해져야 한다. 예를 들면, 기존의 다른 자조 모임에서 회복에 관한 좋은 프로그램이 있을 경우 이를 응용할 수 있는데, 성 중독자들의 자조 모임에서 활용하고 있는 회복 프로그램은 대부분 알코올중독자 자조 모임(Alcoholics Anonymous: AA)의 회복 프로그램을 응용한 것들이다.

일반적으로 자조 모임은 회원들이 서로 상대방을 지지해 주면서 스스로를 돕고자 하는 모임이므로 자발적으로 기부하는 금액으로 운영되고 있다. 어디에서 개최되든지 상관없이 모임은 독립적으로 운영되고 있다. 모임을 위해서 동료 중독자들이 함께 한 장소에 모일 수만 있으면 된다.

자조 모임은 집단치료의 성격을 띠고 있다. 회복 프로그램을 응용할 때 모임에는 리더나 주제 발표자, 토론자 등이 있을 수 있지만, 유료 집단치료와 다른 점이 있다. 바로 회원이 어떤 이야기를 하든지 비판하거나 훈계하지 않아야 한다는 점이다. 그 대신 그 회원의 이야기를 이해하려고 노력하는 자세가 모임 운영의 원칙에 가깝다.

우리 문화권에서는 성 중독과 관련된 자조 모임이 아직 활성화되지는 않았지만, 서구사회에는 활성화된 자조 모임이 다양하게 존재하는데 몇 가지를 간략하게 소개하면, 다음과 같다.

① SA

먼저 SA(Sexaholics Anonymous)라는 자조 모임이 있다. 이는 자신의 경험이나 장점을 모임 참여자들과 공유하면서 서로 공통적인 문제의 해결을 희망하고 성 중독에서 회복하기를 바라는 자조 모임이다. 모임은 기부금으로 운영되기 때문에 개인 회비를 납부하지는 않는다.

SA는 정치나 종교 등과 무관하며, 그런 문제를 토의 주제로 거론하지도 않는다. 오직 성 문제를 극복하도록 돕는 단체이며, 그런 도움을 서로 주고받는 모임이다. 회원 가입의 자격은 남녀를 구분하지 않고 가능하며, 오직 욕망을 자제하면서 성적으로 분별 있는 생활을 하고자 하면 된다. 성욕의 표출을 자제해야 하며, 상대방이 그 자제 상태를 잘 유지할 수 있도록 서로 도와준다.

SA에서 활용하는 회복 프로그램은 1979년 알코올중독자 자조 모임(AA)의 원리를 응용하여 개발되었으며, AA로부터 그와 같은 프로그램 활용(다음 절에서 설명할 12단계와 12전통의 이용을 의미함)에 대한 허락을 얻었다. SA에서는 참가자에게 이성애 결혼 관계 이외에서 발생하는 모든 성관계를 엄격하게 부정하는 접근 방식, 즉 정통적이고 일률적인 접근 방식을 취한다. 배우자 이외의 사람과의 성행위나 혼자서 시도하는 성행위는 모두 결국 파괴적인 중독으로 진행된다는 점을 회복 과정에서 주지시킨다. 이런 맥락에서 동성애 정체성을 지닌 사람이 참여할 경우 소외감이 생기게 된다.

② SAA

SAA(Sex Addicts Anonymous)는 남성이든, 여성이든, 이성애자이든, 동성애자이든, 양성애자이든 누구든지 회원으로 참여할 수 있는 자조 모임이다. 그러나 실제로 SAA에 참여하는 회원들의 대다수는 이성애자들이기 때문에 동성애자들이 참여하기가 쉽지 않다. 회원 가입의 자격도 자유로운 편이지만, 회원마다 성 문제에 해당되는 기준을 자유롭게 설정할 수도 있다. 그럼에도 그들이 추구하는 공통점이 있는데, 이는 변태성욕에 관한 부분이다.

그들은 변태성욕을 정상 범주에 속하지 않는 비전형적인 행위로 규정하고 있다. 변태성욕 중에서도 특히 타인에게 피해나 고통을 주고받는 것들을 문제시한다. 예를 들면, 신발이나 속옷 등에만 집착하는 행위(fetishism의 일종) 자체는 문제가 되지 않을 수 있지만, 변태성욕이 다른 사람과의 강박적인 성관계에 연루된다면 문제로 취급한다.

③ SCA

SCA(Sexual Compulsives Anonymous)라는 자조 모임의 회원들은 대부분 남성 동성애자들이다. SA가 너무 근본주의적인 성향을 지닌 이성애자들을 위한 모임이기 때문에 일부 남성 동성애자들이 불편함을 경험하면서 SA로부터 독립하여 결성한 모임이다. SCA 회원들이 사용하는 회복 프로그램은 SAA에서 사용하고 있는 프로그램을 토대로 만든 것이다. 여성 동성애자나 이성애자도 회원으로 참여하기도 하지만, 주 회원인 남성 동성애자들은 비교적 솔직하게 자신의 특별한 요구에 관한 토의를 하는 편이다.

④ SLAA

SLAA(Sex and Love Addicts Anonymous)는 사랑 중독(love addiction)에서 회복하고자 하는 사람들에게 초점을 맞춘 자조 모임이다. 파트너와의 관계에서 사랑이 항상 신혼여행의 순간처럼 유지되지 않으면 만족을 못하는 사람들은 그 관계에서 문제가 생기면 이를 해결하면서 지속시키려고 노력하는 대신에 곧바로 다른 관계를 추구한다. 전혀 만족할 줄 모르는 사랑을 갈망하는 사람들도 회복을 원하기 때문에 형성된 자조 모임이다. 이 모임에서는 남성, 여성, 동성애자, 이성애자, 양성애자 모두 환영하지만, 회원의 대다수가 남성인 SAA 모임과 달리 SLAA는 관계나 사랑에 초점을 맞추려는 여성에게 더 적합한 모임이다.

4. 12단계 회복 프로그램

성 중독으로부터의 회복은 다른 중독들로부터의 회복과 비교할 때 훨씬 더 어렵다. 그 이유는 성 중독의 배후에는 성적으로 학대를 당했던 어린 시절의 경험이 도사리고 있으며, 또 성 중독은 기본적으로 성공적인 회복에 중요한 친밀감 문제를 내포하고 있기 때문이다. 다행스럽게도 자조 모임에서 활용하고 있는 12단계 회복 프로그램[1]은 성 중독자에게 고립감을 깨뜨리게 하고 수치심을 없애 주는 데 도움이 되는 사회적 지지의 수단을 제공해 준다.

앞에서 자조 모임에 대해서 간략하게 설명했는데, 자조 모임에 참여

---

1) 간혹 12단계 회복 프로그램이라는 명칭을 12전통(12 traditions)과 혼동하는 경우가 있다. AA의 실천 운영에서 12단계는 개인을 위해서 마련된 회복 프로그램이며, 12전통은 자조 모임 집단의 운영에 관한 가이드라인 성격을 지닌다. 즉, 12전통은 자조 모임의 유지와 발전을 위하여 준수해야 하는 행동상의 강령을 말하는데, 이를테면 AA라는 자조 모임은 외부의 기부금이 아니라 전적으로 자립해야 함을 강조하

한다는 말은 회복 프로그램에 참여함을 의미하며, 회복 프로그램에 참여한다는 말은 '12단계(12-steps) 회복 프로그램'에 참여한다는 뜻이다. 다시 말하면, 대부분의 자조 모임에서는 12단계 회복 프로그램이 실시되고 있으며, 참여자들에게 이를 소개하고 있다.

물론 그와 같은 프로그램이 운영되는 모임에 참석하지 않으면 회복의 가능성이 전혀 없다는 것은 아니다. 또 12단계 회복 프로그램에 참여하기만 하면 무조건 성 중독에서 회복되는 것도 아니다. 프로그램에 참여하여 도움을 얻어 중독이 중단된 경우가 많지만, 참여해도 도움을 얻지 못한 경우도 있다.

많은 중독자가 12단계 프로그램이 진행되는 자조 모임을 소개받으면, 그것이 필요한지 아니면 심리치료가 필요한지 또는 둘 다 필요한지에 대해서 궁금해한다. 한 가지 방법으로 회복이 불가능하지는 않지만, 많은 성 중독자가 모임 참석만으로는 회복이 적절하게 이루어지지 않으며, 심리치료만으로도 회복이 잘 이루어지기도 쉽지 않다. 또, 심리치료를 일정 기간 받는다고 하더라도 성 중독에 관련된 전문지식을 갖춘 치료자를 만나야 회복에 도움이 된다.

성 중독 회복에 관련된 연구는 이구동성으로 12단계 회복 프로그램의 참여가 회복에 큰 도움이 된다는 점을 지적하고 있다. 단, 정직하고 성실하게 회복 프로그램에 참여해야 한다. 프로그램이 실시되는 모임이 다양하며, 모임마다 장점이나 단점 등 성격이 다를 수 있다. 모임에서 완벽을 기대할 수는 없지만, 어떠한 모임이든 자신을 비롯하여 모든 구성원의 노력에 따라 시간이 흐르면서 성장하게 된다.

거나 모임 이외의 문제에 대해서는 공론화시키지 않고 어떠한 의견도 갖지 않아야 하는 것 등이다(김기태, 안영실, 최송식, 이은희, 2005; 최은영, 2008).

그럼 12단계 회복 프로그램이 무엇인가를 살펴보자. 앞에서 소개했듯이 알코올중독자 자조 모임(AA)에서 1950년대에 발표된 프로그램인데, 이는 약물중독, 섭식장애, 도박중독, 성 중독, 기타 중독 등의 회복에도 응용되고 있다. 성 중독자들을 위한 12단계 프로그램은 중독자들이 도움을 추구하는 매우 안정된 회복 방법일 뿐만 아니라 배우자나 커플에게도 적합하게 맞추어져 있다.

초기에는 12단계 회복 프로그램의 원리가 낯설겠지만, 프로그램의 효과는 의외로 잘 나타난다. 사실상 프로그램은 하나의 생활양식에 불과하며, 회복은 1단계의 진입에서 시작된다. 1단계부터 하나씩 시작하는 것이 가장 쉽고, 가장 부드럽고, 가장 중요하다. 프로그램에 참여하면서 뭔가 잘 풀리지 않을 때 1단계만을 반복하거나 1단계부터 다시 시작하는 것이 중요하다.

이제 12단계의 참여자에 대해서 잠깐 생각해 보자. 용기를 갖고 자조 모임을 처음 찾아간 사람은 프로그램의 성격을 잘 모를 뿐만 아니라 모임에 참여하고 있는 사람들이 낯설고 두렵게 느껴진다. 그렇기 때문에 이들을 맞이하는 사람들의 역할이 매우 중요하다. 먼저 프로그램에 참여한 자들은 서비스를 제공해야 한다. 자신이 처음 프로그램에 참여했을 때 받았던 서비스를 새로 참여하는 사람들을 위해서 전해 주는 것이다. 훈계가 아니라 실제로 모범적인 행동을 보여 주면서 메시지를 전달하는데, 타인을 위한 서비스와 사랑은 자신을 위한 서비스와 사랑이 몸에 배어 있어야 나오게 된다. 자신이 갖고 있지 않은 것을 타인에게 줄 수는 없다. 이와 같은 서비스가 수치심을 극복하면서 자신을 성장시키는 흔적이자 열매가 된다.

5. 중독과 회복 프로그램 참여

성 중독의 의미를 다시 새겨 보자. 이는 자신의 삶의 모든 영역에 부정적으로 영향을 미치는 질환이다. 질환의 신체적 측면은 성적 행동화를 강박적으로 시도하는 것이고, 정신적 측면은 삶을 황폐화시키는 행동화로 이끄는 강박적 사고이며, 영적인 측면은 질병이나 자신, 세상을 바라볼 때 자기 중심의 틀에서 벗어나지 못하는 것이다. 질병이 아니라고 부정하는 것, 성적 행동화를 합리화하거나 정당화하려고 하는 것, 다른 사람들을 불신하는 것, 죄의식을 갖고 살아가는 것, 맡은 바 직무에 충실하지 못한 것, 자제력을 상실한 것, 다른 사람들과 어울리지 못하고 고립 생활을 하는 것들도 모두 성 중독이라는 질병의 결과에 해당된다.

중독의 특성 중 고립 생활을 다시 살펴보자. 중독이란 자신만 들어갈 수 있는 은밀하고 작은 사적인 공간이라고 할 수 있다. 이 공간은 물리적으로는 모든 사람의 것처럼 보이지만, 심리적으로는 누구와도 공유할 수 없는 곳이다. 성 중독자들은 강박적인 성행동에 대한 수치심 때문에 다른 사람들과 장벽을 쌓게 된다. 중독 때문에 위축되어 다른 사람들과 의미 있는 접촉을 하지 못한 상태로 살아왔다. 중독자들은 자신의 비밀스러운 삶이 다른 사람, 특히 자신이 사랑하는 사람이나 자신을 사랑한 사람들에게 노출되지 않도록 해야 하므로 노심초사하면서 살아야 했다.

그 비밀을 유지하려는 노력 자체가 스스로를 몹시 힘들게 했다. 그러한 이유로 12단계 회복 프로그램에 처음 참가하는 성 중독자들은 보통 첫 모임에 가서 다른 사람들이 그들의 중독 생활에 대한 세세한 부분을 공개적으로 정직하게 얘기하는 것을 들을 때 큰 충격을 받는다. 초심자들은 그 모임이 자신의 내면(사적인 세계)을 공개할 수 있는 장소임을 알게 되며, 처음으로 다른 사람들과 자신의 경험을 공유하게 된다. 그동안 수치심과 비밀스러운 세계에서 벗어나지 못해서 위축된 생활을 했지만, 이제는 다른 사람들과 교감하면서 건강한 욕망을 충족시킬 수 있는 장을 찾은 것이다.

모임에서 12단계 회복 프로그램에 참여하여 그 의미를 깨달으면서 회복 과정을 밟아 간다. 한때는 혼자서 열심히 중독에서 벗어나려고 노력해 보기도 했지만, 실패를 거듭했었다. 프로그램에서는 타인과의 교감, 상호 사랑, 동정심, 동료애 등 개인이 혼자 힘으로 얻을 수 없는 것들을 얻게 해 준다. 다른 사람들과 공유하는 내용은 존중받고 동정받으며, 익명으로 다루어진다.

회복 프로그램에 참여하는 것은 다른 중독자를 돕기 위한 것이 아니라 중독자 자신 스스로를 돕기 위한 것이다. 자신의 지혜를 멋있는 말로 다른 중독자들에게 전하면서 인상을 남기기 위한 것이 아니라 그날 하루 중독과 거리가 먼 생활을 하려고 참여하는 것이다. 내일도 오늘 같은 생활을 할 것이라고 스스로에게 약속하고 실천하는 길이다.

12단계 회복 프로그램에 참여하는 사람들은 매일 서로를 지지해 주며, 그곳에 나온 사람들과 동일시하면서 자신의 중독으로 인한 외로움이나 소외감을 덜어낸다. 같은 문제를 지닌 사람들을 만나고 함께 있다는 것은 치유가 더 잘될 수 있는 조건을 갖추었음을 의미한다. 프로그램에 꾸준히 참여하면서 절제하는 생활을 하다 보면, 자신의 생활이 좋아지고 있다는 것을 느낄 수 있다.

그러나 12단계 회복 프로그램은 기본적으로 중독에 관한 정직성을 요구하며, 정직을 토대로 프로그램에 성실히 임할 때 단순하면서도 사려 깊은 회복 도구가 된다. 1단계부터 12단계까지 모두 거쳤다면, 그 이후에는 중독에 의한 수치심으로 힘들어하는 사람들에게 영적인 깨우침을 전달하고 싶어진다. 그동안 숨어서 지내 왔던 사람들이 남들에게 빛과 희망을 가져다줄 필요성이나 의무감을 느끼게 된다.

프로그램 참여는 우리보다 힘이 센 절대자와의 관계를 갖도록 해 주면서 결점을 고치고, 다른 사람들을 돕고, 잘못이 있으면 용서하도록 해 준다. 그러나 프로그램의 12단계 중에서 초기 3단계는 내가 알아서 스스로 할 수 있는 것이 아니라 절대자(신)만이 할 수 있는 것이다. 1단계부터 3단계까지는 실제로 인간의 한계나 약점을 정확하게 가늠하고, 희망이 존재함을 인정하며, 우리 자신보다 더 강한 존재에게 우리 자신을 맡기기로 결정하는 과정에 해당된다. 이는 모든 것을 혼자서 할 수 있고, 혼자서 해야 하는 믿음 때문에 절망하고 힘들어하고 외로워했던 짐으로부터 자유를 얻는 첫 단계라고 할 수 있다.

6. 12단계 회복 프로그램의 내용

1) 1단계

12단계의 회복 프로그램에서 가장 중요한 부분은 바로 첫발을 내딛는 1단계다. 1단계의 전제 조건은 무엇인가? 대부분의 성 중독자는 회복 프로그램에 참여하기 전에 다시는 이러지 않겠다고 수없이 약속하면서 중단해 보려고 노력했지만 실패했다. 중독을 스스로 이겨 내기에는 무력한 존재였던 것이다. 중독에서 회복되기 위해서는, 즉 중독자가 도움을 받기 위해서는 가장 먼저 자신의 욕망을 스스로 조절할 수 없다는 무력함(powerlessness)을 인정하는 일이다.

무력함이란 지금까지 성적인 행동화가 자신의 의지와 상관없이 나타나고 있음을 의미한다. 중독의 초기 단계에서는 자신이 원하는 때에는 언제나 이를 중단시킬 수 있다고 생각했기 때문에 자신을 중독자라고 여기지도 않았다. 그렇지만 어느 순간부터는 자신의 의지로 이를 중단시키지 못하는 상태로 발전해 버렸다. 이렇게도 해 보고 저렇게도 해 보고 여러 방법으로 중단을 시도했지만, 결국 실패했던 것이다. 자기 행동을 통제하지 못했다는 사실은 중독이라는 질환의 증거다.

무력함의 인정이란 도움을 받는 방법 이외에는 다른 선택이 없음을 의미한다. 혼자서 성 중독을 조절하려는 노력을 포기하고, 자신의 생활을 조절할 능력이 없는 사람이라고 스스로 인정해야 도움을 받을 수 있다. 이를 다른 말로 표현하면, 12단계 회복 프로그램을 통해서 회복의 문을 열기 위해서는 무력함의 인정, 즉 굴복(surrender)이 전제 조건이다.

어떤 사람이든 자기 생활을 제대로 조절하기 어렵다고 시인하거나 자신이 패배했음을 시인하는 일은 쉽지 않다. 자신이 개인적으로 무력한 존재임을 인정하고 싶은 사람은 거의 없다. 굴복한다는 것 자체가 어떤 사람에게는 자신의 일상생활에 맞지 않기 때문에 회피적이라는 느낌이 들기도 한다. 그러한 이유로 어떤 중독자에게는 무력함을 인정할 때까지, 즉 굴복하기까지 시간이 좀 오래 걸린다. 그러나 굴복이란 강박적인 성행동을 중단시킬 수 없다는 점, 이를테면 포르노나 폰섹스에 돈을 쓰는 일이나 성매매 업소를 방문하는 일을 중단시킬 수 없다는 점을, 또는 직장이나 가정생활에 방해가 되는 성적 환상을 중단시키지 못했음을 인정한다는 의미다.

대부분의 사람은 자신의 약점을 의지로 극복해야 할 정도로 강해야 한다고 배웠다. 그래서 굴복에는 엄청난 정신적·정서적 에너지, 강인한 의지력 그리고 회복을 원하는 진실한 마음이 필요하다. 실제로 대부분의 중독자가 프로그램에 접하면서 이와 같은 패배를 인정하려고 할 때 시간이 오래 걸리고, 많은 고통도 따른다.

그럼 누구에게, 어떻게 무력함을 인정하는가? 회복 프로그램에 참여한다는 것 자체가 아무 말을 하지 않더라도 본질적으로는 무력함을 인정하는 것이기도 하다. 무력함을 인정하는 방법은 특정하게 정해져 있는 것이 아니라 다양하다. 예를 들면, 절대자에게 기도를 통해서 인정해도 괜찮고, 자신이 믿을 수 있는 사람에게 말로 표현해도 괜찮고, 글로 써서 누군가에게 전해 줘도 괜찮다. 다른 사람에게 무력함을 인정했을 경우에는 도움을 받기가 더 수월해진다.

대부분의 성 중독자가 어린 시절 역기능적인 가정에서 살아가는 동안 자신의 주변 상황을 통제하지 못했고, 중독 생활에서도 어린 시절처럼 자신의 주변 상황을 통제하지 못했다. 결국 삶은 롤러코스터처럼 기복이 심했고, 자신의 행동은 오직 스트레스와 고통만 초래했었다. 이제는 자신이 강박적인 문제를 지니고 있으며 자신이 무력한 존재라는 것을 인정하고 수용해야 한다. 자신의 의지로만 강박적인 문제를 해결할 수 없다는 현실을 시인하는 일이 중독에서 회복하는 첫걸음이 된다. 무력함을 인정한 후에는 도움을 구해야 한다. 바로 12단계 회복 프로그램에 적극적으로 참여하는 것이다.

2) 2단계

1단계는 중독자가 자신의 무력함을 인정했던 단계라면, 2단계는 자신보다 훨씬 더 위대한 힘을 지닌 존재만이 자신을 원 상태로 돌아오게 해 줄 수 있다는 믿음을 획득해야 하는 단계다. 그 위대한 힘을 지닌 존재는 자신이나 주변에 있는 사람들과 비교가 되지 않는 강력한 절대자나 신과 같은 존재를 의미한다. 종교를 믿는 사람은 그 존재를 쉽게 신이라고 생각하고 신에 의존해야 회복할 수 있다는 믿음을 가질 수 있다.

이 단계에서 종교에 편견이 있거나 자기주장이 강하거나 자기만족에 사로잡혀 있는 중독자들은 저항감이 생기기도 한다. 그래서 이 단계는 간혹 시간이 걸리기도 하고 인내도 필요하다. 그러나 이 단계는 종교와 꼭 관련시키지 않아도 된다. 단, 인간의 힘으로만 중독에서 벗어날 수 없으므로 신 또는 절대자의 존재에 의존해야 자신이 달라질 수 있다고 믿어야 하는 단계이며, 희망을 갖게 하는 단계다.

종교에 상관없이, 믿고 있는 종교가 있을 경우에는 절대자에게 매달리고, 종교가 없더라도 자신이 의지할 수 있는 가상적인 절대자의 존재를 믿고 거기에 매달려야 중독에서 회복될 수 있다는 것을 받아들이는 단계다. 사실 1단계도 중독자에게 쉬운 것이 아니지만, 2단계도 마찬가지다. 종교인이 아니라면 두려움이나 의심 때문에 특히 더 어렵게 느껴진다. 그 이유는 자신의 힘이 미치지 않는 강력한 절대자와 연결시켜야 하기 때문이다.

3) 3단계

1단계에서는 자신이 중독을 해결할 수 없는 무력자임을 인정했고, 2단계에서는 절대적인 힘을 가진 자가 자신의 중독 문제를 풀 수 있다고 생각하였다면, 중독자는 중독에서 회복되기 위해서 그다음 단계에서는 무엇을 해야 하는가? 3단계는 바로 그 절대적인 존재에게 자신의 중독 문제의 해결을 맡기기로 결정하는 일이다.

주변에는 일들이 무수히 산재해 있다. 그중에는 혼자서 할 수 있는 일도 많지만, 그렇지 못한 일도 부지기수다. 모든 어려움을 혼자서 극복할 수 있는 사람은 없다. 중독자들은 삶이 자기 마음대로 되지 않음을 뼈저리게 느꼈다. 강박적인 성행동, 성 중독이 바로 스스로 해결하기 어려운 일 중에서 대표적인 것이다.

그래서 우주의 지배자나 절대자에게 자신의 중독 문제의 해결을 맡기면서 도움을 요청하는 것은 무척 현명한 처사다. 3단계는 자신을 치유할 수 있는 능력을 지닌 절대자의 보살핌을 받으면서, 즉 절대자에게 자신을 맡기면서 변해야겠다고 결정하는 단계다.

4) 4단계

12단계 회복 프로그램에서 1단계부터 3단계까지는 회복이나 치유를 위한 기본 처방에 해당된다. 어떤 실천을 직접 시도하기보다도 프로그램 효과에 대해서 읽어 보고, 생각하고, 다른 사람들과 이야기하면서 마음속으로 준비를 하는 단계라고 할 수 있다. 물론 이러한 단계도 큰 의미에서는 실천이라고 할 수 있지만, 4단계부터는 더 본격적으로 치유를 위해서 실천하는 단계들이다.

4단계는 자신의 중독과 강박적 행동을 본격적으로 치유하기 시작하는 단계다. 시작은 자신의 과거 행동 중에서 무엇이 옳고 그른가를 스스로 판단하면서 철저하게 그리고 두려움 없이 검토해 보는 것이다. 바로 도덕성의 검토 작업이다. 여기에서 성 중독의 본질을 다시 상기할 필요가 있다. 이는 성 중독자가 아닌 사람이 중독자를 바라볼 때 그동안 나쁜 일을 많이 했더라도 이제는 좋은 사람이 되려고 하며, 나쁜 사람이라고 이해해서는 안 된다는 점이다. 그 대신 아픈 사람이라고 여겨야 한다.

역시 회복 과정에 있는 성 중독자는 자신의 과거 행위들을 도덕성 차원에서 바라보면서 검토해야 하며, 그 과정에서 가장 중요한 사항은 바로 정직성이다. 자신의 감정이나 행동을 정직하게 점검해야 이제부터 다른 사람들을 상대할 수 있는 방법을 찾게 된다.

그동안 스트레스나 고통이 생기면 이를 완화하기 위한 수단으로 의식적으로든 무의식적으로든 성적인 행동화를 했다. 위안을 얻지 못하거나 행동화를 하지 못할 경우 스스로를 비난하고 좌절했다. 그 비난과 좌절을 피하기 위하여 강박적으로 행동화를 지속적으로 추구했다. 그러한 과정에서 다른 사람들에게는 마치 정상적인 삶을 살고 있는 듯이, 아무렇지 않는 듯이 행세를 했다. 즉, 성 중독자들의 대부분은 비밀로 가득 차 있는 생활, 이중생활을 해 왔다.

치유는 바로 그와 같은 가면을 스스로 벗는 일부터, 즉 정직성에서 시작된다. 그동안 중독 생활을 숨기고, 감추고, 부정하고, 거짓말을 했지만, 더 이상 감추지 않고 부정하지 않아야 한다. 이렇게 정직한 자세를 갖추면, 그동안 자신이 숨겨 온 생활로부터의 짐도 덜 수 있다.

4단계에서 해야 할 일은 바로 어떤 성행위를 행동화에서 이용했는지, 그와 같은 행동화로 이어지게 했던 자신의 성격적인 약점(결점)이 무엇인지를 하나씩 정리하여 목록을 작성하는 일이다. 이러한 일을 할 때 두렵거나 저항감이 들지 않아야 한다. 정직성을 기반으로 한다면 그런 느낌이 들지 않는다.

목록을 작성할 때 성행위의 내용이 너무 다양해서 이들을 쉽게 정리하지 못한다면, 그만큼 자신의 성 중독이 뿌리가 깊은 상처에 기인했다는 것을 의미한다. 성격 특성도 그 내용이 무엇이든 변화가 있어야 성적 행동화를 예방할 수 있으며, 다른 사람들과의 관계 형성에도 도움이 된다. 예를 들면, 이기심, 완벽성, 자만심, 질투심, 조급증, 타인을 조종하려는 마음, 타인에 대한 의존성, 감정 기복이 심했던 것 등은 모두 바뀌어야 할 특성이다. 이와 같이 수많은 결점을 나열했다고 해서 두려워할 필요는 없다. 성 중독자도 나름대로 강점이나 긍정적인 요소들을 지니고 있으며, 회복 프로그램에 참여하여 도움과 함께 그 강점을 살려 낸다면 충분히 결점을 이겨 낼 수 있기 때문이다. 4단계는 내적으로 강하고 탄력적인 잠재 능력을 개발해 주기 시작하는 단계다.

5) 5~12단계

4단계에 이어서 5단계부터 12단계까지도 정직성을 토대로 자신의 성 중독을 바라보며, 치유와 회복에 대한 간절함을 바탕으로 마지막 단계까지 가야 한다. 단계마다 고유한 특성을 설명하더라도 이를 확연히 구별된 것으로 받아들이지 않아야 한다. 편의상 구별된 특성을 다음과 같이 설명하는 것이다.

우선 5단계는 책임이나 의무감을 갖고 수치심을 벗어나야 하는 단계다. 이를 위해서 중독자 스스로가 잘못했음을 인정하고 동시에 절대자에게 그리고 자신을 도울 수 있는 어떤 한 사람에게 잘못을 시인하는 단계다.

누군가에게 자신이 정직하지 못했고, 부당했고, 비윤리적이었고, 사려 깊지 못했고, 불공평했다고 시인한다는 것은 자신의 과거를 다시 보면서 새로운 삶을 더 분명하게 시작할 수 있도록 해 준다. 다른 사람은 증인 역할을 해 주는 것이다. 과거뿐만 아니라 타인에게 자신의 현재 생각이나 감정까지도 숨기지 않고 정직하게 이야기할 때마다 조금씩 조금씩 성숙한 상태로 발전하게 된다. 진실을 토대로 자신의 잘못을 고백할 때 결점이 많은 인간이 저지른 실수에 대해서 용서를 받을 수 있다. 이 단계에서 어떤 사람 또는 타인이란 후원자를 말한다. 이를 역으로 표현하면, 후원자는 회복 프로그램에 참여하는 성 중독자의 5단계 과정에 적극적으로 관여하게 된다.

6단계에 와서는 절대자가 자신의 약점(결점, 결함)을 모두 없애 줄 수 있도록 중독자가 스스로 고치기 힘들었던 부분을 다시 정리한다. 예를 들면, 4단계에서 정리했던 이기적이고, 자만심이 가득 찼고, 부정직했던 성격상의 결점이나 다른 사람에게 고통을 안겨 주었던 결함, 또는 다른 사람들과 장벽을 쌓게 했었던 행동상의 결점을 모두 정리한다. 목록 내용을 들여다보면서 왜 그런 결점이 생겼고, 어떻게 그런 결점을 이용하고 살아왔는지를 반추하면서 목록에 적힌 내용과 정반대의 특성도 정리해 본다.

7단계에 와서는 겸손한 마음으로 6단계에서 정리했던 결점들을 절대자가 모두 없애 주기를 간절하게 요청한다. 12단계 회복 프로그램은 기본적으로 자신이 풀 수 없는 문제를 해결해 줄 수 있는 존재는 오직 절대자임을 믿는 마음을 지녀야 회복이 가능하다는 점에 초점을 맞추고 있다. 그러므로 겸손해야 하는데, 겸손의 반대는 자기 자랑이나 자기기만이다. 겸손해진다는 것은 자신을 있는 그대로, 완벽할 수 없는, 피해를 입은 존재라고 인식하는 일이다. 겸손으로 가는 단계는 치유되고 있음을 보여 주는 단계다.

8단계에서는 자신의 성 중독 생활로 불편함이나 피해를 입었던 사람들의 명단을 작성하고 그들에게 기꺼이 보상해야겠다는 마음의 준비를 한다. 그들의 이름을 모두 알지 못하거나 기억하지 못할 가능성이 높지만, 성행위 파트너들의 대다수는 사실상 중독자에게 속은 피해자였다.

성 중독 생활을 하면서 피해자를 속이고, 굴욕을 주고, 거절하고, 틀렸다고 재단하면서 그들을 힘들게 했는데, 그들에 대한 연민이나 공감을 발달시켜야 한다. 이 작업은 고통스럽지만, 이제라도 옛 상처를 도려내기 위해서 필요한 고통이다. 마지막으로 자신도 피해자이기에 목록의 맨 앞에 적어 둔다.

9단계는 보상(amends)의 단계다. 앞에서 작성한 명단에 적힌 사람들을 대상으로 보상을 할 수 있는 기회가 생길 때마다 직접 보상을 해 준다. 단, 그러한 기회가 생기더라도 자신의 생각과 달리 그 사람들이 불편하게 느낄 경우에는 다음 기회를 기다려야 한다.

여기에서 보상이란 어떤 행동이나 사고를 수정하고 직접 사과를 하는 것이 아니다. 이는 과거에 잘못된 것이 무엇이었는지를 알고 이제는 고통을 잊기 위해 다시 행동화를 시도하지 않도록 변하려고 노력하는 것을 말한다. 보상하려고 노력하는 것 자체가 불필요한 고통을 감소시켜 준다. 이 과정은 중독자 자신이나 그 파트너였던 피해자들에게 자신이 끼쳤던 해악을 인정하고 자신이 달라지고 있음을 보여 주는 것이다. 예를 들면, 미안하다는 말을 하는 대신에 자신이 범했던 과오, 즉 성적 욕구만을 추구해 왔던 행위를 이야기하는 것이 더 중요하다. 회복 과정에 참여하고 있다고 말해 주는 것도 그 보상의 일부에 해당된다. 이와 같은 보상은 용서로 이끌어 주지만, 용서 자체를 구하는 것은 아니다. 자신보다도 자신이 상처를 입혔던 타인에 초점을 맞추는 자세를 갖추고 살아가기 위해서 보상을 강조하는 것이다.

10단계에서는 지속적으로 반성하는 차원에서 스스로의 속마음을 항상 감시하는 생활을 한다. 억울함이나 자기비난, 자기합리화, 오만, 교활한 생각을 비롯하여 자신의 어떤 행동을 부추기는 동기 등을 투명하게 매일 매 순간 감시한다. 그러면서 혹시라도 습관으로 어떤 잘못된 행동이 나타날 때마다 이를 즉각 시인한다. 중독자 생활을 할 때에는 자신을 보호하기 위해서 실수를 숨겼고, 잘못을 시인할 용기가 없었다. 인간은 누구나 실수나 잘못을 할 수 있다. 무언가 잘못되었을 때 자신이나 남에게 잘못을 시인하는 것은 새로운 비밀을 만들지 않게 해 준다.

11단계는 중독자가 절대자에게 잘못을 시인하면서 자신을 올바른 길로 인도해 달라고 요청한 만큼 중독자 자신을 올바른 길로 인도하는 절대자의 의지를 느끼는 단계다. 이러한 느낌을 얻기 위해서 중독자는 이전 단계들에서 지속적으로 절대자에게 기도나 명상 등을 실천하고 있었던 것이다.

마지막 12단계에 오면서 절대자가 자신을 치유의 길로 이끌어 줌을 깨우치게 되는데, 이제부터는 더 이상 성 중독자가 아니다. 그렇지만 지금부터는 여러 단계를 거치면서 깨우친 메시지를 회복 프로그램에 처음 참여하는 성 중독자(초심자)들에게 전달하려고 노력함과 더불어 자신의 모든 생활에서도 앞에서 실천했던 것들을 지속해야 한다. 이 단계에 해당되는 사람이라면 다른 사람을 위해서 후원자 역할을 잘할 수 있는 역량을 어느 정도 갖춘 셈이다.

7. 후원자

12단계 회복 프로그램에 참여하고자 하는 초심자(newcomer, beginner)가 치유의 효과를 얻기 위해서는 누군가에게 도움을 받아야 한다. 그 도움을 줄 수 있는 사람을 후원자(sponsor)라고 한다. 초심자는 성공적인 회복의 길로 나아가기 위해서 자기보다 더 먼저 성공적인 회복의 길을 걷고 있는 주변 사람을 찾아서 후원자로 삼아야 한다.

1) 후원자 찾기

모임에 처음 참석하는 초심자는 보통 그 모임에 나온 사람 중 한 명을 임시 후원자로 선택한 다음, 나중에 정식 후원자를 찾아서 정하면 된다. 정식 후원자가 정해질 때까지 임시 후원자가 후원자의 역할을 하는데, 임시 후원자를 정식 후원자로 삼는 경우도 허다하다. 후원자는 자신의 회복 파트너이기 때문에 정식 후원자가 빨리 결정되면 될수록 더 좋다.

정식 후원자를 반드시 한 명으로 제한할 필요는 없다. 모임의 규모가 크다면 두 명 이상의 후원자도 가능하다. 그와 반대로 어떤 모임에는 규모가 크지 않아서 후원자가 충분하지 않을 수도 있다. 이러한 상황에서는 한 사람이 두 명의 성 중독자에 대한 공동 후원자 역할을 할 수 있다. 두 명의 성 중독자에 대한 공동 후원자 역할을 하더라도 각 중독자에 대한 역할은 독립적으로 이루어져야 한다.

후원자가 없어서 다른 지역에서 후원자를 구해야 하는 상황도 생긴다. 모임이 전국적으로 확산되어 유대 관계를 지니고 있다면 웹 사이트를 통해서 장거리 후원자를 구하는 방법도 있다. 가령, 주변에서 찾지 못했을 때에는 장거리 전화 통화를 할 수 있는 사람이라도 상관없다.

후원자는 어떤 사람을 말하는가? 부모나 가족도 아니고, 임상치료자도 아니고, 고백성사를 들어주는 성직자도 아니다. 내면적으로 다른 동기가 있거나 후원의 대가로 돈을 받는 사람도 아니다. 초심자의 잘못을 용서해 주거나 심판해 주는 사람도 아니다. 후원자는 초심자와 마찬가지로 또한 성 중독자다.

다만 후원자는 초심자보다 먼저 프로그램에 참여했고, 열심히 역경을 이겨 나가고 있는 사람에 불과하다. 후원자는 프로그램에 참여하여 회복 과정에 있으면서 지속적으로 성 중독과 거리가 먼 생활을 유지하는 기존의 회원, 선임 성 중독자다. 프로그램을 완벽하게 소화해 내고 있는 자들이라기보다 초심자보다 먼저 회복 과정에 참여하면서 프로그램의 안내자 역할을 하는 사람이다. 초심자에게 후원자는 간혹 가르쳐 주고, 충고해 주고, 도와주고, 격려해 주면서 함께 발전해 나가는 스승의 역할을 한다.

2) 후원 관계

프로그램에 참여하고 있는 성 중독자가 상당히 오랫동안 재발하지 않고 잘 지내고 있을 때 그에게 그 이유를 물어보면 어떠한 대답이 나올까? 프로그램 참여자의 대다수가 후원자와 초심자 사이에 형성된 후원 관계(sponsorship) 때문이라고 대답할 것이다. 성 중독이라는 질환의 특징 중 하나는 고립이기 때문에 후원 관계는 서로의 발전을 도모하는 맥락이 되며, 이러한 관계를 통해서 다른 사람과 교류(파트너 관계)를 유지하도록 해 주는 것이 초심자의 회복에 매우 중요하다.

회복 과정에 있는 사람이면 누구나 후원자의 도움을 받으면서 어려움을 이겨낸 이야기를 비롯하여 다른 성 중독자들이 후원자로부터 개인적으로 받았던 도움이나 지지가 다양하다는 이야기, 후원자의 지혜롭고 통찰력 있는 격려가 매우 적절했다는 이야기, 후원자가 자신에게 귀를 기울이며 존중해 주었다는 이야기 등을 한다. 한마디로, 회복 프로그램이 다른 참여자들에게 효과적이었다면 자신에게도 효과적일 것이라고 믿도록 돕는, 회복의 참여와 함께 희망을 얻게 해 주는 이야기다.

후원자는 자신이 초심자였을 때 받았던 느낌이나 프로그램 참여 효과 등의 경험을 현재 자신이 후원하고 있는 초심자에게 전달하고 안내하면서, 또 도움을 받는 초심자가 발전해 나가는 모습을 보면서 기쁨을 얻을 뿐만 아니라 자신의 회복을 강화시키는 효과도 얻는다. 자신이 다른 성 중독자를 위해서 후원자 역할을 하는 것은 자신의 과거 실수를 보게 해 주면서 자신의 금욕 상태를 장기적으로 유지시키는 데, 즉 회복으로 이끄는 데 도움이 된다는 뜻이다.

이런 맥락에서 후원 관계는 회복을 위한 일종의 도구이며, 후원자로 활동하는 것 자체가 12단계 회복 프로그램의 핵심이 된다. 그러므로 후원 관계에서 후원자의 기본 책임은 후원을 받는 자가 12단계의 회복 과정에 잘 적응하도록 돕는 것이다.

일부 후원자는 자신의 책임감을 확실히 정립시키기 위해 후원의 대상인 초심자와의 후원 관계에 대해서 서면 동의를 선호하여 후원 관계에 대한 계약(sponsorship contract)을 한다. 서면 동의를 하고서 프로그램에 참여할 경우에는 초심자가 후원자를 더 쉽게 찾을 수 있다. 이러한 계약은 지켜야 할 것들을 분명하게 명시해 두는 등 후원 관계의 틀에 대한 청사진이 될 수 있다. 이러한 계약은 초심자에게 어떻게 회복 과정을 시작하는가를 가르쳐 주면서 초심자의 책임감을 키워 주는 효과도 있으며, 후원자에게도 초심자의 목표를 함께 설정하면서 책임감을 갖도록 해 준다.

3) 후원 계약의 내용

후원자는 초심자와 여러 사항에 대해서 서로 약속을 하고 내용을 기록해 둘 수 있다. 후원 관계에서 후원자가 초심자에게 기대하고 약속해 주기 바라는 내용은 수없이 많지만, 주요 사항은 다음과 같다.

- 후원 관계에서 가장 중요한 사항은 12단계 회복 프로그램에 참여하는 일이다. 그러므로 후원자는 초심자가 이를 충분히 이해할 수 있도록 도와주어야 한다. 초심자가 만약 자신에게 후원자 역할을 해 주기를 원할 경우 12단계 회복 프로그램에 반드시 참여해야 한

다는 점을 강조한다. 참여하지 못한다면 후원자 자신도 역할을 해 줄 수 없다고 말하며, 프로그램에 참여하다가 중단해도 후원자 역할을 그만둔다고 말해 준다.

- 초심자와 후원자가 만나는 시점에서 적어도 3주 이내에 12단계 회복 프로그램에 참여하기 시작해야 하며, 이를 약속하도록 요구한다.

- 초기에는 프로그램의 참석을 일주일에 적어도 두 차례 이상 하도록 요구한다.

- 처음 6주 동안은 일주일에 적어도 몇 차례 후원자인 자신과 접촉하도록 요구하며, 나중에 그 횟수를 다시 정한다.

- 프로그램에 함께 참가하는 사람 중에서 적어도 몇 사람에게 일주일에 1회 이상 전화를 하도록 한다. 이는 고립을 예방할 뿐만 아니라 편하게 얘기할 수 있는 관계망을 확장시켜 주기 위한 것이며, 후원자와 연락이 되지 않더라도 위기가 생길 때를 대비하기 위한 것이다. 초심자가 자신의 회복에 도움이 되는 사람이 적지 않다고 느낄 수 있게 해 주면서 회복의 의지를 키워 준다.

- 다른 지역으로 출장을 가는 등 부득이한 사정으로 모임 참석이 어려울 경우 미리 알리고 약속과 관련된 사항을 조정한다.

- 성 중독의 회복과 관련된 서적이나 자료 등을 구하여 읽어 본다.

- 성 중독자의 과거 행동은 비밀이나 거짓이 주를 이루었다. 그러므로 후원자는 초심자에게 항상 진실하기를 요구한다. 혹시라도 프로그램에 참여한 이후에 비밀리에 성 중독과 관련된 행동을 했을 때에는 후원자인 자신에게 알리도록 요구한다. 또 치료를 받고 있는 상태이거나 프로그램에 참여할 경우에도 치료자에게 알리도록

요구한다.

- 초심자가 성 중독 방지를 위해서 지켜야 할 행동 범주나 경계를 설정하고, 그것을 반드시 준수하도록 요구한다.
- 만일 자신이 지켜야 할 행동을 지키기 어려울 것 같은 상황이 전개될 경우에는 혼자서 결정하지 말고 후원자나 치료자와 상의하도록 요구한다. 예를 들면, 과거 성 중독에 연루된 생활을 했을 때의 성 파트너와 만나게 될 상황이 발생하거나, 아니면 새로운 파트너가 생기게 될 상황에서는 미리 상의하여 성 중독 재발을 막는다.
- 치료자가 있을 경우, 후원자인 자신과 논의하는 사안이나 함께 프로그램에서 진행하고 있는 내용을 치료자도 공감할 수 있도록 치료자에게 알려 준다.
- 자신과 관련된 중대한 변화가 있을 경우, 이를테면 성 중독으로 이혼 등 가족 문제가 생기거나, 치료자를 바꾸고 싶거나, 성 중독 사실이 가족이나 친구에게 노출되었거나, 지켜야 할 행동 범주를 조정하고 싶을 경우 후원자나 현재의 치료자와 상의하도록 한다.

4) 후원자가 해야 할 일

회복 프로그램 모임에서 가장 중요한 사람은 누구인가? 바로 초심자다. 초심자 입장에서 자신을 돕는 사람을 후원자 또는 스승이라고 부르고 있지만, 후원자 입장에서 볼 때 초심자는 후원자가 회복의 길로 갈 때 파트너 역할을 해 준다. 초심자를 안내하면서 후원자 자신도 회복의 길을 더 바르게 갈 수 있기 때문이다.

보통 후원 관계에서 후원자가 해야 할 일에 대해서는 특별히 제한하지 않는다. 후원자의 도움을 받고 있는 초심자의 요구나 발전 정도에 따라 그 내용이 다르기 때문이다. 그렇지만 후원자가 후원 관계에서 무슨 일을 해야 하는지 또는 하지 않아야 하는지를 알고 있는 것, 그리고 후원자와 그를 필요로 하는 초심자 사이에 형성된 관계가 어떠한지에 따라서 회복의 속도나 성패 등이 좌우될 수 있다.

그렇다면 후원자가 어떻게 해야 회복의 길로 올바르게 인도할 수 있는가? 후원자는 초심자에게 회복에 필요한 도구를 전해 주는 역할을 하는데, 후원자가 해야 할 가장 기본적인 일은 모임에 빠지지 않고 후원자의 역할을 잊지 않는 것이다. 후원자는 모임에 참여하면서 모범이 되는 생활을 몸으로 실천하는 것이다. 더하지도 덜하지도 않게 자신이 가진 것을 모두 전달해 주는 것이다. 그러한 내용을 좀 더 구체적으로 정리해 보면 다음과 같다.

- 후원자는 초심자의 과거나 현재 상태를 분석하고 해석하는 일을 하는 것이 아니라, 초심자가 약속한 바를 상기시키고 그 약속을 존중하면서 이행할 수 있도록 돕는 일을 한다.
- 후원자는 자신의 도움이나 안내를 통해서 초심자가 자기 스스로에 대한 책임의식을 느끼게 해 주고, 사람에 대한 신뢰감을 얻을 수 있도록 해 주어야 한다.
- 후원자는 초심자에게 다양한 모임 활동에 참여하도록 격려하면서 회복 프로그램의 성격 등을 설명해 주어야 한다.
- 후원자는 초심자에게 자신의 삶에서 중독을 경험했던 과거의 모습과 회복 프로그램 참여로 인한 현재의 모습이 어떻게 다른지를

알려 준다.

- 초기에는 자신이 성 중독자인지를 확신하지 못하기도 하는데, 이 경우 솔직해지기를 제안한다. 후원자는 초심자에게 여유를 주면서도 진실에 대해서 책임감을 갖도록 해 준다.
- 후원자는 초심자에게 회복 프로그램에 관한 문헌들을 소개해 주면서 이를 읽고 난 후 토의하자고 제안하고, 회복 프로그램의 의미와 중요성을 강조하면서 안내해 주어야 한다.
- 후원자는 초심자에게 기존의 다른 회원들을 소개해야 한다.
- 후원자는 초심자에게 매일 규칙적으로 자신에게 전화를 하도록 한다. 초심자가 규칙적으로 후원자나 다른 사람들에게 전화로 접촉할 수 있게 해 주는 것은 고립을 방지하기 위함이다. 프로그램에 참여하는 다른 사람들과 연결시켜 주는 것은 초심자가 혹시라도 자극을 받아 위험한 상황에 빠지는 것을 예방한다. 후원자는 초심자가 고립된 생활을 하지 않도록 도와줄 때 초심자가 후원자를 비롯한 다른 사람들에게 너무 의존하지도, 너무 복종만 하지도 않는 자율성을 키워 주는 역할도 한다.
- 초심자의 친지들을 위한 프로그램에 대해서도 알려 준다. 초심자의 성 중독이 친지들에게 노출되었을 경우 함께 프로그램에 참여할 때 얻을 수 있는 이점을 설명해 준다.
- 초심자가 법이나 의료, 직장생활과 같은 전문 영역의 도움이 필요하다고 느껴질 경우 도움을 받도록 격려한다. 단, 후원자는 그러한 문제에 대한 전문가가 아니므로 그와 같은 영역의 질문에 대해서는 일단 "모른다!"고 답한 후 초심자가 더 나은 정보를 얻을 수 있도록 도와주면 된다. 이는 초심자가 가능하면 스스로 다른 사람

들과 함께 어울릴 수 있도록 격려하기 위해서다.

- 후원자도 완벽한 사람이 아니라는 점을 이해시키면 초심자가 강박적 행동을 탈피할 때 위안이 되기도 한다.

- 훌륭한 후원자는 초심자를 꾸준히 지지한다. 초심자의 상태나 기분이 좋을 때에는 좋다고 얘기해 주고, 위험해 보이면 위험한 상황이라고 얘기해 준다. 또 후원자는 초심자가 간혹 어리석은 행위를 하려고 할 때 가로막아야 하지만, 그와 같은 행위를 해 버린 이후에는 그 행위, 즉 실수에서 배움을 얻도록 해 준다. 초심자가 실수를 하더라도 혹평이나 비난 대신에 그 실수에서 교훈을 얻도록 안내해 준다.

나중에 설명하겠지만, 실수나 재발을 통해서 교훈을 얻었다면 회복 과정을 되돌아볼 때 더 나은 회복의 길로 나가기 위한 고통일 수 있다고 설명해 준다. 무언가 잘못되고 있을 때 가능하면 빨리 피드백을 제공해 주어야 문제가 더 커지지 않는다. 그 피드백은 초심자의 동기를 추정한 상태가 아니라 초심자의 실제 행위에 근거하여 구체적으로 제공해 주어야 한다.

5) 후원자가 해서는 안 될 일

후원 관계는 후원을 해 주는 사람이나 받는 사람 모두 회복의 길로 나아가기 위해서 형성된 것이다. 바람직한 후원 관계란 후원자가 초심자에게 회복의 길로 갈 때 안내자나 도우미 역할을 하는 것이다. 혹여 후원자가 모든 것을 자기가 원하는 방식으로 이끌어 나가려고 할 때에는 후원의 효과가 나타나지 않거나 역효과가 생길 수도 있다. 그래서 후원자는 적어도 다음 사항들을 고려하면서 후원 관계를 형성하고 유지해야 한다.

- 후원자 역할을 하면서 자신이 성 중독과 거리가 먼 생활을 하지 못하는 등의 실수를 해서는 안 된다. 만약 후원자가 실수를 했다면, 현재의 초심자에게 진정한 후원자로서의 역할을 수행하기 어려워진다. 그러한 상황이 전개되었거나, 초심자와 후원자 사이에 불편한 관계가 생겼을 때 후원자는 신속하게 자신의 후원자나 치료자 등과 상의하여 자신은 물론 자신이 후원하는 초심자에게 불편함이 커지지 않도록 해야 한다.
- 초심자가 성 중독과 거리가 먼 생활을 하도록 할 때 후원자가 일차 책임을 져야 한다. 후원자가 매일 한 차례 정도 초심자에게 전화를 하도록 하는 이유도 이런 것 때문이다.
- 초심자에게 자신과 똑같은 프로그램을 따르라고 요구하지 않아야 한다.
- 초심자에게 종교나 영적인 면에서 자신의 관점을 내세우지 않아야 한다.
- 성별이 다른 초심자의 후원자가 되어서는 안 된다. 물론, 성적 정체성 문제로 안전할 경우는 예외일 수 있다.
- 초심자와 후원자는 친구 관계도 아니고 성행위의 대상도 아니어야 한다. 후원자는 초심자가 매일 성적으로 자제하는 건강한 생활을 유지할 수 있도록 격려해야 한다.
- 초심자에게 자조 모임에 대한 특정한 해석을 강요하지 않아야 한다.

- 초심자에게 모임에 참석하지 마라 또는 회복 프로그램에 가지 마라 등의 결정이나 요구를 해서는 안 된다. 모든 결정은 후원자가 아니라 후원을 받는 자가 해야 하는 것이다. 후원자의 기본적인 역할은 회복에 필요한 것들을 함께 나누면서 초심자를 회복 과정으로 안내해 주는 일이다.

- 초심자나 그 가족에게 성 중독, 결혼 생활, 가족 관계의 문제 등을 상담하지 않아야 한다. 그와 같은 상담 요구가 있을 경우 전문가에게 의뢰하도록 하고, 전문가 의뢰에 대한 도움을 원할 때에는 도와줄 수 있다.

- 약물 처방 등 의료적 문제에 대한 초심자의 결정에 간섭하지 않아야 한다. 이에 대한 도움을 원할 경우에는 전문가를 찾도록 권유해 주기만 하면 된다.

- 초심자와 금전 거래를 하지 않아야 한다. 초심자에게 돈을 빌려주거나 빌리지 않아야 한다. 예를 들면, 실용적인 측면에서 도움에 대한 대가 등으로 초심자에게 돈을 요구하거나, 일자리나 주거지, 일상적인 대인관계 등을 요구해서는 안 된다. 후원자가 초심자를 이용할 경우, 초심자는 후원 관계를 끝낼 권리가 있으며 임시로라도 다른 후원자를 얻어야 한다.

- 초심자가 후원 관계에서의 약속을 무시하거나 위반하는 것은 초심자나 후원자의 회복에 좋지 않다. 초심자의 규칙 위반 등으로 후원자가 초심자에게 부정적인 피드백을 제공해야 할 경우 적절한 시기를 알아야 한다. 초심자에게 분노 등 부정적 정서를 표현하는 것은 그의 회복 의지를 꺾어 버릴 수 있기 때문이다. 기분이 상하거나, 초심자가 재발할 때 마음에 상처를 입거나, 초심자가

후원자의 금욕 생활을 실천하는 데 영향을 주어서 힘들게 하더라도 초심자를 공격하는 행위는 양자의 회복에 좋지 않으므로 냉엄한 현실이지만 피해야 한다.

6) 초심자의 자세

초심자의 회복을 위한 핵심은 초심자의 자세에 달려 있다. 지금 당장 본인이 성 중독이라는 질환을 어떻게 얻었는지 알 필요는 없다. 스스로를 성 중독자라고 인식하면 모임을 통해서 그 답을 찾을 수 있다. 일단 회복 프로그램에 참여해야 하고, 참여를 시작하기 전후로 초심자는 기본적인 자세를 갖추어야 하는데, 그 세부 사항은 다음과 같다.

- 여러 일 중에서 회복 과정을 최우선 순위로 정해야 한다. 예전부터 일상적으로 해 오던 생활 습관이나 양식을 바꾸어야 한다.
- 당장 회복 프로그램 과정을 시작하는 것이 바람직하며, 처음 2주 정도는 적어도 일주일에 세 차례 정도 모임을 규칙적으로 참석하여야 한다.
- 회복 프로그램을 위한 모임에 가면 초심자를 위한 자료나 문헌을 자주 접해야 한다.
- 자료나 문헌을 읽어 보고, 모르는 부분을 찾아보며, 공부하면서 의문이 생기는 부분이 있으면 두려워하지 말고 질문해야 한다. 질문하지 않는 것은 어리석은 일이다.
- 회복 프로그램을 위한 모임이 아닌 상황에서도 다른 사람들과 접촉을 유지하려고 해야 한다. 실제로 회복 프로그램을 위한 모임

에서보다도 다른 모임 등에서 더 많은 것을 얻을 수 있다. 가령 커피나 식사 모임이 있다면, 이런 행사에 참여하는 것도 좋다.

- 초심자는 회복 프로그램 참여 초반부에 스스로 무엇을 어떻게 해야 하는지를 잘 모를 수 있고, 그때 곧바로 우울 증상이나 불안, 분한 마음, 적개심 등을 경험할 수 있다. 그러므로 초심자는 항상 전화를 가지고 다니면서 회복 과정에 있는 다른 사람들과 매일 습관적으로 통화를 하는 것이 좋다. 전화 통화는 본인이나 상대방에게 회복 과정을 지속시켜 주는 행동 유지에 도움이 된다.

7) 후원자의 태도

회복 프로그램을 위한 모임에 참여한 사람 중 일부는 후원자와 초심자의 관계를 매우 엄격하게 설정한 후 후원자가 무언가를 지시하면 초심자는 절대적으로 복종하는 관계를 원한다. 바람직한 후원 관계란 서로 평등한 관계를 유지하면서 서로 도와주는 기능을 발휘하는 것이다. 그러기 위해서는 초기에는 권위적인 방식을 취하는 것처럼 보이더라도 유연성을 강조하면서 초심자의 자율성을 강화시켜 주고 스스로를 신뢰하는 능력도 신장시켜 주어야 한다.

그러한 측면에서 후원 관계는 과학이나 학문이 아니라 기술이나 예술 차원에서 실행되는 것이라고 표현할 수 있다. 후원은 최선의 기법이 정해져 있는 것이 아니다. 사람마다 필요한 것이 다르고, 회복의 여정도 다르다. 그럼에도 원만한 후원 관계를 위한 기술 중에서 가장 중요한 부분을 꼽는다면 후원자의 경청하는 태도다. 초심자 입장에서 어떤 사람이 안전한 후원자라고 할 수 있는지를 살펴보자.

(1) 경청

초심자에게 충분히 귀를 기울여 주는 일이다. 우리가 어떤 사람과의 관계에서 그를 기쁘게 해 주는 일 중 하나는 그에게 관심을 가져 주는 일이다. 누군가로부터 줄곧 관심을 받는다는 것은 흔하지 않은 일이지만 값어치가 매우 높다. 많은 사람은 다른 사람이 자신에게 잠시만이라도 진정으로 귀를 기울여 주기를 바란다. 회복을 위해서 찾아오는 초심자에게 제공하는 선물은 바로 마음을 열고 무엇이든 말할 수 있도록 진심으로 그에게 귀를 기울여 주는 일이다.

물론 후원 관계에서 후원자가 일방적으로 초심자에게 귀를 기울이는 것만을 요하는 것은 아니다. 서로 신중하게 경청하는 것이 필요하다. 혹시라도 얘기의 초점이 많이 벗어날 경우 초심자가 얘기하는 것을 일방적으로 중단시키지 않으면서 초점을 관심사항으로 맞추도록 유도해 준다. 초심자의 이야기가 후원자 자신의 과거를 상기시켜 주는 것이었다면, 후원자는 자신의 경험, 장점, 희망 등을 공유하는 수단으로 받아들여야 한다. 그러나 얘기의 초점은 후원자가 아니라 초심자에게 맞추어져야 한다. 이야기 도중에 도움이 되는 것들은 반드시 머릿속으로 기억하여 나중에 도움이 될 수 있도록 한다.

경청이 매우 중요한 부분이기는 하지만, 누군가에게 관심을 갖는 일은 쉽지 않다. 그 이유 중 하나는 사람들이 원래 다른 사람들의 얘기를 잘 들으려고 하지 않는 습성을 지니고 있기 때문이다. 여러 사람이 모여서 얘기하는 모습을 보면, 대부분 서로 먼저, 더 많이 얘기하려고 하고, 이야기 내용에 토를 달거나 판단을 하려고 하며, 다른 사람들이 얘기할 때에는 어떻게든지 끼어들어 자기의 주장을 더 강하게 전하려는 습성을 보인다. 후원자 입장에서도 경청하는 자세를 갖추려면 시간이 상당히 많이 걸릴 수도 있다.

그렇다면 상대방에게 충분히 귀를 기울이는 방법은 없는 것일까? 그 중 하나를 소개하자면, 여러 가지 일을 동시에 하지 않는 것이다. 예를 들면, 초심자에게 전화를 받았을 때 컴퓨터 작업을 하다가도 화면에서 눈을 떼고, 메일을 체크하다가도 제쳐 놓고, 설거지를 하다가도 중단하고 전화 통화에 몰입하는 것이다. 물론 전화를 할 때 한계를 설정하고 싶을 수도 있다. 예를 들면, 오늘은 얘기할 수 있는 시간이 10분 정도밖에 없다면, 먼저 그렇게 얘기하고 나서 그 10분 동안에는 충분한 관심을 가져 준다. 그에게 10분 동안 충분한 관심을 가지는 것이 30분 동안 성의 없이 통화하는 것보다 더 효과적이다.

(2) 경청의 자세

친절하고 존경하는 태도로 경청해 주는 일이다. 항상 귀를 기울여 주는 양적인 면도 중요하지만, 귀를 기울여 주는 태도, 즉 질적인 면도 매우 중요하다. 사람들은 스스로를 비판하고, 거부하고, 멸시할 때 불편한 느낌을 경험하듯이 다른 사람들이 자신에 대한 비판이나 거부, 멸시하는 생각을 가지고 대할 때의 느낌도 마찬가지다. 멸시를 받을 때에는 위축되고, 불안정하고, 경계심이 생기고, 방어적인 느낌을 얻는다.

그와 반대로 누군가가 자신의 이야기를 친절하고 존경하는 자세로 경청해 주고 있다는 느낌을 받을 때는 지금까지 자신이 살아온 삶을 반추해 보는 여유가 생겨난다. 또 상대방이 친절과 존중의 자세로 경청해 주면, 자신도 그와 같은 자세를 배우게 된다. 그런 과정에서 서로 발전하고 변화할 수 있다.

후원자가 그와 같은 경청의 태도로 초심자를 대한다는 것은 초심자가 얘기하고 있거나 이미 얘기했던 것을 모두 인정하거나 초심자가 결정했던 것들을 모두 존중해 준다는 의미는 아니다. 회복의 과정에 들어온 이후에도 누구든지 심각한 실수를 할 수 있는 법이다. 그러나 후원자가 해야 할 일은 초심자가 조금이라도 더 발전해 가는 모습이 보이면 여기에 지속적으로 초점을 맞추는 일이다. 후원자는 회복 과정에서 회복에 대한 초심자의 바람이나 생각이 미미한 것이더라도 지지해 주어야 한다. 그 바람이나 생각에 대한 지지가 바로 인정과 존중의 가치를 지닌다.

(3) 질문

명확하게 질문하는 일이다. 대화 도중에 질문을 한다는 것은 화자에게 경청을 잘하고 있음을 보여 주는 일이다. 질문을 하더라도 질문 내용이 명확해야 자신이 화자에게 주의집중을 하고 있고, 그가 말한 내용을 이해하고 있으며, 자신이 돕고 있다는 것을 보여 주는 신호가 된다. 명확하게 질문하는 것은 사생활을 캐묻는 것과 차원이 다르다. 대화 내용을 더 쉽게 이해하기 위해서 다른 말로 바꾸어 표현하는 방법은 초심자와 연결을 더 매끄럽게 유지시켜 줄 뿐만 아니라 잘못 이해된 부분을 수정할 수 있게 해 준다.

(4) 공감

초심자가 표현한 감정을 공감하는 일이다. 많은 중독자가 회복 과정 초기에 감정 표현을 억누르고 생활한다. 그들은 분노를 느껴도 억누르며 지내는데, 항상 우울하거나 멍한 상태에서 살아간다. 성적인 감정을 억누르고 지낸 시간이 길어지다 보면 그동안 쌓였던 모든 감정이 겉으로 터져 나온다. 어떤 초심자들은 대화 도중에 자신의 감정을 다스리기 위해서 말이 빨라진다. 말을 빨리 해야 감정을 더 잘 조절할 수 있을 것이라 생각하기 때문이다.

후원자는 초심자가 느끼고 있는 감정을 좀 더 자연스럽게 표현하도록 허용해 주어야 한다. 초심자가 어떤 감정을 느끼든지 일단 그대로 표현을 해도 판단하거나 설교하거나 야단치는 일이 없을 것임을 알려 준다. 물론 감정 표현이 파괴적인 행동으로 연결되는 것은 바람직하지 않지만, 초심자가 느끼는 것을 자유롭게 표현하도록 해 준다. 이를 위해서 초심자에게 지금 어떤 기분이나 느낌이 드는지, 그런 느낌이 언제부터 들기 시작했는지, 그렇게 말하고 나니 이제 기분이 좀 달라지는지 등을 질문하면서 초심자가 더 편하게 자기의 느낌을 경험할 수 있도록 해 준다.

후원 관계에서 후원자가 초심자에게 너무 자기연민에 빠지지 말라고 말하는 경우도 있다. 그러나 후원자 입장에서 자기연민이라고 묵살해 버린 것도 실제로 초심자의 슬픔에 해당될 수 있다. 슬픔이나 분노 등의 감정은 모두 누구나 경험할 수 있는 정상적인 감정이다.

간혹 초심자는 자신의 강한 감정을 후원자가 불편하게 여긴다고 생각하기 때문에 자신의 감정 표현에 불안을 느끼거나 불편해할 수 있다. 그렇더라도 후원자는 최선을 다해서 그런 느낌이 들지 않도록 해야 한다. 초심자는 후원자가 불편해하고 있다고 감지하는 순간부터 부담을 줄이기 위해서 이야기 내용을 선별하기 시작한다. 이는 후원 관계에 도움이 되지 않는다.

어떤 중독자들은 쉬지 않고 불평을 하면서 특별한 감정 상태에서 벗어나지를 못한다. 후원자의 기본 역할은 치료자가 아니라 인내를 가지고 경청해 주는 것이다. 주어진 상황에서 어떻게 하면 프로그램의 효과가 더 좋을지에 대해서 공감하면서 제안해 주는 것이다. 이때 전문적인 치료의 도움을 받도록 제안해 주기도 한다.

(5) 여유

시간적 여유를 갖고서 침묵하는 일이다. 초심자와 후원자의 관계에서 자신의 생각이나 경험을 말로 표현하는 것은 회복 과정에서 매우 중요하다. 언어로 표현하는 것 자체가 자신의 생활을 이해하고 다른 사람들과 연결 짓는 수단이 될 수 있다. 어떤 사람은 말하는 것을 좋아해서 일상생활을 생생하게 재연하다 보면 시간이 훌쩍 흘러가 버리기도 한다.

말을 잘하지 않는 경우보다 말을 잘하는 경우가 의사소통에서 훨씬 효과적일 수 있다. 그렇지만 간혹 험담이나 비난을 장황하게 늘어놓는다든지 사소한 일에 흥분해서 이야기를 하다 보면 듣는 사람도 힘들어지고 대화도 무의미해진다. 또한 미리 준비된 이야기들은 내면의 세계를 이해하는 데 별 도움이 되지 않을 수도 있다.

이러한 상황에 직면하면 후원자는 혹시라도 초심자에게 "여유를 가져라!" 또는 "서두르지 마라!"고 말할 수 있다. 그러나 이러한 메시지는 불안을 덜기 위해서 말을 많이 하고자 하는 초심자에게 오히려 방해가 된다. 초심자가 분명한 목적 없이 횡설수설할 경우에는 말하려는 요지가 무엇인지를 질문하는 것이 원하는 바를 이야기할 수 있게 해 준다. 간혹 침묵의 순간을 함께 가지는 것은 초심자에게 자신의 내적 상태를 들여다보게 하고, 자신의 감정을 체크해 보는 여유가 될 수 있다.

예를 들면, 심호흡을 해 보자면서 일시적으로 침묵의 순간을 가져 본다. 물론 후원자도 침묵의 시간을 가질 때 도움이 된다. 심호흡의 도움은 대면 상황에만 국한되지는 않는다. 초심자에게서 걸려 온 전화를 받을 때에도 곧바로 통화를 하기보다 심호흡을 한 후에 통화하는 것이 더 좋다. 짧더라도 침묵의 시간은 자신의 감정이나 생각을 바라보며 정리하는 기회가 되며, 이야기 내용도 어느 정도 정리할 수 있도록 해 준다.

(6) 기대

서로에게 기대하는 것을 분명히 해 두는 일이다. 후원 관계가 원만하기 위해서는 처음부터 초심자는 후원자에게 무엇을 기대할 수 있으며, 후원자는 초심자에게 무엇을 기대하는가에 대해서 서로 분명하게 해 두는 것이 좋다. 초심자가 어디에 있든지, 무엇을 하든지 존중해 주면서 후원 관계 범위의 경계가 적절하고 분명한 것이 바람직하다. 그 이유는 상당수의 초심자가 혹시나 자신이 실수를 했을 때 후원자에게 버림받지 않을까 하는 두려움을 갖고 있기 때문이다. 초심자는 그러한 두려움 때문에 평소에도 성 중독과 거리가 먼 상태를 유지하려는 노력을 제대로 하지 못할 수 있다. 오히려 후원자에 대한 믿음이 확실했을 때 초심자는 유혹에 직면하더라도 동료애나 믿음을 가지고 후원자에게 다가서면서 도움을 요청할 수 있다.

초심자가 덜 불안하게 하려면 처음부터 후원자는 초심자와 약속의 범위 등을 분명히 해 두어야 한다. 그 경우 결과적으로 초심자는 자신을 버릴 것이라는 걱정을 하지 않게 된다. 예를 들면, 어떤 사람은 초심자가 성 중독과 거리가 먼 생활을 하든 하지 않든, 일주일이든 3개월이든 후원자 역할을 지속적으로 하려고 한다. 반면에 어떤 사람은 초심자가 성 중독과 거리가 먼 생활을 유지하지 못하고 한 번이라도 실패하면 더 이상 후원자가 되지 않으려 한다. 또 어떤 사람은 초심자가 매일 약속된 시간에 맞추어 전화를 해야 후원자가 되려고 하지만, 어떤 사람은 초심자가 필요해서 전화를 할 경우에만 후원자가 되려고 하며, 어떤 사람은 프로그램 참여에서 특별한 진전이 없을 경우에만 후원자가 되려고 하며, 어떤 사람은 특정한 기간 이내에 눈에 보이는 진전이 있어야 후원자가 되려고 한다. 어떻게 해야 더 좋은가를 논하는 것보다도 중요한 사항은 후원자와 초심자가 분명하게 두 사람의 후원 관계를 정의하고 약속하면서 도움을 주고받는 것이다.

8. Sober: 성 중독과 거리가 먼 삶

'소오버(sober)'는 술을 전혀 마시지 않았거나 마셨더라도 냉철함을 유지할 정도로 약간만 마셨다는 의미의 형용사이며, 그러한 상태를 명사로 '소브라이어티(sobriety)'라고 표현한다. 이 용어들은 보통 알코올중독이나 약물중독에서 중독자가 회복을 위해서 추구하는 목표에 해당되기도 한다.

성 중독자에게도 이와 같은 용어가 동일하게 적용되고 있다. 회복의 길을 걷는 성 중독자의 목표 중 하나는 고통이나 수치심 등의 문제를 성적으로 해결하려는 생활과 거리가 먼 상태를 유지하는 것(sexual sobriety)이다. 성 중독자들은 오직 회복에 관심을 가지고 단순히 '소오버' 상태나 금욕 상태를 유지하기 위해 치료를 시작한다.

그러나 성 중독자가 독신생활을 하거나, 성적인 충동을 모두 억압하고 자제하는 것이 회복의 최종 목표는 아니다. 오히려 성 중독으로부터 회복시키는 최종 목표는 자기의 성을 보다 더 건강한 요소로 통합시켜 살아가도록 하는 것이다. 중독 생활을 금하는 것이지 성행위나 성생활을 모두 금하는 것이 아니다.

성 중독에서 '소브라이어티'라는 용어의 적용은 약물중독이나 알코올중독에서 적용하는 것과 맥락이 다르다. 물론 회복 과정에 있는 성 중독자에게는 일정한 기간 동안 완전한 금욕(celibacy)과 자제를 실천하는 것이 회복에 큰 도움이 될 수도 있다. 그러나 성 중독에서 회복되기 위해서는 '소브라이어티'에 대한 최소한의 경계가 설정되어 있어야 한다. 경계선을 정해 두면 경계선 이내의 성행동에 대해서는 수치심과 연관시키지 않아도 된다.

예를 들면, SA(Sexaholics Anonymous) 모임에서처럼 '소브라이어티'를 배우자 이외의 사람과는 성행위를 금하는 것이라고 정할 수 있고, 포르노 때문에 항상 성매매 업소를 찾았던 중독자는 포르노 노출과 성매매 업소 방문 금지라고 정할 수 있으며, 또 만나는 사람이 누구든 무조건 성관계 대상이라고 여겼던 성 중독자는 다른 사람들에게 성적으로 유혹하거나 추파를 던지는 행위를 하지 않거나 적어도 만난 지 3개월이 지나기 전에는 성관계 제의를 하지 않는 것이라고 정할 수 있다.

1) Sober 생활

성 중독과 거리가 먼 '소브라이어티' 생활이라는 말에는 회복 프로그램 참여를 선택하여 살아가겠다는 의지, 피폐한 정신을 온전한 정신으로 회복시키겠다는 의지, 그리고 존엄성을 지니고 있는 한 개인으로 다시 태어나겠다는 의지 등이 내포되어 있다. 그 근시적인 목표는 스트레스를 긍정적인 방법으로 대처하는 능력을 키우는 것, 프로그램에 성실하게 참여하면서 회복으로 나아갈 수 있는 것, 자기 자신이나 타인에게 책임이나 약속을 이행할 수 있는 것 등이다.

그러나 궁극적인 목표는 다른 사람들과 건강한 관계를 형성하고 유지하면서 살아가는 일이다. 성행위도 건강한 관계 유지의 수단, 즉 자기 자신이나 다른 사람과의 사랑을 표현하는 수단으로서 시도하는 것이다. 물론 아무하고나 성행위를 하면서 건강한 관계를 형성하거나 유지할 수는 없다. 성행위의 대상은 파트너로 국한시키는 등 파트너 이외의 다른 사람들과의 건강한 관계를 위해서는 경계를 설정하고 실천함을 배우는 것이다.

2) Sober의 이점

이를 실천하면, 중독자에게는 어떤 이점이 생기는가? 이점은 하나둘이 아니다. 바로 성 중독 생활 때문에 가져야 했던 걱정거리가 모두 사라진다.

우선 더 이상 이중생활을 할 필요가 없어진다. 비밀이나 거짓말이 필요하지도 않다. 자신의 비밀이 탄로날까 두려워서 사람 사귀는 것도 신중했는데, 이제부터는 그런 걱정을 할 필요가 없다. 또 진실하게 그리고 자긍심을 갖고 살아갈 수 있다. 그러다 보면 미래에 대한 희망을 갖게 되고, 자신이나 타인에 대해서 더 부드러워진다. 유혹을 뿌리칠 때마다 내가 그렇게 할 수 있으며 스스로 강해지고 있다고 느낀다. 과거에 자신을 당황스럽게 했던 상황에 대한 대처 능력이 신장되는 느낌을 얻는다. 어린 시절부터 몸과 마음에 배었던 스스로가 쓸모없다는 느낌이나 자기연민 등이 사라지며, 자기증오나 혼동, 수치심 등의 느낌도 결국 사라진다. 자기 자신에 대한 두려움 없이 자기 생활을 즐길 수 있게 된다. 파트너와 정서적으로 건강한 관계를 가질 수 있게 된다. 프로그램을 다른 사람들과 공유할 수도 있으며, 회복 모임에서는 나중에 후원자가 될 수 있게 된다.

3) Sober 생활을 위한 자세

중독에서 벗어나기 위해서는 우선 회복 프로그램에 참여하는 것이 가장 현명한 일이다. 그러나 무조건 참여만 한다고 해서 저절로 회복되는 게 아니라 회복 프로그램에 참여하면서부터 어떤 자세를 갖추고 살아가는가에 따라서 회복의 성패가 달려 있다. 그 자세란 중독자 자신이 스스로 달라져야 할 내용에 대한 실천 의지나 마음가짐을 말한다. 그 내용을 몇 가지 점검해 본다.

먼저 자신의 감정이나 정서 조절, 성격 등에 영향을 미칠 수 있는 환경을 살펴보자.

- 어떤 일을 하든지, 어떤 사람을 만나든지, 어떤 상황에 직면하든지 항상 자신이 느끼는 기분이나 감정 등을 예의 주시한다. 과거에는 두렵고 슬프거나 스트레스를 받을 때에는 자위행위로 대처하는 등 자신의 기분이나 감정이 무엇이었는지 생각해 보지도 않고 곧바로 중독과 관련된 생활에 젖어 있었다. 그렇지만 힘들다는

느낌이 들더라도 이제는 그 느낌을 남에게 알리면서 도움을 받을 수 있다는 것을 알아야 한다.

- 앞에서 언급한 기분이나 감정을 억지로 삭이기보다는 표출하는 것이 더 낫다. 정말로 억울하고 분한 느낌이 들었을 때 이를 표출해야 도움을 요청할 수 있으며, 오해 때문에 그런 기분이 생겼다면 오해가 풀릴 수도 있다. 단순히 기분이나 감정을 표출하는 것만이 능사는 아니다. 부정적인 정서에 대해서 건강하고 성숙하게 대처하는 훈련이 필요하며, 역시 어떻게 해야 힘들다는 느낌이 덜들 수 있는지에 관한 대처 훈련도 해야 한다.

- 이를 위한 훈련 중 하나는 아무리 급한 일이더라도 서두르지 않는 것이다. 일단 회복 프로그램에 참여하면 시간이 흐를수록 도움이 되므로 조급하지 않아야 한다. 조급하다 보면 본인이 생각한 대로 상황이 전개되지 않아서 스트레스가 커질 수 있다. 서두르지 않을수록 다른 각도에서 그 상황을 바라볼 수 있는 안목도 커진다. 이런 것들이 바로 자신을 성숙시키는 훈련이다.

- 이제는 자기 자신에게 친절해야 한다. 중독으로부터의 회복이란 궁극적으로 다른 사람들과 원만한 관계를 유지하는 것을 말한다. 이를 위해서는 기본적으로 자신을 사랑하는 마음이 갖추어져야 한다. 자신을 책망하지 않아야 하고, 무엇이든지 어제보다 오늘이 더 나아졌다고 느껴야 하며, 그 느낌을 일종의 성공으로 받아들이고, 스스로에게 실천 의지가 커지고 있다는 것을 칭찬해 주면 된다. 예를 들면, 과거의 모습과 비교할 때 현재는 강박적인 생각도 줄었고, 수치심이 더 약한 편이고, 거짓말을 덜하고, 자기혐오도 많이 감소했다는 등의 평가를 스스로에게 해 준다.

4) Sober 생활의 실천

'소오버' 상태를 유지하는 것도 중독자에게는 일종의 고통이다. 역시 행동화의 경험도 그들에게 고통이었다. 만약 행동화에서의 고통이 '소오버' 상태를 유지하는 고통보다 더 낮다면, 그 중독자는 이미 '소오버' 상태에 해당한다. 중독으로부터 거리가 먼 생활을 유지하기 위해서는 스트레스를 받을 수 있는 상황, 수치심 등의 고통과 연관될 수 있는 상황을 방지해야 한다. 이에 관해서는 다시 언급하겠지만, 우선 몇 가지 예를 살펴보자.

우선 외로움을 방지해야 하는데, 이를 위해서는 혼자 있는 시간을 줄여야 한다. 그러나 행동화의 계기가 되었던 사람이나 될 수 있는 사람은 만나지 않아야 하며, 그런 장소를 피해야 한다. 규칙적으로 자조 모임에 참여하여 혼자라는 생각이 들지 않게 하는 것이다.

다음으로 너무 배가 고픈 상태에 있지 않아야 한다. 원초적인 욕구 때문에 좌절하지 않아야 스스로를 조절하는 능력을 잃지 않는다. 이를 위해서 제시간에 맞추어 식사를 하는 것이 좋다.

너무 피곤한 것도 좋지 않다. 편안한 수면을 충분히 취해야 하며, 일을 하다가도 잠시 휴식을 취해야 한다. 몸을 위해 필요한 휴식 시간도 있어야 하지만, 간혹 조용하게 쉬는 시간도 필요하다.

술을 마시는 상황이나 기회도 피해야 한다. 술은 감정이나 정서 조절에 방해가 되는데, 조그마한 일에도 기분 변화를 증폭시켜 버린다. 술뿐만 아니라 기분을 변화시키는 약물도 모두 피해야 한다.

이제 중독으로부터 거리가 먼 생활을 유지하기 위해서 성 중독에 대한 몇 가지 관점을 점검해 볼 필요가 있다. 그 하나는 성 중독이라는 질병이 만성적, 진행성, 치명적임을 기억하는 일이다. 그대로 두면 불치병처럼 어려워지지만, 성 중독은 의지와 노력으로 치료가 가능한 질환이다.

또 질병 자체를 심각하게 받아들여야 하지만, 중독자인 자신을 너무 심란하게 여기지 말고 자신에게 우호적인 태도를 취해야 한다. 자신은 중독에서 벗어나기 위해서 이미 회복의 길로 걸어가고 있는 사람이다. 현재 중독에서 완전히 벗어나지는 않았지만, 회복될 수 있다는 믿음을 갖고, 그 목표를 향해서 조금씩 나아지려고 노력하는 사람이다.

그런 마음가짐을 잃지 않으려면 자신의 마지막 성적 행동화 경험으로 이끌었던 힘든 감정을 기억해 보는 것이 도움이 된다. 그 힘들었던 감정으로 다시는 돌아가지 않으려면 괴로웠던 마지막 순간을 잊지 않아야 한다.

마지막으로 중독과 거리가 먼 생활을 잘 유지하려면 어떤 자세를 갖추고, 어떤 목표를 갖고서 회복 프로그램에 참여해야 하는지를 알아보자. 목표를 설정할 때에도 너무 장기적인 것보다는 오늘 하루에 초점을 맞추고 실천하는 것이 더 현명하다. 다음 달, 금년 1년 동안, 또는 앞으로는 반드시 성 중독과 거리가 먼 생활을 하겠다는 마음보다도 '오늘 하루는 반드시 성 중독과 거리가 먼 생활을 실천하겠다.'라고 마음먹고 실천하는 것이 더 쉽다. 아침에 일어날 때마다 이를 반복하면 된다. 오늘은 어제보다 그 실천이 더 쉽다고 평가하면 된다. 이를 위한 자세를 몇 가지 살펴보자.

- 먼저 12단계 회복 프로그램에서 그 의미가 받아들여질 때까지 중독에 대해서 힘이 없는 존재라고 인정하는 1단계를 반복해 본다.

1단계부터 12단계까지 아무런 어려움 없이 달려가는 사람은 거의 없다. 그러나 회복 프로그램의 참여 과정에서 어떤 어려움이 생길 때에는 1단계부터 반복하는 것이 억지로 다음 단계로 넘어가려는 것보다 더 낫다.

- 프로그램에 참여하는 것 자체는 새로운 삶을 영위해 나가기 위한 첫걸음마를 뗀 것이다. 그러므로 이를 수치가 아니라 기쁜 일로 받아들여야 한다. 또 이와 같은 삶의 유지는 타인이 아니라 자신을 위한 것임을 알고 기뻐해야 한다.

- 모든 일을 제치고 자신의 일상생활 중에서 가장 중요한 일이 바로 회복 프로그램 참여라고 여겨야 한다. 마음속에 회복을 그리면서, 즉 우선순위를 회복에 두면서 하루 24시간을 계획하는 등 일정을 조정할 필요가 있다.

- 모임에 참여할 때에도 적극적이어야 한다. 그냥 가서 앉아 있기만 하는 것은 시간 낭비다. 집단에 참여한 상당수가 다른 사람들과 함께 있는 시간을 무가치하고 불안정하게 느끼는데, 긴장을 풀고 적극 참여하면 그런 느낌이 들지 않는다. 적극적인 참여란 자신의 경험이나 장점, 희망 등을 이야기하면서 참여자들과 공유하는 일을 말한다. 모임에서 적극적으로 자신의 이야기를 하는 것은 수치심 등을 완화시켜 줄 수 있는 방법이기도 하다. 또 내 장점을 남이 찾아주지 못할 수도 있으니 내 스스로가 찾아내고 발전시켜야 한다.

- 적극성도 매우 중요하지만, 더 중요한 요소는 바로 정직성이다. 누차 강조했지만, 중독에서 회복되기 위해서는 자신이나 다른 사람들에게 정직해야 한다. 정직함을 철저하게 실천해야 한다.

- 앞에서 언급한 사항들을 실천하기 위해서는 도움이 필요하다. 그래서 회복 프로그램에 참여하면 곧바로 후원자를 정하고, 그 후원자를 이용하여 힘들 때 도움을 받아야 한다. 무슨 일이 발생한 후가 아니라 발생하기 전이나 발생하는 도중에 옆에 후원자가 없으면 전화를 이용하여 구원의 손길을 뻗쳐야 한다.

- 중독과는 거리가 먼 생활을 유지하기 위해서는 다른 사람들의 도움도 많이 필요하지만, 그것만으로는 충분하지 않다. 자신이 남을 도울 준비도 해야 하며, 남을 돕는 일을 해야 한다. 물론 회복 프로그램 참여 초기부터 도움을 주기가 쉽지는 않지만, 나중에는 회복 과정에 있는 다른 사람을 도울 수 있는 역량도 생기게 된다.

9. 금욕 계약

회복 프로그램에 참여하기 시작했지만, 중독자는 여전히 자신이 경험했던 성행동이 두려움과 혼동을 불러일으킨다. 참여와 함께 하루아침에 성 중독 상태가 온전하게 회복된 모습으로 바뀌지는 않는다. 그러나 어떤 행동만큼은 절제해야 한다고 마음속으로 다짐할 수 있다. 회복의 효과를 극대화시키기 위해서는 성 중독자와 후원자, 치료자 사이에 서면으로 '소브라이어티'에 관한 계획을 세우는 것이 좋다. 셋이서 '소브라이어티'를 분명하게 정의하고, 중독자가 자제하겠다고 다짐한 행동을 구체적으로 명기해 둔다. 이를 성 중독과 거리가 먼 생활의 약속 또는 계약(sobriety contract: 이를 contract 또는 sex plan이라고도 함)이라고 할 수 있다.

계약(약속)을 하게 되면 중독과 거리가 먼 생활을 실천하기가 더 쉬워진다. 하지 않아야 하는 것이 무엇이고, 해도 괜찮은 것은 무엇이며, 어떤 상황에서는 가능하고 그렇지 않은지를 알 수 있기 때문이다. 이러한 계약 내용은 후원자와 치료자의 도움을 받으면서 중독자가 작성한다. 어떤 사람들은 계획을 세울 때 지켜야 할 범위를 매우 엄격하게 정해 두기도 한다. 물론 너무 엄격하다고 느낄 때에는 나중에 셋이 논의를 하면서 내용을 변경할 수 있다.

계약을 할 때 기록할 수 있는 구체적인 내용은 절대자에게 매일 기도하기, 포르노를 비롯하여 성적 행동화와 관련된 것들을 모두 없애 버리기, 컴퓨터나 휴대전화 등으로 채팅하지 않기, 컴퓨터에 유해물 차단 장치 설치하기, 내 감정과 생각을 매일 후원자나 배우자와 함께 나누기, 회복과 관련된 서적 읽기, 규칙적으로 자조 모임에 참가하기, 회복 프로그램 실행하기, 규칙적으로 치료자와 만나기, 매일 회복 과정의 참여사항 기록하기 등이다.

성 중독과 거리가 먼 생활을 실천하려고 할 때 아예 성욕을 전면적으로 금해 버리는 금욕 계약(celibacy contract)을 할 수도 있다. 알코올 중독자의 경우 첫 잔이 결국 취한 상태로 발전시키기 때문에 첫잔을 금하는 맥락과 같이, 성적인 것과 완전히 거리가 먼 생활을 하는 일이다. 그러나 술은 중독자의 삶을 파괴하지만, 성행위 자체가 사람을 파괴하는 것은 아니다. 성을 여러 가지 형태로 잘못 이용한 것이 문제였다. 그러므로 성 중독과 거리가 먼 생활을 한다는 것은 강박적인 성행동이 나타나지 않도록 한다는 의미다.

이런 맥락에서 금욕이라는 용어와 구별되는 것이 바로 자제(절제, abstinence)다. 이는 완전한 금욕이 아니라 강박적이거나 자신을 파괴적으로 이끈 성행동을 금한다는 뜻이다. 회복의 기본 목적은 금욕이 아니라 자제이므로 금욕 계약 대신에 자제(절제) 계약(abstinence contract)을 할 수도 있다.

금욕의 의미는 모든 사람에게 같더라도, 자제의 의미나 내용은 자신의 파괴를 초래한 강박적인 성행동 유형이 무엇이었는가에 따라서 성 중독자마다 다를 수 있다. 어떤 사람에게는 허용되는 행위가 다른 사람에게는 자제의 대상이 되는 것이다.

10. 금욕 기간

성 중독자가 어떤 형태의 성행동이 자신을 파괴적으로 이끌었는지를 신중하게 고려했다면, 회복 과정의 초기에는 아예 일정 기간을 정해 놓고 금욕 계약을 실천하는 것이 바람직하다. 그렇다면 그 기간은 자제 기간(abstinence period)이 아니라 금욕 기간(celibacy period)이 된다. 금욕 기간을 설정하는 기본 목표는 성 중독자가 피하고자 하는 두려움, 불안, 고통, 수치심 등을 표면화시켜서 본인에게 어떠한 상태인가를 인식시키는 것이다.

금욕 기간을 설정하면 심리적 저항 때문에 혼자서 금욕 기간을 버티기가 힘들어 치료자의 도움을 더 많이 받아야 할 가능성이 높다. 그러므로 치료자 입장에서는 그 기간 동안 중독자가 어려서부터 어떤 환경에서 어떻게 성장해 왔으며, 그동안 어떤 맥락에서 강박적인 성행동이 나타났는지, 즉 현실도피의 수단으로 성 중독에 이른 배경을 자세히 인지하기가 더 쉽다. 치료가 진행되면서 치료자는 중독자의 왜곡된 믿음 체제 등을 쉽게 이해시켜 준다.

치료 초기에는 금욕 기간을 너무 길지 않게 설정하는 것이 좋다. 일반적으로 1~3개월 정도로만 정하고 성 중독자가 자위행위를 포함한 모든 성행동을 금하도록 제안한다. 경우에 따라서 1차 목표로 치료나 회복 효과가 확실하지 못하다고 판단된다면 2차로 금욕 기간을 연장할수 있다. 금욕 기간 동안 중독자가 성적인 표현을 하지 않고 지낼 수 있다는 것을 배우고, 성행위로 인해서 감추어졌던 감정이나 피하려고 했던 감정 등을 느껴 보도록 한다.

모든 성행위를 중단시킬 경우 일부 중독자는 심리적 금단 증상을 경험한다. 금단 현상이 나타나지 않더라도 누구나 금욕 기간을 설정하면 심리적 저항이 생긴다. 분노와 분개를 경험하는 이도 있다. 이러한 경험에 대해서 놀랄 필요가 없다. 힘들지 않으면서 의미 있는 변화를 기대할 수는 없기 때문이다. 새로운 감정을 맞이할(경험할) 준비를 해야한다. 금욕 초기에는 어느 정도 불편이 따르겠지만, 새로운 감정을 맞이하여 자신이 되찾아야 할 것들로 인도할 것이다.

그렇기 때문에 중독자 입장에서는 금욕 기간을 더 이상 낙이 없는 끝이 아니라 휴식 기간으로 받아들이면 훨씬 더 유리하다. 중독자가 금욕 기간을 경험해 보아야 자신이 성적 존재임을 인식할 수 있고, 그 동안 통제 능력을 상실했던 자신을 뒤돌아보게 되며, 억압되었던 기억 도 복원할 수 있다.

치료의 일부로 금욕 기간을 결정할 때에는 파트너(예: 배우자)를 개입시키는 것이 바람직하다. 금욕 기간에는 파트너도 영향을 받는데, 파트너는 중독자의 성 문제를 얼마 전에 알게 되었을 수도 있다. 성 중독자 파트너들은 줄곧 거짓말만 듣고 살아 왔으며, 자신에게 영향을 주는 중요한 결정에서도 배제되어 왔다. 파트너에게 충분한 설명을 해주면서 협조를 구해야 한다.

파트너를 존중한다는 것은 금욕 기간을 결정할 때 파트너도 관여하여 금욕 기간을 함께 지켜 나갈 수 있도록 도움을 얻기 위함이다. 금욕 기간은 성 중독자뿐만 아니라 스트레스 상태에 있는 파트너에게도 도움이 된다. 아울러 치료자나 후원자, 모임의 구성원들에게 금욕 실천에 대한 지지를 얻으면 더 효과적인데, 그들 모두가 금욕 기간의 경험을 극대화하는 데 도움이 되는 안내자이기 때문이다.

11. 성 중독에서 벗어나기: 세 개의 원 그리기

대다수 성 중독자는 장기간 성적 행동화에 의한 쾌감을 경험해 왔고, 그 후에는 의기소침하면서 다시는 그러지 않겠다고 수없이 맹세를 했었고, 그러다가도 다시 행동화를 하면서 그와 같은 생활 주기에 익숙해져 있었으며, 일부에게는 그 주기가 편하게 느껴지기도 했다. 그러나 중독자들은 그와 같은 생활에서 얻은 쾌감이나 편안함이 진정으로 자신이 원했던 것이었는지, 앞으로도 계속 이를 원한 것인지를 반추하면서 후회와 고통을 경험하고 바보짓이라고 생각하기도 했다. 이는 바로 자신을 속이는 생활이었다.

이제 회복의 길을 걷고자 하는데, 어떻게 해야 자신을 더 이상 속이지 않을 수 있는가? 가장 좋은 생각은 자신의 경험에 대해서 정직해져야 하며, 행동화로 자신을 이끌었던 행동, 즉 계기가 되는 행동을 적어보고, 이들을 더 이상 접근해서는 안 될 경계 행동으로 설정하고, 그 경계 행동을 침범하지 않도록 실천하는 일이다. 그 실천은 혼자서 성공하기란 무척 어렵다. 그러므로 자신의 계획을 다른 사람들과 공유하면서 도움을 받을 필요가 있다. 그 사람에게는 자신의 행동이나 생각을 비밀로 하지 않아야 도움을 받을 수 있고, 또 성공할 수 있다.

그럼 계획을 어떻게 세우고 실천하는가? 회복 프로그램에 참여하면서 혼자서 계획을 세우게 되면 실천이 너무 제한적이기도 하며, 너무 느슨하여 자신을 속일 가능성이 적지 않다. 그래서 계획을 세울 때는 도움을 받는 것이 좋다. 계획이란 바로 무엇을 자제하거나 금해야 하는지를 정하는 것인데, 궁극적으로 삶의 균형을 얻기 위하여 성 중독과 거리가 먼 생활 범주나 경계를 정하는 것이다.

경계를 정하는 방법 중 하나가 바로 세 개의 원 그리기를 이용하는 것이다. 하나의 큰 원을 그린 다음에, 그 원 안에 더 조그마한 원을 그리며, 그 안에 더 작은 원을 그려 본다. 그다음에는 세 개의 원 안에 여러 가지 행동 목록을 적어 본다.

가장 안쪽의 원, 즉 가장 작은 원 안에는 성 중독에 해당되는, 즉 내가 금지해야 하는 행동들(금지 행동, inner circle behaviors 또는 bottom line behaviors)을 기록한다.

가운데 원 안에는 그 자체가 중독은 아니지만 중독 행동으로 가도록 유도하기 때문에 경계해야 할 행동(경계 행동, middle circle behaviors 또는 boundary behaviors)을 기록한다.

바깥의 원, 즉 가장 큰 원 안에는 성 중독에서 회복된 상태에 해당되는 행동, 즉 건강하고 긍정적이고 이상적인 행동(목표 행동, outer circle behavior 또는 top line behaviors)을 적는다.

세 개의 원 안에 적는 행동들의 정의와 결정은 중독자 스스로 하는 것이지만, 그 내용을 후원자나 프로그램에 함께 참여하고 있는 사람들과 공유하면서 명확히 해야 중독자 자신이 준수해야 할 성 중독과 거리가 먼 삶에 대한 혼동이 생기지 않는다.

경계 행동은 자신이 다른 사람들과 살면서 설정하고 유지해야 하는 행동을 말하지만, 그 특성은 정서적, 심리적, 성적 또는 도덕적인 것들이다. 가족들의 문제에 더 관심을 갖고 살아가는 것이나 자신을 돌보아 주는 사람들, 특히 회복 과정에 있는 사람들을 가까이 하면서 그들에게 비밀스러운 존재가 되지 않는다는 것도 포함시키면 좋다.

세 가지 범주의 행동에 대한 경계를 잘 설정하면, 다른 사람들을 어떻게 대해야 하는지를 비롯하여 건강한 인관관계를 형성하는 데 큰 도움이 된다. 역시 경계 설정이 분명할 때 '소오버' 상태를 유지하기가 더 쉽고 회복 과정을 더 즐길 수 있는 등 책임감 있는 행동을 할 수 있다.

어떤 경계 행동은 다른 사람들로부터 용납되기도 하고 그렇지 않기도 하다. 인간관계에서 건강한 경계를 설정하고 준수하면서 개인적인 책임감을 수용하지 못하면, 피해자 입장에서는 한이 맺힌다. 그러므로 이런 경우에는 경계 범위와 제한사항에 대해서 가족이나 후원자, 치료자 등과 의사소통하여 분명히 해 두는 것이 필요하다.

1) 가장 안쪽의 원

성 중독에서 회복되기 위한 가장 기본적이고 결정적인 단계는 바로 자신이 자제해야 할 행동이 무엇인지를 알아차리고 정리하는 일이다. 세 개의 원 중에서 가장 가운데 원 안에 금지 행동을 하나씩 기록한다.

그 원 안에 적힌 행동의 목록은 모두 강박이나 중독, 파멸, 위험과 관련된 것들이며, 자신을 정서적, 신체적, 정신적 그리고 영적인 면에서 힘들게 했기 때문에 용납될 수 없는 행동이다.

약물중독자에게는 약물 복용, 알코올중독자에게는 음주가 이에 해당되듯이 성 중독자에게는 강박적인 행동화에 관련된 행위가 금지 행동에 해당된다. 그런 행위가 지속될 때 자신은 영원히 외롭고 환상 속에서 살아가야 하므로 왜 자제해야 하는지 그 이유를 더 이상 생각할 필요 없이 무조건 그 목록에 포함시킨 행동을 모두 금해야 한다.

금지 행동 목록, 즉 세 개의 원 중 가장 안쪽의 원 안에 포함시키는 행동 목록은 성 중독자마다 다를 수 있으며, 포함시킨 내용이 같더라도 중독자마다 정의나 범주가 다를 수 있다. 그럼에도 중독자들이 기록할 수 있는 목록에는 공통적인 내용과 특성이 최소 서너 가지 이상 있다. 이들을 하나씩 살펴보자.

첫째, 성행위 대상에 관한 내용이다. 자신과 언약의 관계를 유지하고 있는 사람, 즉 배우자가 아닐 경우는 성적 접촉이나 신체 접촉을 전혀 하지 않는다는 것이다. 당연히 성매매 여성을 상대하는 행위도 금해야 한다. 이 내용에 추가할 한 가지는 배우자나 파트너와의 성행위일지라도 배우자나 파트너가 설정한 경계선을 존중해야 한다는 것이다. 성적인 표현에서 파트너가 안전하지 못하거나 불편하게 느낄 수 있는 성행위를 시도하는 것은 파트너를 존중하지 않은 행위가 된다.

둘째, 컴퓨터나 전화 등을 이용한 채팅을 하지 않는 것이다. 폰섹스나 사이버 섹스, 성적인 채팅 등의 행위는 자신과 현재 언약의 관계에 있는 사람이 아닌 사람과 사적인 메시지를 전달하는 행위이며, 모두 오르가슴에 도달할 목적으로 주고받는 성적인 언급이다.

셋째, 포르노 노출에 관련된 행위를 금하는 일이다. 포르노 노출에 너무 많은 시간을 소비하다 보면, 고립될 가능성이 커지고, 직장에서 업무나 관계의 문제가 생길 수 있으며, 건강이나 정서적인 문제도 생기면서 중독자 신세가 되기 때문이다. 금해야 하는 포르노의 정의나 범주는 중독자마다 다를 수 있다. 어떤 사람은 TV 드라마에 나오는 성적인 장면이나 부모의 안내가 필요한 등급의 영화도 중독을 부추길 수 있기 때문에 금해야 하고, 어떤 사람은 단순히 TV 채널을 돌리면서 성적 자극을 찾으려는 행위나 성인용 TV 프로그램 안내 책자를 만지는 행위를 금해야 한다.

보통 사람들이 포르노라고 부르는 것들이 아니더라도 어떤 중독자에게는 포르노와 비슷한 기능을 하는 것이 있다. 그것이 무엇이든 상관없이 중독된 뇌를 자극하면, 회복 과정은 훨씬 느려지므로 그런 자극을 피하는 환경을 만들어야 한다. 예를 들면, 성인용 영화나 잡지, 비디오 등을 구입하거나 대여하는 행위를 금하는 것은 물론 포르노 관련 내용이 전달되는 TV 채널을 차단하고, 컴퓨터에서 포르노와 관련된 파일이나 사이트를 삭제한다. 이메일 주소 변경이 필요하기도 하며, 컴퓨터는 열린 공간에서 사용할 수 있도록 장소를 아예 옮겨 버리는 것도 도움이 된다.

넷째, 성범죄나 변태성욕과 관련된 행위를 금하는 것이다. 가학성-피학성 행동, 착취적인 성행위, 이성의 옷을 입고 하는 자위행위, 노출증이나 관음증, 아동 성학대나 근친상간 등은 물론 혼자서 성적인 만족을 위해서 시도하는 자위행위 등도 금해야 한다.

2) 가운데 원

성적 행동화로부터 거리가 먼 생활을 하려면 중독 행위로 빠져들게 했던 것들을 우선 차단해야 하며, 이를 위해서는 무엇이 그렇게 빠져들게 했는지를 먼저 확인해야 한다. 세 개의 원 중 가운데 원에는 이것들을 기록한다.

(1) 경고 행동

안쪽 원에 적힌 행동 목록은 중독 행동에 해당되지만, 가운데 원에 적힌 행동 목록은 안쪽의 중독 행동으로 가도록 하는 계기(trigger)가 되는 행동이라고 부른다. 예를 들면, 어떤 특정한 사람을 만나는 것, 어떤 특정한 장소에 가는 것, 또는 어떤 특정한 생각을 하는 것 자체가 중독으로 이끌었다면, 그 사람이나 장소, 생각에 연루되는 일은 중독 행동으로 이끄는 계기가 되는 것이다. 계기가 되는 행동은 중독으로부터의 회복과 멀어지고 있음을 경고해 주는 행동이므로 경고 행동 또는 위험 신호(red flag) 행동이라고도 부른다. 어떤 환상에 빠져들거나, 강박적인 생각이 들거나, 저녁 늦게까지 잠을 자지 않는 것들이 위험 신호 행동의 예다.

세 개의 원을 그릴 때 가장 바깥쪽 원에는 회복 프로그램에 참여하는 최종 목표에 해당되는 행동 목록을 적는다. 이 부분은 다음에서 소개하지만, 회복 프로그램 참여자가 바깥쪽 원에 적힌 행동만을 한다는 것은 일단 회복이라는 목표에 도달했다고 말할 수 있다. 그러나 만약 그 참여자가 가운데 원에 적힌 행동을 하게 된다면, 그로 인해서 안쪽에 있는 중독 행위로 빠져들 가능성이 낮지 않으므로 경고나 위험 신호

행동이라고 부른다.

(2) 경계 행동

앞에서 언급한 경고 행동이나 계기가 되는 행동, 위험 신호 행동은 '경계 행동(boundary behavior)' 이라는 용어로 더 자주 표현되기도 한다. 회복 프로그램 참여자가 세 개의 원 안에 적힌 행동 목록 중에서 가운데 원 안에 적힌 행동을 한다는 것은 안쪽의 원 안에 있는 중독 행동으로 유도할 수 있다는 입장에서는 경계해야 할 행동이지만, 바깥쪽 원 안의 목표 행동 입장에서는 바깥과 가운데의 경계선을 침범한 행동이 된다. 후자의 맥락에서 가운데 원 안의 행동이 나타났다면 경계선을 침범하거나 위반했다 또는 실수 행위를 했다고 표현한다.

가운데 원에 적힌 행동들을 자제하는 힘이 약해지면 안쪽 원에 적힌 파괴적인 행동으로 이어질 가능성이 커진다. 그래서 성 중독과 관련된 행동을 예방하기 위해서 항상 경계선 준수를 배우고 실천하는 것이다.

만약 프로그램 참여자가 경계선을 침범하는 행동을 하게 된다면, 어떻게 되는가? 그 자체가 중독 행동을 하지 않겠다는 약속을 깨 버린 것은 아니지만, 중독 행위를 범할 위험성이 낮지 않으므로 보호 조치가 필요하다. 경계선을 침범하는 행동을 했을 경우에는 회복 프로그램의 후원자와 치료자의 도움을 받으면서 건강한 방법으로 중독 행동을 예방해야 한다. 즉, 자신이 경계를 위반했다고 인정하기는 어렵지만, 정직해야 치유될 수 있고 파멸로 표류하는 것을 막을 수 있다.

프로그램 참여자가 경계 행동 목록에 포함시켰던 어떤 특정한 행동을 특별한 이유로 바꾸고 싶을 경우가 발생한다. 참여자 입장에서 그 행동 자체만큼은 위험 신호가 아닐 수 있는데, 이를 경계 행동으로 설정하여 억제하려는 것 자체가 더 큰 스트레스를 초래할 수 있다. 예를 들면, 포르노 중독자가 TV 채널을 돌리는 행위를 경계 행동으로 설정한다면 실제로 TV를 보면서 다른 채널을 검색하기 위해 리모컨을 만지는 행위 자체가 경계선을 침범하는 것이기에 스트레스를 심하게 받을 수 있다. 이런 경우에는 경계선을 좀 더 완화시킬 수 있지만, 참여자가 이를 임의로 하는 것이 아니라 후원자와 치료자와 상의하면서 하면 된다.

(3) 경계 행동의 목록

성 중독에서 회복되기 위해서는 자신이나 파트너에게 어떠한 성행동이 건강한 것인지를 확인할 필요가 있다. 중독자의 특성에 따라서 가운데 원에 적힌 행동 목록의 일부는 다른 중독자에게는 안쪽 원 안에 기록하는 목록 또는 바깥쪽 원 안에 기록하는 목록이 될 수도 있다. 가운데 원 안에 기록할 목록은 파트너가 동의하는 것들이어야 하지만, 자신에게 괜찮은 것인지 아닌지를 구분하기 어려운 행동은 일단 목록에 기록해 두는 것이 좋다. 즉, 반드시 자제해야 하는 성행동인지 아닌지를 판단하기가 어려운 성행동의 경우 여기에 기록한다.

이제 중독자들이 경계선 침범이라고 기록할 수 있는 행동 목록을 살펴보자. 이들을 세 가지 영역으로 나누면, 일상생활의 리듬을 깨는 것, 대인관계에서 유혹을 받는 것, 그리고 성적인 면에서 행동화의 신호가 되는 것들이다.

먼저, 일상생활의 리듬을 깨는 것으로는 함부로 일정을 변경하거나 집을 비우는 행동, 가정이나 직장에서 심한 스트레스를 받는 것, 식사를 하지 못한 것, 밤늦게까지 영화를 보는 것 등을 들 수 있다.

다음으로 대인관계에서 유혹을 받는 것들의 예를 들면, 다른 사람이 자신의 생활을 간섭하거나 조종하도록 하는 것, 다른 사람이 자신의 생활이나 현실을 평가(묘사, 정의)하게 하는 것, 주는 것을 좋아해서 남에게 줄 수 있는 만큼 줘 버리는 것, 갖는 것을 좋아해서 가질 수 있는 만큼 가져가 버리는 것, 누군가가 내 것을 가져갈 수 있는 만큼 가져가도록 해 버리는 것, 다른 사람이 자신의 요구를 자동적으로 충족해 주리라 기대하는 것, 자신이 망가질 정도로 힘들 때 누군가가 자신을 돌보아 줄 것이라고 기대하는 것, 자신에게 유혹이 되는 사람들을 가까이 하는 것, 처음 만난 사이인데도 마치 예전부터 잘 알고 있으면서 가까운 사람처럼 친밀한 수준에서 얘기하는 것, 자신에게 관심을 보인 사람이면 누구하고든(새로운 지인 포함) 사랑에 빠지는 것, 물어보지도 않고 타인의 신체 부위를 만지는 행위, 남을 기쁘게 해 주기 위해 자신의 가치나 권리를 침해하는 행위, 원하지 않는 선물이나 음식, 신체 접촉, 성행위 등을 수용하는 것, 자신이 설정한 경계선을 다른 사람이 침범하거나 침범하려고 해도 알아차리지 못하는 것 등이다.

마지막으로 성적인 면에서 행동화의 신호가 되는 것들이 있다. 이들은 성적 행동화의 계기가 되는 생각을 하거나 이야기하는 것, 과거 실제로 행동화를 했던 상황이나 사람에 대한 기억이나 환상이 떠오르는 것, (배우자나 파트너와) 성행위를 하더라도 오직 상대방을 위해서만 하는 것, (배우자나 파트너와의) 성행위에서 경계선을 침범하고 싶은 욕구가 생기는 것, 사랑의 표현보다도 좋지 않은 감정을 피하는 수단으로 성행위를 이용하고 싶은 감정, 성적인 내용을 찾아보기 위해 TV 채널을 이리저리 돌리는 행동, 포르노에 노출되거나 성 파트너를 찾기 위해 돌아다니는 행동, 성매매 업소를 찾아다니는 행동, 관음행위를 할 수 있는 장소를 물색하는 행동 등이다.

3) 가장 바깥쪽의 원

세 개의 원 중에서 가장 바깥쪽 원 안에는 내가 성취하고자 하는 목표 행동을 기록한다. 중독자 생활을 했던 과거에는 시간이 없어서 못했거나 중독자이기 때문에 하고 싶어도 못했던 행동을 적는다. 여기에 적힌 세부적인 내용은 후원자, 치료자, 파트너 등과 공유해야 하며, 이런 행동이 나올 때는 후원자나 치료자, 파트너가 격려와 칭찬을 아끼지 않아야 한다.

한마디로 여기에 적힌 내용은 프로그램의 목표와 관련된 행동 목록이라고 할 수 있다. 그 목록에 있는 행동의 결과는 행복이나 건강, 평온을 되찾거나 느끼게 해 주는 것들이다. 이 목록은 네 가지 차원의 행동, 즉 최소한 성 중독 재발을 예방하는 차원의 행동, 회복 과정을 지속시키는 차원의 행동, 건강한 성행동을 유지하는 차원의 행동, 그리고 건강한 사회적 교류 차원의 행동으로 나누어 볼 수 있다.

(1) 예방 차원

먼저 성 중독 재발을 예방하는 차원의 목표 행동 목록은 모두 앞에서 소개한 경계 행동 목록을 예방하는 것이라고 생각하면 된다. 예를 들면, 다음과 같다.

• 배가 고프면 먹고 피곤하면 자거나 휴식을 취하기
• 화가 나거나 스트레스를 받으면 건강한 사람을 찾아가서 이야기

하기
- 외로움을 느끼면 누군가에게 도움을 구하기
- 자신의 감정을 기록하면서 자기 자신과 접촉하기 등

(2) 회복 과정 지속 차원

회복 과정을 지속시키는 차원의 목표 행동 목록을 보면, 일단 회복 과정에 참여한 이후 재발 방지를 위해 완전히 회복되었다는 느낌이 들더라도 회복에 관련된 생활을 지속해야 한다. 예를 들면 다음과 같다.

- 회복에 관한 서적 읽기
- 12단계 회복 프로그램에 참여하기
- 다른 사람들(특히 후원자와 파트너)에게 항상 정직하기
- 일정한 주기로 중독치료(개인이나 집단치료)를 받으러 다니기
- 자신의 회복 과정을 돕는 사람을 만나기
- 회복 과정에 있는 사람과는 누구든지 의도적으로 건강한 접촉을 하기
- 자신의 도움을 필요로 하는 다른 사람의 회복 과정 도와주기
- 다른 성 중독자들과 자신의 회복 경험 나누기 등

(3) 건강한 성행동 유지 차원

건강한 성행동을 유지하는 차원의 목표 행동 목록들은 성 중독자에게 회복을 위해서 가장 핵심 내용이다. 성 중독을 치유하기 위해서 일시적으로 금욕을 요구하는 기간도 있지만, 금욕 자체가 치료나 회복의 목표는 아니다. 언약 관계에 있는 파트너(또는 배우자)와 안전한 성행

위, 사랑이나 애착 등의 정서를 근거로 한 성행위를 즐길 수 있도록 해 주는 것이 목표다. 파트너가 있더라도 자위행위 등에 도취된다면 중독에서 벗어났다고 할 수 없다. 파트너와의 건강한 성생활을 영위할 수 있어야 삶에 대한 의미나 자신의 존재 가치를 확인할 수 있다.

이 부분에 대한 행동 목록은 언약 관계에 있는 파트너와 협의하여 정하면 된다. 본인은 괜찮다고 하는 일부 행동이 파트너 입장에서는 수용하기 어려울 수 있기 때문에 행동 목록을 정할 때 파트너의 의사를 존중하면서 파트너가 이해할 수 있는 내용을 함께 적는다. 물론 그러한 내용도 시간이 흐르면서 파트너와 협의하면서 수정될 수 있다.

파트너와의 성행위도 자신과 파트너가 형성한 사랑의 연결 과정이다. 그러므로 그와 같은 연결 과정을 위한 내용이 행동 목록에 포함될 수 있다. 예를 들면, 파트너가 주말마다 함께 극장에 가기를 원하는 등 데이트를 해야 한다면 그것이 목표 행동 목록에 포함되며, 집에서 함께 앉아서 편안한 대화를 원하면 그렇게 해 주는 것이 행동 목록에 해당된다. 그런 연결 과정으로 사랑의 느낌이 커지고 이를 바탕으로 성행위를 하는 것이 서로 성장하고 성숙하는 일이다.

(4) 사회적 교류 차원

건강한 사회적 교류 차원의 행동 목록이란 어쩔 수 없이 매일 다른 사람들을 상대하고 살아가야 할 때 불편함이 없는 관계를 유지하고 살아가기 위한 것이다. 언약 관계에 있는 파트너와의 성행위는 가능하지만, 파트너가 아닌 다른 사람들과는 비성적인 관계를 맺으면서 살아가도록 하는 것이 이 차원의 행동 목록이다.

그러므로 배우자가 아닌 다른 사람을 만날 때 건강하지 못한 느낌이 들면, 다시 말하면 성적인 경계를 넘을 수 있을 것 같으면 곧바로 그 장면에서 벗어나서 건강한 사람을 찾아 나서야 한다. 예를 들면, 회복 과정에 있는 사람에게 전화를 하는 것이 행동 목록에 해당된다. 그런 느낌이 든다면 그 사람에게 자신의 경계를 존중해 줄 것을 정중하게 요청하는 것도 행동 목록의 일부이며, 반대로 그 사람과의 관계에서 긍정적인 느낌이 들면 그런 느낌을 나중에 다시 받을 수 있도록 그에게 알려 주는 것도 건강한 사회적 관계를 유지하기 위한 행동이라고 할 수 있다.

이유 여하를 막론하고 언약 관계에 있는 파트너 이외의 사람과는 만나더라도 성적으로 얽히지 않도록 해야 한다. 어떤 이유로 불편하다면 그 느낌을 받아들이고 넘어간 다음, 자신에게 도움이 되는 집안일이나 산책, 목욕 등 다른 일을 하는 것이다.

12. 금단 증상

성 중독에서 회복되기 위하여 회복의 초기 단계에서 해야 할 결정적인 일은 무엇일까? 바로 신체적, 정신적, 정서적, 영적으로 온전한 사람이 되기 위해 금해야 하는 행동을 확인하는 일이다. 후원자나 치료자, 지지 단체의 회원들에게 의지하면서 안내를 받는다. 안내의 핵심은 앞에서 설명했던 바처럼 일정한 기간 동안 자위행위를 포함하여 모든 성행동을 자제하는 일이다.

금욕 기간을 정해 두고 매 순간 중독과 거리가 먼 생활을 해야 진정으로 회복이라는 목표에 도달할 수 있다. 성 중독 치료전문가(예:

Patrick Carnes 등)들은 보통 3~6개월 정도의 금욕 기간을 권한다. 그러나 알코올이나 도박 등 다른 형태의 중독자들처럼 성 중독자들도 역시 이미 성적으로 행동화를 할 때 뇌 속에서 방출된 여러 화학물질에 몸과 마음이 의존된 상태에 있다.

이런 상태에서 회복 과정에 참여하면서 금욕 생활을 시작하면 심신이 새로운 환경에 적응하기 어려워서 나타나는 금단(withdrawal) 증상을 경험하게 된다. 금단이라는 단어는 전형적으로 현재의 순간에서 도피하고 기분을 변화시켜 주는 약물을 사용하는 중독자들과만 연관된다고 생각할 수 있지만, 성 중독도 금단 현상과 연관된다. 무언가 채워지지 않아서 채워 넣고 싶어지는 허전함을 느낀다는 뜻이다.

이는 마치 부모에게 의존하며 살아가던 미성년자가 갑자기 부모와 사별하고 새로운 세상으로 바뀌어 버릴 때 잘 적응하지 못하고 겪는 공허함과 마찬가지다. 즉, 뇌 속의 화학물질에 의존하던 몸과 마음의 상태가 이제는 의존할 수 없게 되면서 겪는 부적응 현상으로, 구체적으로는 신체적, 성적, 심리 · 정서적 그리고 영적인 면에서 새로운 상황에 잘 적응하지 못한 현상이나 증상이다.

보통 금단 증상은 회복 과정 초기에 나타나는데, 증상의 정도나 지속 기간은 회복에 대한 중독자 자신의 의지, 회복 과정에 임하는 동안 주변 사람들로부터 받고 있는 지지의 정도에 따라서 개인차가 있다. 어떤 사람은 2주 정도 지속되다가 사라지기도 하며, 어떤 사람은 1개월, 또는 2개월이나 3개월 정도 지속되기도 한다.

1) 신체적 증상

성 중독자의 몸은 생물학적 수준에서 강도가 꽤 센 자극에 익숙해져 있는데, 금욕 생활과 함께 신진대사의 균형을 다시 맞추어야 한다. 균형을 맞추기 전까지 나타나는 신체 증상은 두통, 오한, 메스꺼움, 발한, 피부 가려움증, 특정한 신체 부위의 통증, 심장박동의 증가, 식욕 상실 등 다양하며, 개인차도 심하다.

균형을 맞추는 작업은 먹는 것, 자는 것, 주의집중, 에너지 수준, 체액 등 심신의 여러 영역을 망라한다. 균형을 맞추는 초기에는 반응이 이쪽 아니면 저쪽의 극단적인 모습을 보이기도 하며, 이쪽저쪽으로 이동하기도 한다. 예를 들면, 식욕이 전혀 없다든지 아니면 먹는 것을 멈추기 어려울 정도로 많이 먹든지, 수면을 거의 취하지 못하든지 아니면 한 번 누우면 아예 일어나려고 하지 않든지, 전혀 집중을 못하든지 아니면 일에 파묻혀 세상 돌아가는 것을 모르든지, 힘이 넘쳐 나든지 아니면 전혀 기력이 없든지 등의 모습을 보인다.

2) 성적 증상

금욕을 실천하는 과정에서 성적인 측면의 균형을 맞출 때에도 개인 차를 보인다. 우선 성행위에 대한 갈망을 보면, 어떤 사람의 경우 그 갈망이 주기적으로 나타나서 이를 충족시키지 못하면 심신의 상태가 온전하지 못하면서 힘들게 느껴진다. 성적으로 행동화를 시도하고 살아왔던 때보다 성적 사고나 충동이 더 심해지고 성기도 더 민감해지는 것이다. 그래서 성인 전용 서점 등에는 가지 않는 대신에 자위행위만이라도 하면 안 될까 하는 생각을 하거나 이를 지지자와 협상하려 하기도 한다. 그와 반대로 어떤 사람은 성욕이 전혀 없어져 나중에도 그렇게 되면 어떨까 하고 걱정하기도 한다.

3) 심리적 증상

약물이나 알코올 같은 화학물질의 중독에서 나타나는 금단 현상은 신체적인 증상을 더 많이 경험하지만, 성 중독은 심리적 증상을 더 심하게 초래한다. 성 중독의 금단 현상 중에서도 심리적 증상은 다른 증상보다 더 심각하다고 할 수 있다.

대부분의 성 중독자가 금욕 생활을 시작하면서 긴장이나 초조, 불안, 우울, 동요, 분노, 슬픔, 공허, 지루함, 절망, 혼동, 불안정, 불행, 무력함 등을 심하게 느낀다. 중독자가 이러한 느낌을 전혀 기대하지 못했거나 기대했더라도 너무 강력하다면 매우 불안하고 당황스러워하게 되며, 그 불안이나 당황스러움에서 벗어나기 위해서 자신이 처한 현재 상황을 남의 탓으로 비난하기도 한다.

그와 같은 정서 반응이 전혀 나타나지 않다가 심하게 나타나는 등의 기복이 심한 불안정한 상태를 보인다. 즉, 정서적인 측면에서 중독자들은 회복 과정에 접어들 때 매우 민감한 반응을 보이든지 아니면 반대로 무덤덤해진다. 심리 상태가 그렇다 보니 밤에는 수면을 취하지 못하거나 좋지 않은 꿈 때문에 자주 깨는 수면장애를 겪는 등 피로한 생활로 이어진다.

정서 반응 중에서 분노 반응의 예를 들어 보자. 회복 과정의 성 중독자는 삶이 자신에게 너무 불공평하다고 생각한다. 자신보다 성적 행동화를 더 많이 한 사람도 있다거나, 힘든 일이 없었다면 행동화를 했겠는가 하는 생각을 하면서 신세를 한탄하기도 한다. 회복 프로그램이 생활에 너무 과다한 적응을 요구한다고 분노하기도 한다.

성 중독자들이 보이는 금단 현상 중 가장 위험한 증상은 바로 우울증이다. 자신의 성 중독을 냉정하고 정직하게 바라보다 보면, 그들이 경험했던 상실을 깨닫게 된다. 성 중독 때문에 직장이나 건강도 위태로워졌고, 의미 있는 관계도 모두 잃어 버렸던 것이다. 과거를 돌이켜 볼수록 소중했던 수많은 것을 잃었음을 인식하게 된다. 결국 자기 자신이 무가치한 존재라고 여겨지고, 그러한 느낌에 대한 분노, 수치심, 죄의식, 어색함 등이 우울 증상을 악화시킨다. 그러므로 회복 과정 프로그램에는 상실의 아픔을 극복하는 내용이 포함되어야 한다.

성 중독자 입장에서 회복 과정에 참여한다는 자체가 중독 생활을 하는 동안 가장 가깝게 지낸 사람들과의 결별을 의미한다. 자신의 파멸과 관련된 사람들에 대한 슬픔이기에 겉으로 드러내는 것은 매우 어렵지만, 중독자들은 그들과의 관계 상실로 인한 슬픔도 이겨 내야 한다.

금단 증상이 나타나는 기간 동안은 우울 증상이나 기분의 변화를 예측하기가 어렵기 때문에 매우 취약한 상태다. 이러한 상태에서 일부 중독자는 자살을 생각하기도 한다. 이는 심각한 문제다. 회복 과정에 들어간 성 중독자는 중독 생활을 하지 않고는 살아갈 수 없다고 느끼면서 동시에 중독 상태로 살아갈 수 없다고도 느낀다. 그러한 갈등 상황에서 실제로 자살을 선택할 수 있으므로 금단 증상의 신호를 감지하면서 자살 등의 사고가 발생하지 않도록 유의해야 한다.

4) 금단 증상의 신호

다음에 열거한 증상은 금단 증상으로 이어질 가능성이 상당히 높은 예들이다. 행동화에 대한 꿈을 꾸거나 갈망이 생기는 것, 설명하기 어려울 정도의 아픔이나 고통을 느끼는 것, 신체 질환이나 기진맥진의 상태, 새로운 중독으로 전환되는 것, 수면이나 섭식 형태의 변화, 자기 자신에 대한 전반적인 의심, 자포자기와 두려움, 자살 생각, 혼자 있고 싶은 욕망, 강박적인 사고, 슬픔이나 우울증 또는 절망감, 정서적으로 기복이 심한 것, 초조하거나 분노가 심한 것, 환상에 사로잡혀 있는 것, 혼동이나 주의집중 곤란, 회복 프로그램에 대한 관심보다도 의구심이 생기는 것 등이다.

앞에서 성 중독에서 회복되기 위해서 금욕 생활의 필요성을 강조했지만, 모두가 완전한 금욕 상태로 생활할 수도 없고, 완전한 금욕 생활을 요구하는 것도 아니다. 가장 중요한 사항은 적어도 위험을 초래하는 성행동을 중지하는 것인데, 많은 중독자가 위험 행동을 중지할 때부터 금단 증상을 보인다. 이럴 때일수록 중독자가 자신의 느낌이나 상태를 솔직하게 후원자나 치료자에게 이야기하면서 지지받아야 한다.

13. 중독의 재발

중독의 효과적인 치료 과정이나 회복 과정에서 극히 중요한 부분은 바로 재발(relapse)을 방지하는 일이다. 성 중독은 다른 중독들과 마찬가지로 신체적, 정서적, 정신적, 영적으로 영향을 미치는 만성질환이므로 재발 가능성이 항상 존재한다. 그래서 회복 과정에서는 재발 방지를 충분히 대비하고 있어야 한다.

재발 방지를 위한 방안에는 여러 가지가 있겠지만, 기본적으로 회복 과정의 초기 몇 년 동안은 회복의 원리에 따라서 자신을 보살펴 주고 지지해 줄 수 있는 튼튼한 안전망을 구축해야 한다. 이는 밤낮을 가리지 않고 자신의 요구에 맞게 그리고 쉽게 접근할 수 있는 안전망이어야 한다. 그러나 보다 현실적으로는 재발의 원인이 무엇인가를 알아야 안전망에 의존하더라도 재발 방지는 물론 재발 상황에 빠르고 적절하게 대처할 수 있다.

1) 재발의 원인

성 중독은 회복 과정에서 왜 재발하는가? 원인은 중독자마다, 상황마다 다를 수 있기에 간략하게 정리하기가 쉽지 않지만, 이를 알아야 재발 방지 대책을 마련할 수 있다. 이들을 몇 가지로 정리해 보면 다음과 같다.

첫째, 기대가 크면 실망도 크듯이 회복에 대한 목표가 너무 이상적일 경우다. 중독자가 회복 과정에 참여할 때 자신에게 중독이 아예 존재하지 않았던 것처럼 말끔히 사라질 것이라는 기대를 하고 있었다면, 이와 같은 기대는 너무 이상(理想)에 가까울 정도로 비현실적인 것이다. 기대가 클 경우 나중에 회복 과정에서 자신의 현실에 대해서 쉽게 실망할 수 있으며, 결국 재발 가능성도 높아진다. 성 중독을 완전하게 근절시키는 목표를 설정하는 것보다도 성 중독과 점점 멀어지는 삶을 희망하는 목표를 설정하는 것이 훨씬 더 바람직하다.

다시 말하면, 중독자가 회복 과정을 거쳐서 성 중독에서 회복된 삶을 살고 있다고 하더라도 스스로를 '과거에는 성 중독자였지만 이제는 완전히 회복된 사람'으로 여기는 것이 아니라 항상 '회복 과정에 있는 중독자로서 성 중독과 거리가 먼 생활을 유지하는 사람'으로 여겨야 한다. 완치라는 개념으로 바라보기보다 매일 성 중독과 관련된 행동이 나타나지 않는 기간을 하루씩 연장시키면서 살아간다고 여겨야 한다. 당뇨병 환자가 정상적인 삶을 위해 매일 인슐린을 필요로 하듯이, 회복 과정에 있는 성 중독 환자도 오랫동안 재발이 나타나지 않아서 회복되었다고 하더라도 회복 프로그램에 참여하기 시작했던 초심을 잃지 않는 노력이 필요하다. 그렇지 않으면 재발 가능성이 높아진다.

둘째, 자신의 현 상태를 인정하지 못하기 때문이다. 회복 과정에 참여한 초창기부터 절제된 생활이 어느 정도 지속되면 자신이 과거에 중독자였다는 사실이나 중독 때문에 삶이 피폐해졌다는 사실을 진정으로 수용할 수 있는 능력이 상실되기도 한다. 회복 과정에 있는 성 중독자가 회복 상태를 꾸준히 유지하기 위해서는, 즉 재발을 방지하기 위해서는 지금은 덮어 두었지만 중독 생활 도중에 가장 힘들었던 기억을 반추해 보면서 중독자였다는 사실을 잊지 않아야 한다.

성 중독자마다 기억 내용이 다를 수 있다. 경찰에 체포되었던 순간, 가족들로부터 집에서 쫓겨났던 순간, 집에서 떠나가는 자신의 얼굴을 아이들이 애처롭게 쳐다보는 순간, 배우자가 우는 모습을 보았던 순간, 자녀의 방문 권리 박탈이라는 판사의 판결문을 들었던 순간, 일자리에서 해고당했던 순간, 성행위로 인하여 심각한 질환에 감염되어 치료 과정에서 힘들었던 순간 등 다양하다. 그 순간을 머릿속으로 새기면서 반추해야 재발의 유혹이 생기더라도 참아낼 수 있다.

셋째, 성 중독과 거리가 먼 생활을 영위하기 위해서 자신이 설정해 둔 경계 행동의 범주가 너무 넓거나 그 경계가 너무 엄격하면 좋지 않다. 이를 모두 지키지 못할 가능성이 높기 때문이다. 후원자나 치료자 또는 가족과 상의하여 기준을 정할 때 이를 너무 엄하게 설정한 것은 스스로를 옥죄는 꼴이 될 수 있다. 그 반작용으로 재발이 발생할 가능성도 있는 법이다.

넷째, 혹시라도 경계 행동을 침범했을 경우 곧바로 후원자 등에게 알리면서 도움을 요청해야 함에도 불구하고 그렇게 하지 못하기 때문이다. 누구나 실수를 할 수 있다. 실수를 하더라도 곧바로 도움을 요청하면 더 이상의 실수를 하지 않도록 도울 수 있다. 회복 과정에서 자신이 정한 경계 행동을 범했을 때 곧바로 도움을 요청하지 못한 것은 바로 회복에 기초가 되는 확고한 정직성을 지켜내지 못한 행위가 된다. 정직성을 유지하지 못할 경우 재발 가능성은 쉽게 높아진다.

2) 재발 방지 계획

재발 방지 계획은 이상의 원인들과 또 다른 원인들을 고려하면서 세워야 한다. 이는 경계 행동을 침범하지 않도록 하려는 계획이며, 경계 행동을 침범했더라도 금기해야 하는 행동까지 이어지지 않도록 하려는 세부 계획을 말한다. 더 구체적으로 표현하면, 과거 마지막 몇 차례의 성적 행동화를 시도했던 시기를 면밀하게 검토하고, 무엇이 그와 같은 성 중독 행동으로 이어지게 했는지, 즉 계기가 되었던 경계 행동을 검토하고 조심하는 세부 계획을 말한다. 후원자나 치료자 등과 함께 그런 경계 행동 하나하나에 대한 회복 계획을 현실적인 차원에서 세우고 실천하려고 노력해야 한다.

예를 들면, 컴퓨터처럼 계기가 되는 물건을 없애 버리면 좋겠지만, 그렇지 못할 경우 안전하게 해 둔다. 유해 소프트웨어 접근을 차단하고, 혼자 있을 때에는 사용하지 않으며, 사용할 때에도 다른 사람, 가족이 볼 수 있는 상태에서 하는 것 등이다. 그와 같은 노력을 하고 있음에도 자신도 모르게 재발로 이어지는 경우도 생긴다. 이를 다음에서 정리한다.

3) 재발 과정

재발로 이어지는 어떤 문제들이 발생하는 것을 재발 과정이라고 부른다. 일련의 과정에서 나타나는 하나하나의 문제를 재발 경고 신호(warning signs)라고 하지만, 그 문제들의 전체를 재발 경고 신호 목록이라 한다. 어떠한 문제든 쉽게 풀어 버리면 재발로 이어지지 않겠지만, 어떠한 문제가 더 복잡하게 꼬이는 상황을 '고위험 상황'이라고 한다.

우선 그 경고 신호가 무엇인지를 알기 전에 과거에 성적 행동화를 경험했을 때 그 행동화를 시도하기 전의 느낌이 무엇이었는지를 점검할 필요가 있다. 쉽게 표현하면, 어느 상황에서 스트레스를 받는지를 점검해야 한다. 일이 잘 풀리지 않아서 또는 돈 때문에 스트레스를 받았거나 피곤했는지, 억울한 일을 당했는지, 불쾌하고 어려운 일을 회피했는지, 배가 고프거나 외로웠는지, 경우에 따라서는 일이 너무 잘 풀릴 경우에도 기쁜 마음을 잘 조절하지 못했는지, 회복 프로그램에 참여한 이후에도 자신이 정한 경계 행동을 침범했거나 정직하지 못했는지 등을 살펴야 한다.

힘들다는 느낌 때문에 나타나는 경고 신호는 중독자마다 다를 수 있겠지만, 우선 강박적인 사고나 행동을 주목할 필요가 있다. 마음속에 불편한 생각이 가득 차 있거나 그 생각이 강박적으로 나타날 때에는 성적 행동화 욕구를 조절하기가 힘들어진다. 강박적 사고는 강박적 행동으로 이어진다. 예를 들면, 무언가를 강박적으로 주시하는 행위, TV나 영화를 강박적으로 보는 행위, 강박적인 쇼핑, 퀴즈 풀이 등을 강박적으로 시도하기, 강박적으로 무언가를 먹는 것 등이다. 이처럼 강박적 행동이 활성화되면 중독자는 의식적으로 위험을 인지해서 행동화의 충동을 억누르기가 어려워지는 것을 경험한다. 그러므로 강박적 사고나 행동을 행동화의 재발을 경고해 주는 신호로 여긴다.

또 다른 사람들과 대화도 하지 않고 혼자 있으려고 하거나, 스스로를 포기하거나, 해괴한 생각을 하거나, 청소 등의 일상적인 집안일을 하지 않거나, 면도나 양치질을 하지 않거나, 건강관리에 신경 쓰는 일을 포기하거나, 자신이나 타인에게 거짓말을 시작하는 것 등도 모두 성적 행동화가 재발될 수 있는 경고 신호다.

이처럼 재발의 경고 신호가 어떤 것인지를 알아야 예방책을 마련할 수 있다. 이를 인식하기 위해서는 자신의 삶에 영향을 미치는 위험 요인을 인지하고 있어야 한다. 이러한 요인들은 대부분 잠재적이기 때문에 이들을 지속적으로 관리하는 적절한 계획이 필요하다. 다음은 중독의 회복 과정에서 재발을 경고하는 신호를 체계적으로 정리한 내용이다. 골스키(T. Gorski)를 참조하여 재발 과정을 재정리하였다.

- 회복 과정에 참여하고 있는 많은 중독자가 어려움에 직면할 때 성 중독과 거리가 먼 상태를 유지하기 위해서 도움을 요청하여 받는다. 그러나 후원자를 비롯한 다른 사람들과 그런 대로 상호작용을

잘하다가 어느 순간 다루기 힘들거나 다루고 싶지 않은 문제에 직면하기도 한다. 그렇게 되면 회복이 진전되지 않고 그 자리에 갑자기 딱 멈추어 버리는 느낌이 든다. 곧 회복이 꼬여 초조하거나 우울하거나 무엇을 해야 할지 모르는 것 같은 느낌이 드는데, 이것이 바로 재발의 경고 신호다.

• 회복 과정이 꼬였을 때에는 스스로 꼬였음을 인정하고 곧바로 도움을 요청하면 어렵지 않게 해결된다. 왜 그런지 잘 몰라도 회복 모임에 참석하기가 싫어지면 무조건 도움을 요청한다. 도움을 요청하는 대신에 어려움이 있는지에 대한 질문을 받았을 때에도 별 문제가 없다거나 모든 것이 괜찮다고 확신시키는 등 상황을 부정하는 것도 재발의 경고 신호다. 어려운 문제를 숨기고 부정하면 그 문제가 사라지는 것처럼 보이지만, 실제로는 그렇지 않고 그 문제는 그대로 있다. 다른 사람들이 볼 수 없도록 숨겨 두었을 뿐이며, 문제를 계속 부정하는 것은 시간과 에너지를 허비하는 행위이자 고통과 스트레스를 증폭시키는 행위가 된다.

• 그 고통과 스트레스를 이겨 내기 위하여 다른 강박적 행동을 하기 시작할 수 있다. 예를 들면, 일에 몰두하든지, 과잉 운동으로 에너지를 발산하면서 고통을 잊으려고 하든지, 과식 아니면 다이어트를 하기도 한다. 이러한 행동은 처음에는 문제로부터 주의나 관심을 다른 곳으로 돌리게 해 주므로 좋다. 그러나 문제가 근본적으로 해결되지 않았기 때문에 다시 스트레스와 고통이 생긴다. 우선은 괜찮은 것 같지만 더 힘들어진다. 이처럼 문제의 본질을 숨기고 다른 강박적 행동을 이용하여 그 문제를 벗어나려는 것은 모든 중독 행동의 전형적 특징이자 재발의 경고 신호가 된다.

- 재발 과정은 안정된 절제 생활로부터 재발로 이끄는 연속적인 문제들이 마치 도미노 게임처럼 쓰러지는 연쇄 반응과 같다. 한 가지 문제가 힘들어지면 쉽게 해결할 수 있었던 다른 문제들까지도 더 힘들어져서 점점 행동화에 가까워진다. 처음의 문제는 그리 대단한 것이 아니어서 대수롭지 않게 여기고 있었지만, 다른 문제도 점점 다루기 힘들게 느껴지면서 고통을 사라지게 하는 방법으로 행동화 욕구가 커지는 것이다. 그 해결책은 아무리 사소한 문제라도 처음부터 이를 무시하지 않고 대처하는 일이다. 보통 이는 큰 일이 아니기에 당황하지 않고 어렵지 않게 다룰 수 있다. 이를 무시하고 대처하지 않으면 다른 문제가 생기거나 더 커지는 법이다. 그러므로 사소한 문제가 생기는 것 자체를 재발 경고 신호로 이해하고 반드시 대처해야 한다.

- 앞에서 사소한 문제를 제대로 다루지 못했을 때 시간이 흐를수록 스트레스가 더 심해지고 여러 가지가 더 힘들게 느껴진다고 언급했다. 성 중독과 거리가 먼 상태를 유지하려면 그와 같은 스트레스나 기분 상태를 잘 이겨 내야 한다. 자신이 성 중독자이고, 다시는 성 중독과 같은 행위를 하지 말아야 하고, 회복 프로그램에만 집중해야 함을 기억해야 한다.

   그와 같은 기분을 이겨 내지 못하면 다른 것들도 포기해 버리고 싶은 마음이 생기고, 그러다 보면 어떤 희생을 치르더라도 성적 행동화에 의한 희열을 맛보고 싶은 충동이 더 커져서 이를 실천하려는 노력을 하게 된다. 곧 재발이 발생하는 것이다.

   재발은 거의 항상 자신의 조절 능력 약화로부터 생긴다. 어떤 계기 때문에 고통이 심하여 정상적인 기능을 하지 못하고, 현명하고 냉정하게 생각하는 것이 어려워지고, 정서적으로도 매우 힘든 느낌이 들었다가 아무런 느낌이 들지 않았다가를 반복하게 되고, 기억력도 저하된 느낌이 들고, 수면도 제대로 취하지 못한다. 곧 무슨 일을 경험하든지 스트레스가 조금 심하다고 느껴진다는 것은 재발에 대한 강력한 경고 신호가 된다.

- 어떤 사소한 문제 때문에 다른 일도 꼬이면서 자기조절 능력이 약해지는 것을 재발의 경고 신호라고 했다. 회복 과정에 있는 중독자가 무언가 잘못인 것 같다는 느낌이 들더라도 이를 비밀로 유지하다 보면, 다른 사람들과의 관계도 어려워진다. 비밀 유지 때문에 가족이나 친구, 동료, 후원자 등을 대하는 태도나 방식이 여느 때와 달라지고, 결국 그들과의 관계에서 문제가 드러난다. 이는 앞의 것들보다 재발에 대한 더 강력한 경고 신호가 된다.

- 이 정도가 되면 어떤 문제가 생겨서 대처하려고 해도 문제들이 이미 커져 버린 상태이기 때문에 문제를 해결할 수 없을 정도로 상황이 악화된 것이다. 임시미봉책으로 문제를 가려 놓고 해결되었다고 말하거나 다른 강박적인 일에 매달려 문제를 잊으려고 노력한다. 그 경우에는 문제가 해결된 듯 보이지만, 이는 짧은 순간에 불과하고 결국 상황을 통제할 수 없게 된다. 한 문제가 풀리자마자 새로운 문제가 등장하게 되는 식이므로 두려움에 빠진다. 두려움이 생겨서 조절 능력이 더 약해지는데, 이는 앞의 것보다 더 강력한 재발의 경고 신호다.

- 회복 과정에 있는 중독자가 이 정도로 자기조절 능력이 떨어질 때 어떤 느낌이 들겠는가? 금욕 생활이 나에게는 별로 바람직하지 않은 것 같다는 생각을 비롯하여 그런 생활을 하는 자신이 비참하다

는 느낌도 강해진다. 더구나 비중독자들이 자신을 제대로 이해하지 못한다고 비판하면서 예전의 친구들과 함께하는 것이 더 낫다는 생각도 든다.

그렇다고 해서 곧바로 행동화를 해야겠다는 계획을 세우지는 않지만, 잠시라도 지금과 같은 상황에서 벗어나고 싶어 하는 등 과거에 자신의 행동화를 지지해 주었던 친구들을 자주 그리워하게 된다. 왜냐하면 그들은 삶의 재미를 느끼는 법을 알고 있기 때문이다. 반대로 현재의 자신에게 성 중독과 거리가 먼 생활을 하도록 바라는 새로운 사람들은 자신에게 전혀 도움이 되지 않는다고 느낀다.

그런 느낌이 들면 그냥 당분간만이라도 지금 상황에서 벗어나면 모든 것이 해결될 것이라고 믿는다. 중독자가 자신을 돕는 주변 사람들이 자신에게 진정으로 도움이 되는 사람인가에 대해 회의한다면, 이는 앞의 단계보다 더 강력한 재발의 경고 신호라고 할 수 있다.

• 이제 과거에 중독과 관련되어 알았던 사람에게 연락을 취하거나 중독과 관련된 장소나 물건 등을 찾게 된다. 물론 그 순간에도 성적으로 행동화를 하지 않을 것이라고 스스로 확신한다. 단순히 현재의 긴장이나 스트레스를 해소시킬 마음이었다고 여기겠지만, 과거 중독과 관련된 사람, 장소, 물건으로 돌아가는 것 자체는 성 중독 재발 확률이 거의 100%에 가깝게 높아진 상태다.

• 드디어 재발이 발생하는 단계다. 성 중독 재발 직전의 심리 상태는 어떠한가? 중독자는 여러 문제로 스트레스 등이 극도에 달하여 신체적으로나 정서적으로 무너지면 오직 두 가지 방법만을 생각

한다. 하나는 자살을 해 버리면 모든 고통거리가 사라질 것이라는 느낌이며, 다른 하나는 행동화를 하면 고통이 사라질 것이라는 느낌이다. 그리고 그 둘 중에서 하나를 택한다. 보통 그 둘 중에서 성적 행동화를 택할 가능성이 더 높다. 마치 성 중독 초기의 심리 상태처럼 고통이 사라질 것이라는 희망 속에서 행동화를 시도하는 것과 같다. 그러나 스트레스가 심해져서 우울 증상이 수반되었을 경우에는 자살을 택할 가능성이 낮지 않다.

• 일단 회복 과정에 있던 성 중독자가 재발하게 되면, 그 후 어떤 길을 택하게 되는가? 거의 대부분 두 부류 중 하나다. 한 부류는 자신의 조절 능력 상실을 인식하고 도움을 얻기 위해서 다시 회복 과정으로 돌아간 중독자들이며, 다행히 그들이 재발에 연루된 기간은 길지 않다. 다른 부류는 재발 이후 심한 수치심이나 죄의식 때문에 도움 요청을 스스로 거부해 버린 중독자들이다. 그들은 결국 건강이나 생활 문제가 심각한 상태로 진행된다. 그들 중에서 늦게나마 다시 회복 과정에 돌아오는 중독자도 있지만, 자살을 택하든지, 정신요양소에 입소하든지, 투옥되든지, 아니면 질환이나 사고로 사망하는 경우도 있다. 그러므로 재발 과정에 대한 대처는 초기에 적절하게 잘 대응해야 한다.

성 중독의 재발을 종합적으로 정리하면, 재발의 원인이나 과정을 이해할 때 가장 중요한 점은 재발이 발생했을 때 무조건 억누르려는 노력보다 재발로 인해 무엇을 배웠는지를 점검하는 일이다. 재발의 발생에 대해서 자신에 대한 책임감을 더 잘 수용하는 등 성장 경험의 일부로 여기면서 나중에 또 재발하지 않도록 방안을 세우는 일이 회복이 더 잘 진행되고 더 나은 결과를 얻게 해 준다.

14. 갈망의 예방

회복 과정에 있는 성 중독자가 자신을 압도하는 것 같은 느낌이 들 정도로 갈망(craving)이 심하게 나타날 때에는 재빨리 절제할 수 있다는 확신을 줄 필요가 있다. 그렇지 않으면 성 중독자 생활을 했을 때 심신을 즐겁게 해 주었던 행동화를 실현시킬 가능성이 높아지기 때문이다. 즉, 갈망이 생길 때 돌보지 못한 것은 흔히 재발이나 실수를 초래하는 원인이 된다. 갈망이 지속되는 기간은 비교적 짧은데, 보통 몇 분 정도에서 한두 시간 정도다. 이 짧은 시간을 잘 돌보지 못하면 회복 과정에서 재발이나 실수가 생긴다는 뜻이다. 갈망이 언제 생기는지를 예측하기가 쉽지 않지만, 재발을 방지하기 위해서는 갈망을 이해할 필요가 있다.

1) 갈망의 계기

갈망에 대한 욕구가 커지는 시기는 언제인가? 스트레스를 지각하는 상황이다. 여기에는 균형이 잡히지 않은 식습관, 카페인 과다 섭취, 운동 부족, 스트레스 관리 실패 등도 포함된다. 이로 인해 성 중독에 관련된 행동이나 감정을 생각하게 된다. 내면적으로는 어린 시절 스트레스를 받으면서 힘들게 살았던 자신의 모습을 연상시킨다. 자기 자신에 대한 가치나 믿음이 사라지고, 더 이상 살아갈 가치를 못 느끼고, 금욕 상태에서 얻을 수 있는 긍정적인 것들이 싫어지며, 오직 성적인 행동화만 할 수 있다면 모든 문제가 풀릴 것 같은 느낌이 든다.

성 중독자가 회복 과정에 있는 동안 스트레스를 받는 경우, 예컨대 금욕을 실천하는 것이 너무나도 힘든 과정이라고 인식하게 되면 회복 과정을 통해서 얻을 수 있는 긍정적인 면을 모두 지워 버리는 대신에 부정적인 면만을 의식하게 된다. 결과적으로 회복 과정에서 경험하고 있는 금욕 상태나 그 결과가 성 중독과 관련된 행동화에서 경험하는 쾌감의 고조 상태보다 더 못하다는 생각을 하게 된다.

그중 회복 과정에서 성 중독자가 자신의 경험에 대한 이야기를 숨겨 버리면, 곤란한 상황에 빠지는 결과로 이어진다. 이렇게 정직성을 잃으면 성 중독자는 다른 사람들과의 의사소통을 피상적으로 하게 되고, 이로 인하여 스스로가 그들과 합류하지 못하고 소외당하게 되며, 자신의 회복 경험에 대해서 분별 있게 점검하지 못하게 된다.

2) 갈망의 예방 및 개입

갈망이 지속되는 시간은 비교적 짧다고 했다. 대부분의 갈망은 2~3시간 정도 지속되다가 사라진다. 어떠한 방법으로든지 그 시간을 잘 넘기면 어려움이 사라질 수 있다. 갈망 수준이 높았더라도 너무 피곤해서 잠이 들었다면, 깨어나는 순간 갈망은 사라져 버리기도 한다. 갈망이 생기는 계기가 환경 때문이었다면, 장소만 이동해도 갈망은 사라질 수 있다. 일단 다른 곳으로 가 보니 자신의 금욕 생활을 지지해 주어서 갈망이 사라질 수도 있다. 이 같은 방법 이외에 갈망을 예방할 수 있는 또는 갈망이 생길 것 같은 상황에서 개입할 수 있는 방안이나 노력에는 어떤 것들이 있는지를 살펴보자.

첫째, 성적인 행동화에 의해서 얻었던 감정이나 정서를 생각나게 하는 스트레스 상황을 피하는 일이다. 스트레스가 심할수록 갈망도 심해지므로 회복 프로그램의 참여 과정이나 일상생활 등에서 스트레스를 받지 않으려고 노력해야 한다. 그러기 위해서는 평소에도 자신이 즐길 수 있는 활동을 하거나 몰입하여 즐거움을 줄 수 있는 여가를 찾거나, 피곤할 때 휴식을 취해야 갈망의 강도가 낮아진다. 설령 갈망이 생기더라도 보다 더 생산적인 일에 신경을 쓰고 에너지를 소모해 버리면 된다.

둘째, 무엇 때문에 언제 갈망이 생기는지를 알아차리는 것이 중요하다. 현재의 부정적 정서 상태와 관련된 기억 그리고 그 정서 상태에 대처하기 위해서 시도했던 과거의 기억이 갈망을 생기게 할 수 있다. 예를 들면, 과거 성적 행동화를 통해서 얻었던 긍정적인 경험은 과장되고 부정적인 경험은 부정되거나 축소해 버릴 때 갈망이 강해진다. 그러다 보면 금욕을 하면서 살아가는 것에 대한 긍정적인 면은 무시되는 반면, 힘들고 끔찍하고 지겹다는 부정적인 면만을 과장하게 된다. 행동화를 하면 모든 것이 편해질 거라고 믿게 된다.

갈망은 한 번만 나타나는 것이 아니라 주기를 가지고 반복될 수 있다. 갈망이 나타날 때마다 재빨리 알아차리고 또 어떻게 대처하는지에 따라서 갈망의 주기가 갈수록 길어지고 갈망의 강도도 약해질 수 있다.

상당수의 성 중독자가 흔히 가벼운 갈망을 문제로 인식하지 못하고 있다가 상태가 심각해질 때 비로소 알아차린다. 갈망이 생기는 시점이나 갈망이 생길 것 같은 상황을 빨리 알아차릴수록 대처하기도 쉬워진다. 갈망의 전조가 되는 행동을 알아차렸다면, 그 행동을 피하거나 그 행동이 나타나는 순간 대처 방법을 익힐 수 있기 때문이다. 하여간 갈망이 생기더라도 빨리 알아차리면 갈망의 지속 시간이 짧아지며 갈망으로 인한 후유증이 덜 심각하다.

셋째, 갈망이 생기는 것을 정상으로 받아들이는 일이다. 많은 사람이 갈망이나 두려움을 경험할 때 회복 과정에서 무언가 잘못되었다고 믿지만, 그렇게 생각하는 대신에 설령 갈망으로 인해서 실수를 하더라도 이를 배움의 과정으로 여겨야 한다. 자신의 실수를 스스로 용서하면서 자신에게 더 따뜻하고 다정하게 대해야 한다. 수치심 때문에 자신에게 가혹해지면 성 중독의 재발에 더 취약해질 수 있다. 갈망이 생기더라도 곧바로 성 중독 반응의 계기가 될 수 있는 상황이나 사람 등을 미리 피해야 한다. 피하지 못할 경우 이들을 거부할 수 있는 힘이 전혀 없는 존재임을 스스로 인정하고 도움을 받는 일에 더 관심을 가져야 한다.

넷째, 갈망을 누군가에게 설명하는 일이다. 갈망의 충동은 현실적이지만, 오랫동안 머물러 있지는 않는다. 그래서 갈망이 생기는 순간 나를 지지해 주는 사람에게 말로 표현해 버리면 행동화로 연결시킬 가능성이 낮아진다. 갈망이 생기는 것을 비밀로 하지 않으면 문제가 커지지 않지만, 비밀로 할 경우 갈망이 더 강해진다. 행동화의 느낌이 생길 때에는 신뢰하고 있는 사람에게 가서 이야기하는 것 자체가 외로움을 느끼지 않게 해 준다. 비밀은 수치심을 불러일으키고, 수치심은 자신을 더 취약하게 만든다. 결국 비밀은 회복을 방해한다. 단, 신뢰할 수 없는 사람이나 여전히 중독 행동을 일삼는 사람 등 안전하지 않은 사람에게 갈망을 설명하지 않도록 조심해야 한다.

다섯째, 자신의 심신을 양육하는 데 힘을 쏟아야 한다. 자신을 돌보는 일에 시간이나 돈, 에너지를 투자해야 하는데, 특히 갈망의 욕구를 대체할 수 있는 취미, 운동 등 여러 활동을 찾아서 투자해야 한다. 운동이나 재미있는 활동에 시간을 보내는 일은 모든 성 중독자에게 유용하지만, 특히 중독으로 앉아서만 지내는 사람들에게 더 중요하다. 자신이 좋아하는 활동은 그것이 무엇이든지 상관없이 뇌에서 자연 상태의 엔도르핀을 분비시켜 갈망의 욕구를 감소시키는 데 도움이 된다. 뇌의 화학적 불균형을 안정시키기 위해서는 적절한 영양 섭취 또한 이루어져야 한다. 충분한 휴식을 취하고, 음악을 듣고, 좋은 친구들과 교제하는 것 등도 모두 심신의 건강 유지에 도움이 된다.

여섯째, 회복 프로그램에 참여하는 자세를 가다듬는 일이다. 매일 하루도 거르지 않고 꾸준히 회복 과정에 참여하면서 다른 사람과 접촉해야 한다. 모임에 일찍 나가고, 회복 프로그램 12단계 중 1단계를 집중적으로 반복한다. 그 이유는 회복에 대한 믿음을 얻으면 두려움을 떨쳐 버릴 수 있기 때문이다. 본인이 회복 프로그램 과정을 선택한 이유는 스스로 무력한 존재이기 때문임을 인정하면서 1단계에 집중할 때 자신이 피해자라는 느낌을 피할 수 있기 때문이다.

15. 실수

회복 과정에서 재발(relapse)을 하면 시간이나 에너지, 간혹 돈까지 적지 않게 소요된다. 재발까지는 아니더라도 금욕 상태를 유지하는 도중에 단절이 생길 수 있다. 금욕 생활을 유지하는 동안에도 성행위를 하고 싶은 마음이 갑자기 사라진 것이 아니므로 자주 충동이 들 수 있다. 언제든지 성 중독으로 다시 빠질 가능성은 존재한다.

성 중독에 빠져들지 않기 위해 회복 과정에서 경계 행동 목록을 만들고 이를 지키려고 노력하고 있지만, 경계 행동을 침범하고 싶은 충동이 느껴질 때 스스로 약속을 지키지 못하기도 한다. 예를 들면, 포르노를 절대로 보지 않겠다고 약속했는데, 포르노를 보게 될 수 있다. 자위행위를 하지 않겠다고 약속했는데, 자위행위를 해 버릴 수 있다. 이를 중독에서는 실수(slip 또는 lapse)라고 한다. 회복 프로그램 참여자에게 프로그램의 효과가 적절치 않으면 실수가 발생할 수 있다.

1) 실수 vs 재발

실수를 했다는 것은 재발과 다르다. 실수는 한 차례 경계 행동을 침범한 것이지만, 실수가 다시 나타나면서 반복이 된다면 재발이라고 할 수 있다. 재발이 나타나지 않으려면, 실수를 했을 때 빨리 실수에서 벗어나야 하며, 그보다 먼저 실수가 나타나지 않도록 하면 더욱 좋다. 실수를 하도록 만드는 상황을 미리 피해야 한다. 이는 재발이나 갈망의 예방 방법이나 대처 방법과 매우 유사하다.

2) 실수에서 벗어나기

행동화를 중단하면 욕구가 채워지지 않기 때문에 불편하고 불만이 생길 수 있다. 이를 이겨 내야 실수를 하지 않고, 회복의 길도 순탄하게 걸어갈 수 있다. 회복 과정에서 그동안 성적으로 강박적이었던 중독자들에게 행동화를 중단시키는 작업은 겉으로는 평온한 것처럼 보이더라도 내면적으로는 '더 이상 참기가 힘들다.' '무언가 잘못된 것 같다.' '세뇌를 당한 것 같다.' 는 느낌이 들면서 행동화 중단을 포기하고 싶은 마음이 커지게 한다. 과거의 성적 행동화를 그리워하는 마음도 생겨나서 당시에 입었던 옷을 입어 보기도 한다. 그러면서 실수를 하게 된다.

그러한 상태를 극복할 수 있는 방법을 살펴보자. 먼저 자신이 실수를 원하고 있는지를 냉정하게 생각해 본다. 이를 실수에 대한 책임감이라고 할 수 있다. 십중팔구 이를 원하지는 않을 것이다. 그렇다면 실수를 할지도 모른다는 느낌이 들 때 혼자서 어떻게 대처해야 하는가?

그러한 느낌이 들었을 때의 예를 살펴보면, 포르노를 생각하기 시작하는 것, 밖에 나갈 때 속옷을 입지 않은 것, 부적절하게 이웃집을 어슬렁거리는 것, 참석해야 할 모임에 빠지는 것, 모임 참석을 생각하면 불편해지는 것, 과거에 성적 행동화를 위해 시도했던 모험이나 위험한 장면을 연상하는 것, 힘들어도 아무에게도 전화를 하지 않는 것 등이다.

이러한 경우에 대처하는 가장 기본적인 방법은 우선 심호흡을 몇 차례 해 보는 것이다. 불안하고 초조하다면, 온전한 정신이 돌아올 때까지 심호흡을 천천히 해 본다. 다른 생각을 하지 않고 오직 호흡에 집중하면서 마음속으로 숫자를 하나, 둘 세면서 숨을 들이마시고, 숨을 내쉴 때에도 숫자를 세어 본다. 심호흡을 할 때 눈을 감으면 다른 자극을 차단해 주므로 호흡에만 집중하기가 더 쉽고, 불안이나 강박 증상이 사라지게 된다.

둘째, 집에서 실수를 범할 것 같은 느낌이 들었다면 따뜻한 욕조에 몸을 담그거나 거울을 바라보면서 자신과 대화를 시도해 본다. 자신이 진정으로 원하는지를 물어보고 스스로에게 '그렇지 않다!'라는 답을 해 보고, 조금만 잘 견디면 실수를 하지 않을 것이라고 격려하며, 성 중독에서 벗어날 수 있다는 희망적인 답도 해 본다.

셋째, 실수할 것 같은 위기 상황에서 누구나 할 수 있는 것은 바로 절대자를 찾는 일이다. 종교를 믿든 안 믿든 일단 하느님이나 부처님, 아니면 조상님이라도 찾으면서 기도를 해 본다. 절실하게 기도를 하면 무신론자라고 하더라도 마음이 조금 더 편해지면서 응답을 얻을 수 있다. 아마도 다른 사람에게 이야기하는 것보다 기도를 통해 절대자에게 이야기하는 것이 더 쉬울 수도 있다.

넷째, 다른 사람의 도움을 받아서 실수를 막을 수도 있는데, 가장 중요하면서도 쉬운 방법이 바로 전화 통화다. 무슨 일이 일어날 것 같은 느낌이 들거나 발생했을 때 누군가에게 재빨리 전화를 걸어야 한다. 힘들게 느껴진 상황에서 가장 좋지 않은 일은 그런 느낌을 억누르려는 노력만 하다가 아무것도 하지 못하는 것이다. 누군가에게 먼저 말을 하면, 설령 실수를 하더라도 일시적으로 실수를 지연시켜 주는 효과가 있다. 수치심과 외로움으로 또 다른 실수를 할 수 있기 때문에 그러한 느낌이 들자마자 전화를 해야 한다.

전화를 받는 사람이 귀찮게 여길지도 모른다고 생각하면서 포기하지 말고, 실수나 재발을 예방하기 위해서 누구에게든지 전화를 해야 한다. 전화 통화는 행동화를 중단시키는 매우 효과적인 방법 중 하나다. 성 중독 회복 프로그램에 참여하는 자체가 다른 사람들을 이용하여 중독에서 벗어나기 위한 이기적인 일이므로 행동화 중단을 유지하기 위해 전화 통화를 하든지 뭐든 해야 한다. 실수를 할 위험이 높은 상태에서 아무것도 하지 않는 것은 바람직하지 않다.

다섯째, 바로 회복 프로그램의 모임에 참여하는 일이다. 가고 싶지 않아도, 더 재미있는 일이 있더라도, 더 중요한 일이 있더라도, 행동화를 하지 않으면 죽을 것 같더라도, 몸이 아무리 무겁더라도 매일 몸을 이끌고 무조건 모임을 찾아가면, 다른 사람들을 보는 순간부터 마음이 조금 더 편해진다. 혹시 실수를 했더라도 모임에 찾아가서 실수에 대해서 얘기하면 도움을 줄 수 있는 사람들과 자신의 고통을 나눌 수 있다. 자신을 도와줄 수 있는 사람들로부터 고립되거나 단절되지 않아야 한다. 그들의 입장에서는 자기 주변의 누군가가 실수를 한다면, 이는 바로 자신의 실수가 되며, 그 실수에서 회복된다면 자신이 회복된 것이나 마찬가지이기 때문이다.

프로그램과 그 프로그램에 참여하는 사람들 모두가 강박적인 성행동으로 자신처럼 그러한 고통을 경험했기 때문에 모였으며, 서로를 비판하고 판단하기 위해서 모인 것이 아니라 서로를 돕기 위해 모인 것이다. 프로그램에서도 의미가 몸에 밸 때까지 1단계를 반복하여 자신이 강박적인 성행동을 스스로 조절할 수 없음을 시인하고, 나머지는 프로그램 참여에 맡기면 된다. 혹시라도 참여하기 어려운 상황이라면 혼자서 성 중독에 관련된 문헌이나 회복에 관한 문헌을 읽는다. 문헌만 읽어도 도움이 되는 다른 사람을 접촉할 수 있으므로 문헌을 가까이 해야 한다. 같은 문헌을 여러 차례 읽더라도 새로움을 얻게 되므로 게을리하지 않아야 한다. 가능하면 빨리 고통에서 벗어나서 회복 프로그램에 다시 연결되어야 하며, 이전보다 더 깊게 연결되어야 한다.

혹시 실수를 해 버렸으면 어떻게 해야 하는가? 실수 자체는 자신에게 다시 고통을 가져다주지만, 실수를 통해 무엇이 잘못되었는지를 배우면 앞으로 실수를 할 가능성이 줄어든다. 일단 실수를 했다면 실수에서 교훈을 얻어야 한다. 실수를 하지 않고 회복의 길을 걷는 사람들도 있기 때문에 실수를 하거나 실수를 할 것 같을 때 자신의 모습에 실망하거나 스스로를 비난하고 자책할 수 있다. 그러나 그렇게 생각할 필요가 없다. 이러한 느낌을 들 때 실수를 하거나 실수를 극복해 나가는 것 모두 회복 과정의 일부기 때문이다.

실수를 했을 때에는 여러 가지를 점검해 보아야 한다. 회복 프로그램에 잘 참여하고 있었는지, 후원자를 적절하게 최대한 이용하고 있었는지, 매일 전화를 하고 지냈는지, 회복 프로그램 모임에서 서비스를 하는 등 적극적이었는지, 자신이 설정한 프로그램의 실천사항이 자신에게 너무 느슨하거나 애매했는지 등을 점검하면서 실수가 다시 나타나지 않도록 회복 프로그램을 수정하거나 자신감을 잃지 않아야 한다.

16. 회복을 위한 도구

회복을 위한 도구(recovery tools)란 회복을 성공적으로 이끌기 위해서 도움이 되는 수단, 즉 초심자의 회복을 지지해 주는 도구다. 대표적인 것은 바로 회복 프로그램에 참여하는 것인데, 세부 내용은 앞에서 여러 차례 언급하고 강조했던 회복의 조건과 대부분 유사하다.

성 중독에서 회복되는 일은 어떻게 보면 혼자서 실천할 수 있는 것이 아니라 팀 스포츠처럼 다른 사람들과 함께 하는 것이다. 인구 규모가 크지 않은 지역일 경우 참여할 수 있는 사람도 많지 않고 모임이 이루어지기가 어렵다는 단점이 있지만, 회복을 위해서는 중독자들이 형성한 자조 모임에 참석해야 한다. 그 모임에 가면 회복과 관련된 프로그램이 실시되고 있기 때문에 회복 가능성이 높아진다. 모임은 자신의 경험이나 장점, 희망들을 모임의 구성원들과 공유하면서 지지를 주고받을 수 있어서 공통적인 문제를 잘 이해하고 함께 문제를 해결하는 장이 된다.

성 중독자는 과거에 혼자서 치유하고자 노력해 보았지만, 실패했다. 그렇지만 구성원들과 같이 하면 치유 가능성을 찾을 수 있다. 모임에 나가면 다른 사람들이 과거와 현재에 대해서 얘기하는 것을 들어볼 수 있다. 자신과의 차이점 대신에 유사성에 귀를 기울이다 보면, 자신도 치유할 수 있다는 가능성을 보게 된다.

자신이 거주하는 지역에 모임이 없다면, 스스로 모임을 만들면 된다. 자신과 생각이나 처지가 비슷한 사람을 한 명만 찾는다면 두 사람이 모임을 만들어 서로 도움이 되는 일을 시작하고, 모임을 필요로 하는 사람을 한 사람씩 늘려 가면 된다. 그런 사람을 전혀 찾지 못했다면 온라인 모임에라도 참여해야 한다.

그 모임에 자주 참석하는 것이 바람직하다. 지금 당장 행동화를 하지 않으면 죽을 것 같거나 더 좋아지지 않을 것 같더라도 모임에 참석해 있어야 한다. 더 중요하거나 재미있는 일이 있더라도 모임에 가야 한다. 모임에 참여하기 시작한 초기에는 가능하면 자주 참석해야 한다. 초창기 3개월 정도는 매일 참석하는 것이 좋다. 알코올중독자 자조모임(AA)에서는 '처음 90일 동안 90회 모임 참석'을 마치 격언처럼 표현하고 있다. 매일 참석하면, 타인의 회복된 모습을 보고 희망이 더 커지고, 생활에서 정직이 무엇인가를 알게 해 주고, 새로운 사람을 만나면서 성 중독과 거리가 먼 생활을 유지하기가 더 쉬워지며, 열심히 생활하게 되어 지지를 얻고 인정도 받을 수 있다.

1) 회복 모임 참여 시 인간관계

회복을 위한 모임에 참석하더라도 지켜야 할 사항은 한두 가지가 아니다. 우선 인간관계에 대한 준수사항을 보면, 자신의 중독 생활에 관계되었던 친구, 즉 과거처럼 좋지 않았던 형태를 지속시킬 수 있는 친구를 피해야 한다. 그런 친구와의 관계에 의존하게 되면, 회복을 위하여 노력하는 내 삶의 균형을 추구하는 일이 쉽지 않다. 적어도 회복이 확실해질 때까지 그들을 만나지 않아야 한다. 그 대신 모임에 참석하면서 새로운 사람들을 만나고 사귀어야 하고, 그 새로운 사람과의 진정한 의미의 친밀감을 발달시켜야 한다. 그 사람은 내가 금욕 위주의 생활을 하면서 프로그램 효과가 나타날 때 이를 지지해 줄 수 있는 사람이어야 한다.

(1) 사회적 교류

중독이라는 질환의 특성 중 하나는 고립이었다. 다른 사람들과는 중독에 무관한 상태에서 교류하는 방법을 모색해야 한다. 어떤 사람은 치료를 받기 시작하거나 회복 프로그램에 참여하기 시작한 후에 그 모임이나 치료집단에 국한시켜서 교류를 하며, 또 어떤 사람들은 그 모임 이외의 사람들과도 교류를 시작한다. 모임에 와서든지 아니면 지역사회에서의 활동이든지 다른 사람들과 알고 지낸다는 것은 고립 생활을 예방한다. 자신의 중독 상태를 알고 있는 사람들 중에서 자신의 삶의 변화에 대해 무엇이든지 자유롭게 이야기할 수 있는 사람이 후원자를 포함하여 한두 사람은 있어야 한다. 자신이 중독자임을 모르는 사람이더라도 자신의 건전한 생활을 긍정적으로 평가해 주고 지지해 줄 수 있는 사람들을 만나야 한다. 단, 비(非)성적인 상황에서 다른 사람들과 시간을 보내야 한다.

(2) 데이트 파트너

미혼인 성 중독자가 회복 프로그램에 참여하기 시작한 이후 사회적 교류를 통하여 마음에 드는 파트너가 생기는 경우가 있다. 그 파트너와 정기적으로 데이트를 한다는 것은 성 중독자의 입장에서 자신이나 타인을 더 잘 알도록 해 줄 수 있다. 그 파트너는 성 중독 회복 프로그램에 함께 관여하는 사람이 아니고, 자신의 성 중독 과거사를 잘 모르는 사람이다.

그럼에도 그 파트너와 데이트를 자주 할수록 더 가까워지고, 그럴수록 성관계의 욕구가 커질 수 있으며, 어느 순간에는 성관계 여부를 결정해야 한다. 이러한 경우 어떠한 선택이 가장 현명한 일인가? 처음부터 자신의 어린 시절의 상처 경험이나 그로 인한 힘든 삶에 대한 이야기를 해서는 안 된다. 두 사람 사이에 신뢰감이 발달하지도 않았는데, 너무 정직하게 과거사를 모두 얘기하는 것은 파트너에게도 큰 부담이 된다.

그러나 시간을 함께 보내는 기회가 빈번해지면서 서로 더 가까워질 수 있는데, 어느 시점에서는 과거 이야기를 해야 한다. 어느 시점이란 언제를 말하는가? 바로 두 사람이 성적인 본능을 발산하고자 하는 욕구가 커졌을 때다. 두 사람이 성관계를 시도하기 전에 자신의 과거사를 털어놓고 파트너와 공유해야 회복에 실패하지 않는다. 다시 말하면, 과거사 공유를 하지 못한 상태에서 성관계가 이루어졌다면 두 사람의 관계는 성 중독자의 회복에 전혀 도움이 되지 못하며, 오히려 해가 된다. 파트너도 배신감에 사로잡힐 수 있다.

파트너와 성적 상호작용이 이루어지기 전에 자신의 과거사를 공유하면서 이해를 구하는 일이 나중을 위해서 바람직하다. 파트너가 자신을 회복 과정에 있는 사람으로 이해해 준다면, 자신을 버릴 것 같다는 두려움이 사라진다. 성 중독자가 미리 얘기를 했을 때 파트너에게 거절당한 경우는 매우 드물다. 파트너가 이해한 상태에서는 성적인 상호작용을 어느 정도, 어느 선에서 해야 할지 파트너와 공유하는 일도 어렵지 않다.

2) 회복 모임 참여 시 자세

(1) 시간 약속

성 중독자가 참여하기로 선택한 모임마다 실천사항의 세부 내용이 약간씩 다르지만, 어느 모임이든지 공통적인 준수사항은 바로 시간을 잘 지켜야 한다는 것이다. 너무 많은 사람이 모이는 경우에는 모든 이들이 시간 약속을 지키는 일이 어려우므로 두세 사람 정도가 만나는 모임이 더 좋을 수도 있다. 시간 약속을 지키는 것은 현재 자신이 하려고 하는 회복에 진정으로 충실함을 보여 주는 것이다. 성 중독 관련 연구는 회복 프로그램 참여자가 다른 일들보다도 회복을 우선시하면 프로그램의 효과가 나타난다는 것을 보여 주었다. 일단 모임에 참석하고, 시간을 잘 지키기만 해도 회복의 가능성은 매우 높아지는 법이다.

(2) 인내하기

성 중독은 오랜 기간에 걸쳐서 발달했기에 회복도 하루아침에 이루어지는 것이 아니다. 서두르지 않고 회복 프로그램에 참여해야 한다. 강박적 성행동을 하루아침에 바꾸려고 해도 실패나 실수가 따르기 때문에 그렇게 기대해서도 안 된다. 회복 프로그램에 성실하게 참여하더라도 하루아침에 마술처럼 무언가 확 달라지는 느낌은 들지 않는다. 회복이 매끄럽게 진행되는 것도 아니다. 회복에서 평온과 안녕을 얻기도 하지만, 힘들어서 포기하고 싶은 느낌이나 재발 등을 경험하는 등 기복도 있다. 회복은 평균적으로 보면 하루하루 조금씩 진행된다고 할 수 있다. 자신의 중독을 이해하는 데에도 상당한 시간이 걸릴 수 있다.

회복 프로그램 참여 초기부터 욕심을 부리면서 큰 결정을 하지 않아야 한다. 모임에 가서 다른 사람들과 경험을 공유할수록 조금씩 희망이 생길 것이다. 그러나 한 걸음 갈 때마다 시간이 걸리기 때문에 인내를 가져야 한다. 인내를 통해서 회복 과정을 거친 사람들은 회복 프로그램에 참여한 것을 최대의 선물로 여긴다. 프로그램의 효과가 나타날 때까지는 인내하는 자세를 잃지 말아야 한다.

(3) 경청하기

모임에 가면, 앉아서 입을 다물고 다른 사람의 이야기를 들어보는 것이 중요하다. 내가 이미 다 알고 있다고 해서 들으려고 하지 않거나 이야기 도중에 끼어들지 않아야 한다. 자신은 입을 다물고 두 손을 호주머니에 넣고 초심자들에게 말할 수 있는 기회를 주어야 한다. 들어보는 것을 배우고, 또 다른 사람들이 어떻게 배워 가고 있는지를 들어보아야 한다. 모임에 가서 귀를 기울이다 보면 자신의 회복 과정에 필요한 좋은 생각이 떠오를 수 있다. 그래서 단순히 상대방의 얘기를 듣고 앉아만 있는 것이 아니라 귀 기울이면서 스스로의 내면을 들여다보는 태도를 배우는 것이다. 입은 다물고 있더라도 마음은 열고 있어야 하고, 다른 사람의 이야기를 토대로 개인적 판단을 하지 않아야 하며, 또 다른 사람들과의 차이점보다도 나와 유사했던 점에 귀를 기울여야 한다.

입을 다물고 있는 것을 12단계 회복 프로그램에서 보이지 않는 규칙처럼 여겨지는 관습(일명 no cross-talk rule이라고 부름)으로 이해해야 한다. 참석자가 자신의 생각이나 경험, 충고 등을 이야기하면, 다른 사람들은 그 사람의 이야기 내용을 공유할 뿐 그 내용에 대한 반박이나 수정, 동조 등을 하지 않는다. 예를 들면, 한 사람이 자신의 성 중독은 과거 성 학대에 의한 것 같다고 말하면, 듣는 사람들은 그 사람의 경험이나 생각을 공유할 수 있지만 맞거나 틀리다는 평가나 판단을 하지 않는다. 집단치료에 참여한 사람들은 상대방의 이야기에 대해서 평가 등 의견을 제시하는 것이 오히려 격려가 되어서 바람직하게 여기지만, 12단계 회복 프로그램은 그런 평가를 삼가도록 한다.

(4) 공부하기

다른 사람들로부터 건강한 성의 본질에 대해서 배울 수 있는 만큼 많이 배워야 한다. 그러나 그것만으로 충분하지 않다. 성 중독자를 위한 회복 프로그램은 고정되어 있는 틀이 아니다. 모임에 참여하고 있는 회원들의 특성에 따라서 탄력적으로 운용되는 것이다. 그러므로 서로 다른 자조 모임에서 제공하는 회복 프로그램에 관련된 자료나 서적을 자주 읽어 보아야 자신이 무엇을 해야 할지를 이해할 수 있다. '자주' 라는 표현보다도 매일 한 차례 정도라는 표현이 더 적절할 수 있다. 매일 읽는다는 것은 항상 회복에 초점을 맞추고 생활하고 있다는 뜻이기 때문이다. 문헌을 읽어 보면서 좋은 생각이 떠오르면 나름대로 가치가 큰 것이다. 역시 중독과 관련된 학술회의나 연수, 피정 등을 다니면서 회복에 집중할 수 있는 기회를 얻는 것도 바람직하다.

(5) 공유하기

함께 회복 과정에 참여한 다른 중독자들 앞에서 정직해지고 모든 것을 받아들이는 게 쉬운 일은 아니지만, 가치가 매우 크다. 회복의 속도나 정도는 자신의 경험을 다른 사람들과 공유하려고 하는 빈도와 비례한다. 어떤 중독자는 회복 과정에서 기회가 생길 때마다 항상 자신의 얘기를 토로하는 데 심혈을 기울인다. 그래서 최소한 한 사람과 자신의 모든 경험을 공유하는 것이 바람직하다.

현실적으로 중독자의 심정을 가장 잘 이해해 줄 수 있는 사람은 바로 동료 중독자다. 자신의 경험이나 생각, 느낌 등을 동료 중독자와 공유할 때 자신이 혼자가 아니라는 점을 인식하기가 더 쉽고 동료 역시 나에게 힘든 상황을 헤쳐나갈 수 있는 방안을 찾아주기가 더 쉬워진다.

(6) 지지망 만들기

중독 생활을 하는 동안에는 가족이나 친구, 하물며 자기 자신과도 단절되어 있었다. 그와 같은 고립은 성 중독 상태에서 벗어나기 더욱 힘들게 만들어 버린다. 회복을 위해서 이제부터는 다른 사람들을 만나야 한다. 자신의 회복 과정을 그들과 논의하는 것은 자신이 혼자가 아님을 깨닫게 해 주며, 회복에 대한 다양한 관점을 얻게 해 준다. 열심히 하고 있을 때 집단의 구성원에게 필요한 격려와 지지를 얻는 것이 중요하다. 평소에도 모임을 통해서든, 전화나 인터넷을 통해서든 또는 대면으로 하든 회복 과정에 있는 다른 사람들과 의사소통을 하고, 힘들거나 필요할 때 도움을 요청해야 한다. 위기가 아닌 시기에 이러한 사람들을 한 명이라도 더 많이 만나고 자신을 지지해 주는 망으로 만들어 두어야 한다. 그러기 위해서는 모임에 지속적으로 참여해야 한다.

(7) 전화하기

전화는 모임 참여를 지속시켜 주는 생명줄 역할을 한다. 프로그램에 함께 참여하고 있는 회원들과 전화번호를 교환하고, 누구하고든지 매일 전화 통화를 해야 한다. 성 중독이라는 질병의 강한 특성은 고립인데, 이 고립감이 들지 않는 것이 중요하다. 처음에는 전화를 거는 것이 쑥스러울 수 있지만 차츰 익숙해지면 무슨 일이 생길 때 쉽게 통화를 할 수 있다. 재발하는 것보다 전화를 걸어서 막는 것이 더 낫다. 예방 차원에서 전화 걸기를 습관화해야 한다. 전화 걸기 자체가 혹시라도 좋지 못한 생각을 하게 되었던 상태에서 벗어나게 해 주기 때문이다.

간혹 아무도 자신을 이해해 주지 않는 것 같다거나 다른 사람들이 자신의 회복을 잘 돕지 않는 것 같다는 느낌이 들면서 모임 참석에 회의가 들 때도 있다. 그럴수록 전화 걸기 등으로 끈을 놓치지 않아야 염세적인 생각이 줄어들 수 있다. 이와 반대로 굳건한 의지력으로 성적 행동화를 혼자서 중단할 수 있다고 생각하여 다른 사람의 도움이나 지지가 없어도 될 것 같다고 느낄 때도 있다. 그렇지만 그와 같은 낙관은 쉽게 재발로 연결될 가능성이 크다. 매일 누군가와 이야기를 하면서 내 스스로가 아니라 다른 사람의 도움을 받아서 중독 문제로부터 회복의 길을 걸어가야 한다. 전화를 거는 일은 누군가를 만나는 일의 대체 방안이다.

(8) 기록하기

회복 과정의 일부는 자신의 느낌이나 감정을 잘 알아차리는 것이다. 이를 위해서 매 순간 어떤 생각이 들고 어떤 느낌이 드는지에 신경을 써야 한다. 예를 들면, 손에 땀이 나거나, 사지가 굳어지는 느낌이 들거나, 초조하거나, 심박이 빨라지거나, 누군가와 멀리 앉고 싶거나 또는 그와 반대로 그 옆에 앉고 싶거나, 얼굴이 달아오르거나 등을 항상 신경 쓰며, 그 느낌과 생각을 표현해야 하는 것들이라면 적절한 시기에 표현해야 한다.

그 생각을 표현했는지 여부에 상관없이 기자가 사건의 경위를 기록하는 것처럼 생각이나 감정 등을 항상 기록하는 습관을 지니면 도움이 된다. 성 중독자들은 자녀들을 건강하게 양육하지 못했던 보호자 밑에서 성장한 결과 비중독자들보다 정서적 고통이나 수치심을 더 심하게 겪었던 자들이다. 그러다 보니 성년기에도 다른 일로 부정적인 정서를 경험할 때 비중독자들보다 그 경험이 더 오랫동안 가시지 않는다.

이제부터는 오늘은 어떤 기분이었는지, 화가 났으면 누구에게 왜 났는지, 불안하고 두려웠으면 무엇 때문에 그랬는지, 마음의 상처가 있었으면 무슨 일로 생겼는지, 분개했으면 누구에게 왜 그랬는지, 멸시를 당했으면 누구로부터 어떤 이유 때문인지, 방어적인 태도를 보였다면 누구에게 왜 그랬는지, 성적으로 행동화의 유혹이 있었으면 어떤 상황이었는지 등을 기록해 두고, 자신의 감정이나 생각을 기록한 내용을 다른 성 중독자나 후원자, 치료자, 회복 집단의 참여자 등과 함께 나누어 본다.

자신은 내적인 자아에 대해서 가장 잘 알고 질병의 근원도 잘 알고 있는 사람이다. 기록은 자신에게 정직하게 다가가도록 해 주는 도구가 될 수 있다. 이는 기록을 할 때 정직해야 한다는 것을 의미한다. 기록하는 습관이 몸에 밸수록 자신의 건강한 부분과 연결되기 시작하는데, 즉 자기 자신과의 관계를 발전시키고 복원시키는 데 큰 도움이 된다. 일기든지 편지든지 이메일이든지 느낌, 감정, 회복 프로그램 참여 관련 사항, 가치나 동기의 변화, 인간관계 등을 기록한다.

감정을 직접 종이에 글로 표현하는 것은 이들을 꼭꼭 채워 넣는 것이 아니라 방출시키는 경험이 된다. 글을 쓴다는 것은 감정에서 도피하는 것이 아니라 그 감정에 직면하도록 하는 하나의 방법이다. 쓴다는 것은 생각을 명확하게 정리해 주고 질병의 악순환을 깨 주는 기능을 한다. 자신이 썼던 내용을 다시 말로 표현해 보는 것도 필요하다. 고통을 받을 때마다 과거의 유사한 상황에서 느꼈던 것을 보면서 용기를 얻을 수 있을 것이다.

글을 쓰는 것은 회복 과정이 어느 정도 진척되고 있는가를 알 수 있게 해 주기도 한다. 아울러 회복 과정에 참여하는 느낌을 글로 작성하는 동안에는 중독으로 유혹하는 위험 등을 피하면서 금욕을 실천하는 시간을 연장해 주는 효과도 있다.

(9) 정직하기

모든 중독자가 거짓말쟁이였다. 거짓말이란 중독에 관련된 사실을 별일이 아닌 것처럼 왜곡해서 이야기하는 것, 그 사실을 이야기해야 할 때 주요한 부분을 빠뜨리고 이야기하거나 아예 이야기를 하지 않는 것을 말한다. 모임에 참여하면서부터 힘들게 느껴진 점 중 하나가 바로 정직한 사람으로 바뀌어야 한다는 점이다.

성행위나 성욕, 관계 등에 관한 자신의 행동이나 생각을 정직하게 이야기해야 한다. 자신의 생각이나 경험을 표현할 때 정직하게 이야기 하려면 일인칭으로 다른 사람들을 쳐다보면서 해야 한다. 대부분의 사람이 그런 경험을 했다거나 보통 사람들이 그렇게 느낀다고 표현하는 것보다 "나는 이렇게 했다."거나 "나는 저렇게 생각한다."는 식으로 표현하는 것이 거짓말의 충동에서 벗어나기가 더 쉽다. 자신이 감추고 있었던 경험을 모임에서 이러한 방식으로 노출해야 회원들 사이의 신뢰감도 깊어지고 회복에 대한 자신감이 생긴다. 용기가 있어야 자기노출을 할 수 있으며, 누군가 한 사람이라도 그와 같은 도전을 해야 다른 사람들도 덩달아 자기노출을 하면서 정직할 수 있다.

더 이상 거짓말을 하지 않아야 하지만 습관이 되어서 자기노출이 쉽지 않을 수 있다. 그래서 과거에 자신이 익숙하게 거짓말을 했던 상황이나 계기 등에 신경을 쓰고 생활해야 한다. 항상 기록할 것을 가지고 다니면서 일주일에 몇 번 정도 거짓말을 하는지, 거짓말을 할 때 어떤 형태의 거짓말을 하는지, 어떤 상황에서 하는지, 누구를 대상으로 거짓말을 하게 되는지, 또 거짓말을 했을 때 그 사람에 대해서 무슨 느낌과 무슨 생각이 들었는지 등을 적으면서 습관을 고쳐야 한다.

역시 거짓말을 한 후 자신에 대해서 어떤 느낌이 들었는지, 거짓말을 할 수밖에 없는 시기는 언제인지, 자신이 어떠한 거짓말을 하고 있는지를 아는지, 거짓말과 관련된 특정한 사람, 상황, 주제, 감정 등이 있는지, 거짓말이 자신의 생활에 어떤 기능을 하는지, 자신을 보호해 주는지, 동반의존자로서 거짓말을 하는지, 자신의 거짓말이 회복을 도와주는지 아니면 방해하는지, 진실을 말하는 것이 거짓말보다 더 나은지 아니면 차이가 없는지 등을 스스로에게 물어본다. 물론 모든 사람이 항상 진실만 이야기하는 것은 아니다. 그래서 목표는 거짓말을 전혀 하지 않는 완벽함을 구하는 것이 아니라 거짓말의 빈도나 정도가 줄어드는 긍정적인 변화에 두면서 정직한 삶으로 나아간다.

(10) 단서를 휴대하기

지갑이나 호주머니에 항상 자신이 회복 프로그램에 참여하고 있다는 사실이나 의지를 상기시켜 줄 물건, 지시사항, 관련된 사람들의 전화번호, 회복 계획표 등을 가지고 다닌다. 본인이 생활하는 장소의 여러 곳(화장실 거울, 컴퓨터 옆, 자동차 안 등)에도 회복을 상기시키는 쪽지 글을 붙여 놓는다.

이러한 것들은 단순하게 보일 수 있지만 성 중독과 거리가 먼 생활을 유지하도록 할 때 큰 도움이 되기 때문에 회복 계획을 정리한 쪽지 글을 가능하면 자주 읽어 본다. 자신의 목표를 자주 상기한다는 것은 과거에 자신을 괴롭게 했던 혼동이나 고통으로 돌아가지 않도록 하는 의지를 키워 준다. 목표에 관한 쪽지 글의 내용은 회복의 진전이나 상황에 따라서 수시로 갱신할 수 있다.

(11) 현재에 충실하기

회복 프로그램에 참여할 때 중독자들의 각오나 의지는 대단하다. 누구나 다시는 절대로 성 중독과 관련된 삶을 살지 않겠다고 맹세하고 이에 참여한다. 그렇지만 그 맹세에 너무 집착하면서 살다 보면 오히려 좌절할 수도 있다. 그래서 과거 자신이 무엇을 했는지 또는 과거의 자기 모습에 연연하는 것이 아니라 현재 무엇을 느끼는지, 무엇을 해야 하는지를 의식하면서 회복에 집중해야 한다. 마찬가지로 미래의 모습에 대해서도 너무 집착하지 않아야 한다.

마음이 미래나 과거에 머무른 채 살아가다 보면 아무것도 할 수 없다. 그저 지금의 순간, 어제나 내일보다도 오늘에만 충실해야 한다. 어떤 일을 할 수 있는 시간은 어제도 아니고, 내일도 아니고, 오직 바로지금 이 순간이라는 점을 명심해야 한다.

과거를 뒤돌아보는 것은 반성 차원에서 바람직할 수도 있지만 어느순간에 머물러 응시하지 말아야 한다. 과거는 지나간 것이며, 변할 수있는 것도 아니다. 단지 과거로부터 배우려는 자세만 갖추면 된다. 아무리 과거가 암울했고 절망적이었을지라도 오늘, 현재, 이 순간을 성중독과 거리가 먼 상태를 유지하려고 노력하기만 하면 된다. 미래를너무 앞서서 내다볼 필요도 없다. 매일매일 하루를 오직 오늘에만 신경을 쓰면서 바른 상태를 유지하려고 노력하면 밝고 깨끗한 미래는 저절로 다가오는 법이다.

(12) 기도하기

어떤 중독자는 종교가 있었지만 성 중독자가 되면서 영성을 잃었거나 약해졌을 수 있고, 어떤 중독자는 전혀 종교와 무관한 생활을 했을수 있다. 그러나 이제는 종교의 유무나 신앙심이 두터운 정도에 상관없이 회복 과정에서 절대자를 이해한 대로 또는 이해하지 못한 대로 절대자에게 도움을 달라고 기도하는 것이 바람직하다.

우리보다 힘이 센 절대자에 대한 믿음이 어느 정도 강한지에 상관없이 주기적으로 절대자와 연결을 시도하는 것은 회복을 강화시켜 준다. 기독교인이라면 하느님, 불교인이라면 부처님, 특별히 믿는 종교가 없는 사람이라면 우주 또는 우주의 에너지인 자연, 아니면 중독자 자조 모임을 절대자로 여겨도 무방하다. 이는 회복 과정에서 중독자에게 새로운 또는 다시 깨우친 영적인 느낌을 경험하게 해 준다.

(13) 전문적인 도움

중독자는 과거에 힘든 상황을 행동화로 회피했던 것에 익숙한 사람이다. 회복 과정에 참여하고 있는 순간도 그런 잠재성이 모두 사라져 있는 상태가 아님을 잊지 말아야 한다. 그렇기 때문에 자조 모임에 참여하더라도 상담이든 치료이든 성 중독을 이해하는 전문가의 도움을 받는 것이 중요하다. 전문가의 도움을 받는 것도 회복으로 가는 길에 해당된다.

회복이란 성적으로 중독된 행동 자제만 요구하는 것이 아니라 그 이상을 요구하는 일이다. 집단치료이든 개인치료이든, 그 두 가지 모두이든 전문적인 도움을 받을 수 있다. 가능하다면 상담이나 치료 과정에 배우자나 파트너가 개인적으로든지 커플로든지 참여한다면 중독으로부터 회복 및 관계의 회복에 큰 도움이 된다.

(14) 서비스 실천하기

회복으로 가는 필수 요소는 바로 타인을 돕는 일이다. 타인을 돕는 서비스 업무는 결국 자신의 회복을 돕는 행위이며, 서비스는 다양한 방법으로 실천할 수 있다. 서비스를 회복 모임에서만 하는 것이 아니라 지역사회 활동에서도 할 수 있다. 아직 회복 프로그램에 참여하지 않고 있는 성 중독자에게 회복 프로그램을 소개하는 것도 서비스를 실천하는 것이다. 중독자가 행동화를 할 것 같다면, 행동화 이전이나 하는 동안, 한 후에 함께 얘기를 나누면서 회복 프로그램에 참여할 수 있도록 도와주는 것이 서비스다.

회복 프로그램에 참여하면서 실천할 수 있는 서비스는 수두룩하다. 성 중독으로 고통스러워하는 사람들에게 회복의 메시지를 전파하면서 초심자로 회복 프로그램에 참여하도록 이끌거나 다른 사람이 소개한 초심자를 반갑게 맞이하는 일, 회복 프로그램 모임을 이끌어 나가거나 진행하는 일, 모임에 속한 위원회 활동을 하는 일, 모임을 위해서 의자나 책상을 정리하고 문헌 등을 찾아서 정리해 주는 일, 다과를 준비하거나 모임 후에 청소하는 일, 모임이나 회원 명부를 정리하거나 모임을 위해서 심부름하는 일, 모임에서 다른 사람들의 이야기에 경청하는 일, 초심자를 위해서 후원자가 되는 일, 회복 경험에 관련된 글을 기고하는 일, 다른 지역 모임과 소통 경로를 향상시키는 일, 모임의 운영에 필요한 재정을 후원하는 일, 모임에서 다른 회원들의 서비스 활동을 칭찬하는 일 등 다양한 서비스가 존재한다.

회복 과정에 있으면서 다른 중독자들에게 가정이나 직장에서 성실한 생활을 하는 모습을 보여 주는 것도 서비스에 해당된다. 이는 다른 사람들을 위한 서비스이자 자신의 발전을 위한 서비스다. 사실 회복 프로그램 참여자가 아무리 서비스를 많이 한다고 하더라도 실제로는 주는 것보다 받는 것이 더 많다. 무엇보다도 다른 중독자와 함께 참여한 것 자체가 자신이 중독과 거리가 먼 생활을 유지할 수 있게 해 주는 안전장치가 된다. 자신은 다른 중독자에게 중독과 거리가 먼 상태를 유지하도록 서비스를 하는 역할을 하지만, 다른 중독자들은 자신에게 중독과 거리가 먼 상태를 유지하게 해 주고, 고립감을 깨 주는 귀한 선물을 주는 사람들이다. 재발을 방지하는 최선의 보호 장치는 바로 다른 성 중독자를 돕는 서비스를 충실히 하는 일이다.

(15) 균형이 잡힌 생활

성 중독자들은 무엇이 정상인지도 모르고 건강과 균형을 유지하는 방법도 잘 모르는 상태에서 극단을 추구하면서 살아왔다. 그들은 균형이 깨진 극단의 상태에서 살고 있었기 때문에 정상적인 삶을 영위할 수 없었다. 고립, 공허함, 엄격, 결핍 등이 가득 찬 생활의 연속이었고, 이를 잊기 위해 성적인 행동화를 선택하고 추구했었다.

회복을 통해서 삶에서 균형을 유지하는 것이 얼마나 중요한지를 터득해야 한다. 이제는 심리적, 정서적, 영적, 신체적으로 균형을 이룬 전체적인 사람이 되어야 한다. 이를 위해서 정신적으로, 정서적으로, 영적으로, 신체적으로 균형을 맞추는 일상생활을 유지하려고 노력해야 한다. 먹는 것부터 자는 것, 기도하는 것, 일하는 것, 다른 사람들과 시간을 보내는 것 등에서 매일 균형을 이루어야 한다. 배가 고프면 먹어야 하고, 일을 하다가도 휴식을 취해야 하며, 외로우면 도움을 찾아야 한다. 어느 하나라도 무시하는 생활이 길어지면 균형이 깨지면서 중독과 거리가 먼 생활을 유지하는 것이 위험해질 수 있다.

특히 인간관계에서 그와 같은 균형을 맞추기 위해서는 파트너나 후원자가 아닌 다른 사람들과의 개인적인 관계를 매일 유지하고 발달시켜야 한다. 회복에만 강박적으로 매달리는 것은 건강이나 금욕 상태를 유지하는 것에도 좋지 않다. 생활의 중심을 회복에 맞추더라도 다른 생활도 어느 정도 균형을 맞추려고 해야 한다. 외톨이가 되어서는 안되며, 모임 참석자들의 분위기나 이야기 내용 등을 따라가야 하므로 일상생활에 필요한 부분을 하나라도 무시하면 안 된다. 회복 모임에 가서도 의문사항이 생기면, 치료자나 후원자, 모임 참석자에게 물어보아야 한다. 잘 모르는 상태에서 회복에만 매달리는 것은 좋지 않다.

앞에서 소개한 서비스를 실천할 때에도 주의할 사항이 바로 이것이다. 서비스 업무에 중독이 되는 것은 바람직하지 않다. 서비스 실천도 회복 과정의 일부에 해당된다. 그러나 자기 일도 하면서 서비스를 해 주는 균형이 필요하다. 서비스에만 너무 심하게 관여하다 보면 자신의 주 관심사항에서 멀어져 금욕 생활이 위협받을 수 있다.

(16) 스트레스 관리

성 중독 주기를 설명할 때, 성적 행동화를 경험하고 나면 곧바로 후회, 절망감, 수치감, 죄의식에 사로잡히게 되며, 또 그러한 상태에서 스트레스를 받으면 다시 행동화의 충동이 생긴다고 설명했다. 스트레스를 받거나 부정적인 정서 경험이 너무 심하면 재발로 이어질 수 있으므로 조심해야 한다.

곧 일상생활에서 스트레스를 받는 일이 줄어야 한다. 몇 차례 언급했듯이 회복 과정에서 균형이 잡힌 생활을 하면서 피로감을 예방해야 하고, 제시간에 자고 일어나는 등 수면 시간이 규칙적이어야 하며, 주기적으로 운동을 하면서 스트레스가 생기지 않도록 해야 한다. 그러한 생활을 하더라도 세상이 마음에 들지 않는 느낌이 생기면 모든 것을 중단하고 후원자에게 알려야 한다.

이론적으로 일상생활에서 스트레스를 받지 않도록 하는 것이 성적 행동화의 충동을 불러일으키지 않도록 해 주므로 매우 이상적인 예방책이 된다. 그러나 누구나 살아가다 보면 피하기 어려운 경쟁적인 상황을 수시로 맞이하게 된다. 그러한 이유로 자기 생활을 스스로 정돈하고 관리할 수 있어야 한다. 우선 내가 해야 할 일과 그렇지 않아도 무방한 일을 구별하면서 살아야 한다. 중독자들은 필요 이상으로 일을 복잡하게 만들고 바라보는 경향이 있다. 계획에 없었던 일이거나, 자신의 정신건강에 해로운 일이거나, 자신이 군이 하지 않아도 되는 일까지 불필요하게 모두 해내려고 하다 보면, 과도한 긴장과 불안을 초래하여 공격적으로 변할 수 있다. 그러므로 너무 어렵거나 규모가 큰 일을 한꺼번에 모두 해 버리려는 것보다도 시간을 두고 조금씩 해 나가거나 그 일을 할 수 있는 다른 사람들에게 맡겨야 한다.

스트레스를 관리하는 방법으로 하나만 더 소개하면 많이 웃는 일이다. 이는 힘든 상황을 극복할 때 돈이 전혀 들지 않는 가장 손쉬운, 가장 효과적인 방법이다. 자신에게 힘든 상황이 전개되더라도 이를 너무 심각하게 받아들이지 않고, 조금이라도 기분이 좋아지는 일이 생기거나 재미있는 장면을 목격하면 무조건 소리를 내어 웃을 줄 알아야 한다. 기분이 좋지 않았을 때에는 일부러라도 TV에서 건강한 오락 프로그램을 시청하면서 웃을 기회를 가져야 한다. 웃음은 스트레스를 견디어 내는, 건강을 유지시켜 주는 최고의 명약이다.

성 중독의 노출과 가족 관계

성 중독자는 자신의 중독에 관한 비밀이 노출되었을 때 여러 불이익을 당하게 된다. 가족과 갈등이 생기거나 헤어지는 일을 비롯하여 직장이나 사회적 관계에서도 다양한 불이익을 받는다. 중독자는 그와 같은 불이익을 두려워하며, 그 두려움 때문에 노출하고 싶어도 쉽게 도움을 요청하지 못하기도 한다. 그러나 여러 가지 사항을 고려하여 성 중독자가 스스로 자신의 문제를 가족에게 알려야 한다고 결정했다면, 언제, 누구에게, 어떻게 해야 하는가? 가족의 입장에서 가족 중 누군가가 성 중독 상태임을 알게 되었거나 또는 성 중독 상태임을 노출했을 때에는 어떻게 대응해야 하는가? 자의든 타의든 노출이 되면 성 중독자와 가족 사이의 관계가 재조명될 수밖에 없다. 이 장에서는 노출에 관련된 몇 가지 측면을 살펴보고자 한다.

1. 파트너의 사이버 섹스 중독 의심

이 책의 초반부에 성 중독의 주요한 형태를 설명하면서 인터넷상에서 성적인 대화를 즐기는 행동을 간략하게 소개했다. 만약 남편이 다른 여자와 만나 성관계를 가지는 경우가 아니더라도 사이버 공간에서 다른 여성들과 친밀한 대화를 즐기면서 지내고 있었음을 아내가 알아차렸다면, 그녀는 어떠한 느낌이 들고 어떠한 반응을 보이겠는가? 자신을 속였다는 느낌이 강하기 때문에 쉽게 남편의 행동을 받아들이지 못할 것이다. 하물며 남편의 컴퓨터에서 우연히 남편과 다른 여자의 성행위 사진을 보았거나 여자들 이름을 접하게 되었다면 배신감이나 충격은 더욱 심해져서 정상적인 부부 관계를 유지하는 것이 힘들어질 수도 있다.

여기에서는 실제로 다른 이성을 만나는 후자의 사례가 아니라 단순히 사이버 공간에서 성적인 대화를 즐기면서 살아가는 전자의 사례를 좀 더 구체적으로 살펴보자. 문제 행동이 이루어지는 장소가 집이기 때문에 가족도 이를 쉽게 알아차리지 못할 수 있다. 남편이 자신의 행동에 관련된 내용을 감추었기 때문이기도 하겠지만, 아내나 가족들이 알아차리지 못하기 때문일 수도 있다.

그러다가 남편의 행동에서 의심스러운 면이 나타나면, 아내는 너무 자주 또 너무 늦은 시간까지 컴퓨터를 사용하는 남편에 대해서 불평이나 불만을 제기하기도 한다. 막상 남편에게 사이버상의 연인이 있음을 확신했다고 하더라도 아내는 곧바로 남편에게 문제 제기를 하는 것이 쉽지 않다. 남편과 그녀가 한 번도 만나지 않은 사이이기 때문에 아내는 자신이 남편에게 좀 더 관심을 가져 주면 그들의 사이버 관계가 끝날 것이라고 기대를 한다. 역시 아내는 남편의 행위에 대해서 합리화시켜 주기도 하며, 다른 가족이나 지인들에게 그 문제를 숨기려고 할 수도 있다.

사이버상의 성 중독 문제라고 하더라도 조금이라도 더 일찍 알아차리는 편이 문제가 덜 심각해질 수 있고, 파트너와의 관계 회복도 더 수월해질 수 있다. 그렇다면 사이버 섹스 중독을 알아차릴 수 있는 증상이나 특성을 몇 가지 알아보자.

첫째, 파트너의 수면 양상의 변화를 예의 주시할 필요가 있다. 저녁 늦게까지 TV를 보거나 인터넷을 검색하는 행동이 자주 나타나서 수면 양상이 바뀌는 것은 사이버 섹스 중독을 의심해 볼 수 있는 증상이다. 다른 가족들이 모두 잠든 후에도 늦게까지 남아 있거나 몇 시간 더 일찍 일어나서 사이버상의 연인과 메시지를 주고받을 수 있다. 사이버 섹스를 위한 공간이나 채팅방은 보통 늦은 밤에 활기를 띤다. 그러므로 이를 위해서 늦게까지 잠을 자지 않고 있다가 아침 일찍 자기 시작하거나 매우 이른 시간에 일어나서 급히 컴퓨터로 가서 메시지를 보낼 수 있다.

둘째, 평소에 집안에서 해 오던 일들에 소홀해지는 것도 의심 증상 중 하나다. 컴퓨터에서 작업하는 시간이 늘어나면서 다른 일을 위한 에너지가 고갈되거나 관심이 줄어들면 자신이 해야 하고, 충분히 할 수 있고, 도울 수 있는 일들을 무시해 버리는 것이다.

인터넷에 빠져들어 온갖 에너지를 투자하다 보면 기분이나 감정, 행동 등의 변화가 심하게 나타날 수 있다. 배우자를 보고 놀라거나 혼란스러워하기도 하며, 따뜻했던 사람이 차가운 반응을 보이기도 하며, 쾌활했던 사람이 조용하고 심각해지기도 한다. 컴퓨터를 너무 자주 사용하면서 성격이나 행동이 달라졌다고 의문을 제기하면, 사이버 섹스 중독자는 전형적으로 이를 강하게 부정하거나 합리화시키는 반응을 보인다. 의문을 제기한 배우자에게 심한 비난을 퍼부으면서 사생활에 간섭하지 말라고 요구하기도 한다. 일반적으로 문제점을 알아차리고 의견을 나누려는 사람에게 오히려 비난을 퍼붓는 행위는 사이버 섹스 중독에 대한 위장술일 수 있다.

셋째, 부부 사이의 성행위에 대한 관심의 상실도 사이버 섹스 중독의 특성에 속한다. 사이버 섹스의 일부는 전화로 성적인 대화를 하는 폰섹스로 발달하거나 실제 만남으로 이어지기도 하지만, 사이버 섹스의 대부분은 컴퓨터 사용 공간에서 상호 자극을 주고받으면서 자위행위를 하는 것에 국한된다.

부부 사이의 성생활에 대한 관심이 갑자기 줄어든다는 것은 다른 배출구를 통하여 성적 욕구를 해소하고 있음을 보여 주는 지표가 된다. 부부 사이에 성관계가 지속된다고 하더라도 사이버 섹스에 탐닉한 상태에서는 배우자에게 관심이 줄고, 배우자와의 성행위에서도 활기나 열의를 전혀 보이지 않는 편이다. 성행위를 하더라도 성행위 전후로 기분 변화가 심하게 나타나기도 한다. 성행위 전이나 동안, 후에도 또는 파트너와의 관계에서도 친밀감 표현이 어색해지며, 성행위를 할 때에도 아무런 말도 주고받으려고 하지 않는다.

넷째, 사이버 섹스에 중독된 상태에서는 결혼 생활 자체에 대한 관심이 매우 낮다. 더 이상 결혼 관계에 있는 사람이 아닌 것처럼 보인다. 배우자와 함께할 수 있는 것들에도 관심이 없고, 함께 보내는 시간을 가능하면 줄이려고 한다. 가족과 휴가를 간다든지 가족 행사를 참가하는 것 등도 가급적 피해 버린다. 배우자와의 친밀감 유지보다도 머릿속에는 사이버 섹스 그리고 사이버 파트너와 함께 지내는 환상만을 즐길 뿐이다.

다섯째, 오프라인상이든 온라인상이든 배우자를 속이기 시작한다면, 중독에 연루되었을 가능성이 매우 높은 상태다. 보통 사이버 섹스 중독자는 배우자에게 진실을 숨기기 위해 컴퓨터 비밀번호를 변경해 두거나 사적인 공간을 만들어 놓기도 한다. 식구들 눈에 잘 띄는 곳에

성 중독의 형태에 따라서 노출의 파장 정도도 다르다. 가족이 먼저 알았을지라도 어렵지 않게 해결될 수 있는 형태도 있지만, 대부분의 성 중독 관련 상황은 가족에게 곧바로 노출되었을 경우 생각보다 대처하기 어려워지기도 한다. 가족이 받는 고통이 너무 클 뿐만 아니라 중독자 본인도 이를 감당할 수 없는 경우가 허다하다.

가족에게 노출할 때에는 전문가의 도움을 받아야 중독자 본인이나 가족 모두에게 훨씬 더 후유증을 줄일 수 있다. 프로그램에 참여할 때에는 노출에 관한 것이든지 다른 것이든지 관계없이 의문사항이 있어 모임에서 후원자와 상의를 하면 안전한 상태에서 결정할 수 있도록 지지해 줄 것이다. 프로그램 참여자도 과거에 그런 고민을 하고 도움을 받았던 사람이기에 다른 사람의 고민을 자신의 문제처럼 도울 것이다.

여러 사람에게 노출에 관련된 이야기를 할 필요는 없다. 회복 프로그램에 열심히 참여하다 보면 누군가 자신에게 그러한 질문을 하고 상의하게 될 수도 있다. 노출을 전후로 후원자를 통해서 치료자에 관한 정보를 얻고, 가족이나 친구들에게 어느 정도까지 노출해야 하는지에 대한 적절한 수준을 치료자와 상담하는 것이 회복에 도움이 된다.

2) 파트너에게 노출하기

간혹 배우자와 자녀들과 헤어지고 싶지 않은 욕구 때문에 자신의 중독 문제를 시인하고 도움을 요청하는 이들도 있다. 이러한 경우 배우자는 좋든 싫든 개입하게 되는데, 배우자 입장에서는 노출이 심각한 두려움에 휩싸이는 사건이다.

그렇다면 성 중독자가 중독 사실을 파트너(배우자)에게 노출할 때 가장 좋은 시기는 언제인가? 이때 가장 중요한 사항은 자신이 노출했을 때 배우자가 지지를 받을 수 있는 상황인지를 확인하는 일이다. 노출을 파트너 입장에서 생각해 보아야 한다는 점이다. 파트너에게는 노출 자체가 위기이자 큰 상처다. 성 중독 사실을 알게 된 순간 파트너는 심장과 호흡이 멎어 버리는 느낌이 들 정도로 심한 충격을 받는다.

성 중독자들의 파트너들은 노출에 따라서 다양한 스트레스 및 행동 증상을 보고한다. 노출과 함께 파트너는 모든 것을 의심하고 경계하면서 아마도 중독자와의 정서적 친밀감의 파괴, 재정적 손실 등 수많은 부분을 잃을 것이다. 동시에 무엇을 어떻게 해야 할지를 몰라서 혼동, 당황, 분노, 불안, 우울, 슬픔 등의 정서를 경험하게 된다. 헤어질 것인지 그렇지 않을 것인지를 결정하고 번복하기를 수차례 반복할 정도로 정서적 안정을 회복하기가 쉽지 않다. 일정한 기간 동안 별거나 별침(sleeping in a separate room)을 유지하면서 정서적 불안정을 조절하기도 한다. 성 중독자의 일거수일투족을 강박적으로 탐색하고 점검하는 행동과 강박적인 사고, 주의집중의 곤란, 자아감 상실 등은 파트너의 전형적인 모습이다.

이를 고려하여 상담자든지, 친지든지, 아니면 회복 과정에 있는 다른 성 중독자의 파트너든지 파트너를 지지해 주는 사람이 있어야 한다. 그 사람이 노출의 충격을 완화시켜 주는 역할을 해야 한다. 파트너 입장에서는 노출된 후 즉시 옆에서 조금 더 전문적인 도움과 개인적인 지지를 해 줄 수 있는 사람이 필요하다.

혹시 얼굴을 마주 보면서 성 중독의 비밀을 말로 노출하는 것이 어색하다고 생각하여 글로 노출하려고 할 때에는 후원자와 치료자에게 먼저 상의하는 것이 바람직하다. 일반적으로 파트너에게 비밀스러웠던 중독 사실을 글로 써 주는 것은 좋지 않다. 그 이유는 파트너가 그 글을 반복적으로 읽어 볼수록 더 힘들어지기 때문이다. 노출보다도 노출 이후 회복의 노력에 관한 피드백 등을 글로 전달해도 무방하지만, 과거사를 글로 접하는 것은 파트너에게 고통스러운 짐이 될 수 있다.

파트너에게 노출할 때 처음에는 충격을 조절하기 위해서 성 중독의 일부만 노출하고 싶겠지만, 이것 역시 좋은 생각이 아니다. 물론 너무 세세한 내용까지 밝히는 것이 전혀 도움이 되지 않는 경우도 적지 않다. 파트너는 알고 싶은 것을 정직하게 말해 주기를 바랄 것이며, 중독자가 혼자서 포르노를 보면서 어떻게 자위행위를 했으며, 누구를 만나서 어떻게 했는지 등을 세세히 알고 싶을 것이다.

그러나 처음부터 모든 내용을 얘기하거나 아무 때나 질문하고 서로 언쟁하는 것보다 회복 과정에서 일정한 주기를 가지면서 배우자와 논의하는 것이 더 낫다. 이 모든 과정을 중독자 혼자서 결정하고 시도하는 것보다 전문가와 상의하여 도움을 받아서 노출 수준을 결정하는 편이 중독자 본인이나 파트너를 위해서 더 유리하다. 파트너에게는 성 중독자가 회복 과정의 어느 지점에 와 있는지를 알려 주어야 도움이 된다.

만약 파트너가 회복 과정에 관여하고 있다면, 모두 노출하는 것이 더 나은가? 배우자가 회복에 관여하는 것 자체가 중독자에게는 행운이라고 하겠지만, 이 경우도 처음부터 세부사항을 모두 노출한다고 해서 반드시 도움이 된다고 할 수 없다. 배우자 몰래 회복을 해 버리면 몰라도 그렇지 못할 경우 결혼 생활을 보호하는 차원에서 파트너에게 모든 것을 털어놓아야 하는지 의문이 생긴다. 정답은 개인마다 다르고 상황에 따라서도 다르다. 여러 가지 방법 중 하나를 선택할 수 있다. 파트너에게 모든 것을 말하기, 파트너에게 숨기고 있는 정보를 말하기, 세부적인 것이 아니라 윤곽만 말하기, 말하지 않기 등이다. 치료를 받으면서 어떻게 해야 할지 도움을 받아야 한다.

특히 파트너가 회복에 관여한다면 서로 이겨 내고 극복할 수 있는 수준으로 이야기 내용을 조정할 필요가 있다. 그러나 대부분의 상황에서 파트너는 성 중독자가 아니므로 성 중독자들의 환상, 자위행위, 포르노, 또는 기타 힘겨운 행동을 쉽게 이해하지 못한다. 그러므로 회복 과정에서 후원자는 보통 자신과 마찬가지로 회복 과정의 참여자이지만, 파트너는 후원자도 아니고 중독자도 아님을 알고 노출해야 한다.

이제 성 중독 사실을 배우자에게 노출한 중독자 입장에서 노출 자체를 생각해 보자. 노출은 본인에게 부정과 비밀의 끝이며, 회복이나 치유의 초석이 된다. 그러나 배우자에게는 고통을 그리고 커플에게는 관계의 상실에 대한 두려움을 가져다준다. 그러므로 배우자가 두려움을 이겨 내도록 재빨리 개입해야 중독자는 성 중독으로 인한 해악이나 노출로 인한 후유증을 줄일 수 있다. 개입의 목적은 성 중독자가 치료 프로그램 참여에 동의하여 회복의 도움을 받도록 해 주는 것이다. 개입이 늦어지면 중독으로부터의 회복 가능성도 낮아지며, 치료 과정도 더 어려워진다. 역시 배우자가 중독의 본질을 잘 이해하고 개입하면 긍정적인 효과를 더 쉽게 얻을 수 있다.

3) 자녀에게 노출하기

성 중독자의 중독 사실을 배우자에게 노출한 이후에는 자녀에게 어떻게 해야 하는가? 자녀의 나이, 성 중독의 형태 등에 따라서 다를 수 있지만, 노출 그 자체는 자녀에게도 커다란 영향을 미친다. 자녀는 배우자에게 노출되기 이전부터 부모의 불편하고 어색한 관계를 감지했을 수도 있고, 노출 이후 부모가 경험하는 갈등을 인식했을 수도 있기 때문에 아무런 일이 없는 것처럼 넘어갈 수는 없다.

노출과 함께 부모의 심각한 갈등 관계를 자녀가 목격했다고 하더라도 자녀에게 무슨 일이 있었는지를 설명할 때에는 자녀의 연령을 고려해야 한다. 예를 들면, 취학 전이나 초등학교 저학년 아이에게는 부모가 자녀 곁을 떠나지 않을 것임을 확신시켜 주어야 한다. 초등학교 고학년 자녀라고 하더라도 부모가 잘못되거나 헤어지는 것을 걱정할 나이다. 그들의 일부는 부적절한 행동에 대한 목격자일 수도 있다.

자녀가 중·고등학생이라면 부모가 저지른 과오의 성격을 어느 정도 공유할 수 있는 연령이다. 그러나 자녀가 무언가 이상한 점을 눈치채고 있는지의 여부나 수준, 자녀의 성교육 수준, 성을 이해하는 수준 등에 따라서 성 중독에 관한 특수한 정보, 가족에 관련된 행동의 정보를 제공해 줄 수도 있다. 자녀에게 노출하는 수준을 결정하거나 자녀가 받는 충격을 완화하기 위해서 반드시 전문가의 도움을 받아야 한다.

3. 노출이 가족에게 미치는 영향

성 중독 사실을 가족에게 노출했을 때 그 영향은 지대하다. 성 중독 문제로 직장생활을 더 이상 하지 못하거나 성매매나 포르노 구입 등으로 지출이 과했다면 재정적으로 어려움이 생겼을 수도 있다. 그와 같은 이유로 가족에게 노출하더라도 그 형태에 따라서 가족에게 미치는 영향이나 대처하는 방법 등이 달라진다. 예를 들면, 체포된 이후에 성 중독 사실을 알아차리게 되거나 노출 과정에서 가족 이외의 사람들이 알게 되었을 때 가족이 굴욕을 당하는 일도 생긴다.

성 중독을 제대로 이해하지 못하는 사람들은 친척이나 친지들 중에서 누군가가 성 중독자와 살고 있다는 사실을 알게 된 순간부터 빨리 헤어지도록 강요하기도 한다. 중독자의 파트너 역시 성 중독에 대한 이해가 부족한 상태라면 더 이상 함께 살아갈 수 없다는 결심을 하고 중독자를 대할 수 있다. 성 중독을 잘 모른 상태에서 이를 치료가 불가능한 질환이라고 믿고 있기 때문이다. 어떤 가족은 성 중독자의 상태가 통제 불능일 정도로 심각하여 당혹스러우면서도 가족의 비밀을 유지하기 위해 다른 사람들에게는 변명을 하거나 거짓말을 만들어 내기도 한다.

중독자의 입장에서 자신의 성 중독 사실의 노출은 고통스러운 일만은 아니다. 우선 고통스럽게 간직하고 있었던 비밀을 노출해 버려서 안도감을 얻을 수도 있다. 수치심이나 이중생활을 끝내면서 새로운 삶에 대한 희망을 가질 수도 있다. 물론 중독자 스스로가 회복 프로그램에 참여하려는 의지가 강해서 가족에게 노출했을 것이며, 가족들이 그러한 의지를 북돋우면서 함께 프로그램에 참여해 준다면 희망도 커지고 현실화될 수 있다.

이제 다양한 성 중독 중에서 포르노 중독과 외도 두 가지 상황의 예를 들어 가족에게, 그중에서도 배우자에게 미치는 영향을 살펴보자. 먼저 포르노 중독이다.

1) 포르노 중독 노출

포르노에 중독된 자들은 집의 컴퓨터를 이용해서 포르노 자극을 탐색하기도 한다. 사이버섹스에 중독된 자들은 보통 집 안에서도 중독 생활을 유지한다. 가족을 속이는 행동이 컴퓨터를 통해서 이루어진다. 그 컴퓨터를 다른 가족들도 이용한다면, 중독자의 의도와 달리 쉽게 노출되기도 한다. 예를 들면, 초등학교에 다니는 자녀가 컴퓨터를 사용하다가 자신도 모르게 포르노사이트에 접속되기도 하며, 중독자가 저장해 둔 파일이 열려서 수많은 나체 사진에 노출되기도 한다. 보통 배우자를 비롯한 기성세대는 컴퓨터를 잘 다루지 못할 수 있지만, 자녀들은 학교에서 체계적으로 컴퓨터를 배우고 있으므로 중독자가 모아 두거나 접속한 자료 등에 노출되기 쉽다.

남편이 물질중독에 연루될 때 부인은 그것이 남편의 문제라고 생각할 수 있지만, 남편이 포르노에 중독된 경우에는 부인은 이를 자신의 문제로 여긴다. 자신이 결혼 생활이나 성생활에서 무언가 부족한 것이 많아서 남편에게 그런 문제가 생겼다고 느끼면서 동시에 수치심이나 자존감 저하 등을 경험한다. 문제는 성 중독자도 파트너와 비슷하게 잘못된 결론을 내리는데, 자신이 성적으로 욕구불만이 없었으면 포르노에 빠졌겠느냐고 느끼는 것이다. 일부 여성은 성형수술 등을 통해 외모를 가꾸면서 남편의 중독 문제를 해결해 보고자 하지만, 그런 것들은 포르노에 대한 성 중독을 해결하는 데 전혀 도움이 되지 않는다. 근본적인 원인은 그것이 아니라 어린 시절의 상처와 연루되어 있을 가능성이 높기 때문이다.

2) 성적 외도의 노출

외도에 해당되는 성 중독 사실이 알려질 경우 파트너는 엄청난 충격을 받는다. 배신감이나 혼동, 두려움, 상처, 분노, 고통 등의 정서를 경험하는 것이다. 이러한 정서 때문에 공격적이고, 비판적이고, 냉담한 태도를 취하며, 결국 두 사람의 관계의 방향이 파괴적으로 바뀌게 된다. 성적 외도로 분란을 초래한 중독자가 배우자에게 정직하게 대하는 것만이 신뢰감 재건의 첫 단계다.

외도와 관련된 성행동에는 거의 항상 거짓말이 수반된다. 외도 사실이 노출되거나 발각되었을 때 파트너는 성행위가 이루어졌다는 점과 거짓말을 했다는 점에서 배신감을 경험한다. 만약 중독자가 노출이 된 뒤 다시 배우자에게 거짓말을 한다면, 배우자는 다른 수준의 배신감을 경험하게 된다. 일부 연구자들(예: Corley 등)은 일상적으로 두 사람 사이의 관계에서 신뢰감을 완전히 회복할 때까지 2년 정도의 시간이 걸린다고 말한다. 그러나 노출 후 거짓말이 추가로 드러날 경우에 신뢰감이 복원되기는 거의 힘들어진다.

성 중독자의 파트너들은 외도 사실을 알아차렸을 때 추가 정보를 원한다. 그들은 당연히 알아야 할 권리가 있다고 생각한다. HIV나 성 전파성 질환의 감염 여부 등도 확인할 수 있기를 바란다. 만약 질환이나 바이러스 감염 위험을 무시하고 다른 사람을 상대로 성행위를 했다면, 파트너는 그 세부적인 사항까지 알 필요가 있다.

3) 성 중독의 발각

성 중독자들은 배우자가 전혀 모르게 중독 생활을 해 왔기 때문에 이를 가족에게 영향을 주지 않는 자신의 은밀한 영역으로 생각했다. 혹시 부인이 증거를 찾아서 남편에게 내놓으면 그는 이를 부정하거나 왜곡, 축소해 버렸다. 그럴수록 그녀는 남편의 행위를 탐색하고 체크하는 행동을 더 강박적으로 하게 된다.

성 중독 사실을 가족에게 스스로 노출한 경우도 있지만, 발각된 경우도 드물지 않다. 중독자의 배우자들은 중독행위에 관한 사실을 우연히 알게 될 수도 있다. 성 중독 사실이 발각된 사람들은 전형적으로 자신의 행동을 축소화, 합리화, 변명, 부정하면서 수습을 시도한다. 배우자가 성 중독의 원인이나 특성 등을 어느 정도 이해하고 있는 사람이라면 다행이지만, 그렇지 않은 사람들은 노출 자체가 충격이다. 그러나 성 중독자는 질환이나 장애를 겪고 있는 환자이며, 성 중독은 치료가 가능한 질환이다. 그 질환의 치료는 중독자가 솔직하게 대응했을 경우에만 가능하다.

자신의 배우자가 성 관련 문제를 안고 있을지 모른다고 의심했던 사람들은 막상 성 중독 사실이 드러나면 매우 심한 분노 반응을 보인다. 그뿐만이 아니라 배신감, 거부감, 외로움, 수치심, 굴욕감, 질투심, 황폐함, 자존감 저하 등으로 힘들어한다. 중독자의 감추어졌던 성행동이 갑작스럽게 드러나면서 배우자와의 관계에서 의심스러웠던 과거사가 모두 반추되면서 마치 실성한 사람처럼 변하기도 한다. 성 중독 사실을 알게 되면서 나타나는 반응은 시차를 두고 하나씩 하나씩 사례가 추가될 때마다 더 심한 상처를 받게 된다.

파트너들은 기본적으로 자신이 의심을 하면서 살아왔을 때 얼마나 비참한 심정이었는지를 인정받고 싶어 한다. 그들은 오랫동안 속아서 살아왔기에 지금이라도 모든 것을 알고 싶어 한다. 그들은 대부분 자신이 무엇을, 어떻게 해야 하는지를 알고 싶어 하며, 다른 사람들의 질문에 적절하게 대응하기 위해서 중독에 관한 정확한 사실을 알고 싶어 한다.

성 중독자는 성 중독 행위를 통해서 일시적으로라도 고통을 잊었기 때문에 성 중독 사실을 숨기고 싶었고, 노출되지 않고 살아가기를 원했다. 이제는 발각이 되었기에 노출을 해야 한다. 성적인 내용을 상세하게 알려 주는 것이 항상 도움이 된다고 할 수는 없지만, 대부분의 파트너는 건강에 위험이 되는 부분에 대한 정보, 외도 행동의 시기나 장소, 본질에 대한 정보, 현재의 결혼 생활에 대해서 어느 정도 헌신할 수 있는지 그리고 그 행동을 중단할 수 있는지에 대한 정보가 솔직하게 제공되는 것이 중요하다. 특히 외도와 같은 성행동 문제에 연루된 중독자의 경우 커플 관계의 유지와 성장의 핵심 열쇠는 바로 정직성이다. 비밀의 노출이 바로 치유의 안내서이며, 노출 후 관계의 복원을 어느 정도 보장해 준다.

4. 커플치료

성 중독에서 회복되기 위해서 커플이 회복 과정에 함께 참여하거나 따로따로 참여하는 것 모두 가능하다. 다만 성 중독자의 파트너도 치유를 받아야 관계 개선이 더 수월해질 수 있다는 점을 잊지 말아야 한다. 파트너에 대한 개입은 중독의 형태, 중독자와 파트너의 관계 등에 따라서 다를 수 있지만, 커플치료이든, 집단치료이든, 회복 프로그램이든, 또 다른 방법이든 상관없이 현명하게 문제를 풀어 가는 방안은 바로 커플이 회복을 최우선 과제를 삼고 함께 노력하는 일이다.

커플치료는 회복에 참여하기 시작한 초기 시점이 두 사람의 심한 감정 차이 등으로 가장 힘들다는 점을 알고 있어야 한다. 보통 회복에 참여한 커플들이 가장 스트레스를 심하게 받는 시기가 참여하기 시작한 지 3~6개월 정도 되었을 때다. 성 중독 사실이 노출되었을 때보다 더 심하다고 표현할 정도로 힘들기 때문에 그 시기를 잘 견뎌야 한다. 치료를 시작하자마자 눈에 띄는 변화가 나타나는 것이 아니므로 인내가 필요하다.

그러한 자세를 갖추고 개별적으로 상담을 받든지 회복 프로그램에 참여하든지, 아니면 커플이 함께 하면서 회복의 효과를 확인하게 된다. 서적이든지 시청각 자료이든지 회복 과정에 대한 공부를 게을리하지 않아야 회복에 대한 자신감이 생긴다. 한 가지 더 추가할 점은 회복 과정에서 서로를 위한 약속을 하고 이를 존중하는 것이다. 커플이 성 중독과 관련된 갈등을 풀어 나가기 위해서는 다음과 같은 약속이 필요하다.

첫째, 서로에게 비열한 언사를 금하는 일이다. 커플은 서로 파트너의 취약점을 잘 알고 있다. 두 사람이 언쟁이나 논쟁을 한다는 것은 서로 상대방에 대한 신뢰가 남아 있다는 증거인데, 이는 친밀감을 찾으려는 행위에 해당되기도 한다. 그러나 그러한 언쟁이나 논쟁을 하는 도중에 욕설이나 모욕 또는 경멸의 언사를 사용하면 갈등의 해결에 전혀 도움이 되지 않는다. 상대방이 잘못을 시인했을 때에는 목소리를 높여서 의기양양하지 말고 그의 입장을 일단 지지해 주는 편이 회복의 길로 더 쉽게 나아갈 수 있다.

둘째, 문제해결을 위한 논의는 반드시 필요하지만, 그 논의가 이루어지기에 적절하지 않은 시간을 택하는 것은 바람직하지 않다. 에너지가 고갈되어 피곤한 상태에서 싸우는 것은 역효과를 초래한다. 진지한 사안에 관한 논의는 아무 때나 하는 것이 아니라 특정한 시간을 정해 두고 하는 편이 훨씬 현명한 처사다.

셋째, 성 중독 행위를 했던 과거가 아니라 현재 회복 과정에 참여하기 시작했다는 사실에 초점을 맞추면서 상대방과 자신을 바라보는 일이다. 수치심이나 분노에 가득 찬 커플들이 서로 과거에 힘들었던 관계를 거론할 경우 수치심이나 분노가 더 증폭되어 현재의 문제를 제대로 바라보지 못한다. 과거와 관련된 모든 것을 일단 덮어 두고 현재 성 중독이라는 질환의 상태로부터 회복하는 문제에만 초점을 맞추어야 한다.

넷째, 항상 서로에게 유리한 해결 방안을 찾으려고 노력하는 일이다. 수치심이나 분노에 찬 커플들은 모든 사안을 옳고 그름의 차원에서 보려고 하며, 모든 갈등을 승자와 패자로 끝내려고 한다. 그렇지만 그 상황에서 양자가 승자일 수 있는 해결 방안을 찾으려고 해야 한다.

혼한 일이 아니더라도 분명히 좋은 방안이 있다.

다섯째, 상황을 극적으로 회피할 수 있는 출구를 찾지 않아야 한다. 예를 들면, 조금이라도 힘들거나 상대방이 마음에 들지 않으면 헤어지자고 위협을 가하는 행위는 회복에 별로 도움이 되지 않는다.

여섯째, 상대방의 감정이나 사고 등을 일단 수용하는 일이다. 그것들이 자신에게 낯설고 비현실적이더라도 상대방에게는 매우 현실적인 것들이다. 파트너의 경험을 인정한다는 것은 자신의 문제를 함께 풀어 나가는 능력을 극적으로 신장시켜 준다.

일곱째, 두 사람의 관계가 꼬이고 있다는 느낌이 들 때에는 다른 사람들의 도움을 받아야 한다. 현재는 성 중독 회복의 길로 접어든 초기이므로 두 사람 모두 예민해져 있다. 그렇기 때문에 스스로 꼬인 관계를 풀어 나가려고 하기보다는 치료자나 믿을 만한 지인, 후원자, 다른 커플 등에게 조그마한 도움을 받는 편이 관계를 더 쉽게 풀어 나가게 해준다. 그러므로 관계를 지지해 줄 수 있는 자원을 만들어 두어야 한다.

5. 치료자의 관점

성 중독자가 남성 기혼자라면 부인도 치료에 함께 참여하도록 한다. 부인은 남편의 성 중독 문제가 노출됨과 동시에 심한 충격을 받았고, 신뢰감 파괴로 남편과 이혼이나 별거에 관한 논쟁도 심하게 했을 가능성이 높다. 막상 이혼이나 별거를 결정하려고 할 때 자녀가 있다면, 자녀는 부모의 결정 때문에 새로운 상처를 경험하게 된다. 자녀를 위해서 이혼이나 별거 대신 치료를 선택한다면, 부인은 치료 과정에서 남편의 성 중독의 내막에 대하여 모두 알고 싶어 할 것이다. 회복 과정에서는 부인이 경험한 두려움, 우울증, 폭발 가능성, 결혼 스트레스 등도 함께 치유해 주어야 한다.

치료자는 초기 면담 과정에서 남편에게 중독 문제의 개요를 얘기하도록 하고, 치료자인 자신에게 무엇을 원하는지를 질문하며, 성 중독의 치유 과정에서 중독자가 적극적인 자세를 보여야 할 필요가 있음을 주지시킨다. 그리고 부인에게 요구할 사항이 있는지를, 또 치료의 목표가 무엇인지를 질문한다. 이혼 가능성이 높은 위기 커플일 경우 치료자는 부인이 결혼 생활을 청산하고 싶은지를 알고 치료를 시작해야 한다.

치료자는 부인에게 중독자를 치료하는 팀의 구성원으로서 그녀의 역할이 매우 중요함을 주지시킨다. 중독자의 치료는 배우자가 치료에 함께 참여했을 때 더 빨리 진행되는데, 두 사람 모두 상처를 받았으므로 서로의 도움이 필요함을 강조해 둔다. 예를 들면, 치료 효과를 좌우하는 불변의 법칙으로 비밀이 없어야 함을 주지시킨다. 비밀은 수치심과 죄의식을 유발하여 치료에 악영향을 미치므로 치료 과정에서 혹시라도 성 중독자가 경미하게라도 재발했을 경우 솔직하게 얘기해야 한다는 점을 강조한다. 그렇지 않고 재발 사실을 숨길 경우 언젠가는 배우자가 이를 알게 되므로 시간적으로나 경제적으로 손실이 크다는 점을 인식시킨다.

치료자는 중독자인 남편과 함께 포르노 노출이나 자위행위, 성적인 행동화에 관련된 과거 경험 등을 시기적으로 정리한 다음, 이를 아내가 있을 때 다시 정리해 준다. 이는 아내에게 남편이 어린 시절 상처를 입은 사람이었음을 보다 분명하게 이해할 수 있게 해 주기 위함이다.

다음에는 남편에게 아동이나 청소년 시기에 성적인 흥분에 의존하게 했던 학대나 유혹의 가능성에 대해서 질문한다. 이러한 과거사를 정리하면서 처음 포르노에 노출되었을 때 어떤 종류의 포르노였고, 노출에 이어 자위행위가 수반되었는지 등을 묻는다.

포르노에 노출되거나 자위행위를 시도했던 마지막 시기로부터 지금까지 어느 정도 기간 동안 자제 또는 금욕 상태를 유지할 수 있었는지도 체크한다. 면담을 할 때마다 자제나 금욕하고 있는 기간을 체크한다. 재발이 나타났다면 재발 방지를 위한 계획이나 재발을 피하는 방법을 함께 찾아 준다.

부인에게는 남편이 고통스러운 결과 때문에 성 중독을 중단해 보려고 노력했지만 혼자서 할 수 있는 일이 아니라고 말해 준다. 그러므로 남편이 전문적인 도움을 받아야 하는 사람임을 부인에게 이해시킨다. 성 중독을 치료할 수 있는 치료자는 많지 않다. 자기조절 능력을 신장시켜 주어도 성 중독이라는 질환을 혼자서 치료할 수 있는 사람은 없으며, 무조건 절대자에게 의존하여 기도를 하거나 성경을 읽는다고 해서 문제가 곧바로 풀리는 질환이 아님을 그녀에게 알려 준다.

치료자는 커플 모두에게 환자인 남편이 주기적으로 유혹을 받거나 힘들어할 수 있음을 말해 준다. 치료나 회복 프로그램에 참여하는 대부분의 성 중독자가 그러한 유혹에 쉽게 저항할 수 있는 것이 아니므로 치료 목표 중 하나가 그 유혹 상황에 맞서서 잘 이겨 내고 대처하도록 준비시키는 것임을 인식시킨다.

저항하기 힘든 유혹 상황은 짧게는 하루에 몇 차례 생길 수도 있고 1년에 한 차례 미만일 수도 있듯이 그 주기가 다양하다. 높은 산의 정상에 오를 때 줄곧 오르기만 하는 것이 아니라 대부분 오르고 내림을 반복하면서 정상에 도달하게 되며, 한 걸음 한 걸음이 결국 정상에 도달하게 해 준다. 중독에서 회복이나 치유의 길도 그와 유사하다.

성 중독자가 순탄하게 회복의 길로 가고 있는 듯 보이지만 그는 항상 유혹이라는 고위험 상황을 맞이할 수 있기 때문에 그 상황에 노출되지 않도록 조심해야 한다. 중독은 개인의 삶을 원하지 않는 방향으로 조정해 버리는 강력한 힘을 지니고 있으므로 항시 만반의 준비 태세를 갖추고 있어야 한다. 자유를 얻기 위한 회복 여행은 순탄하지 않기 때문에 온전한 상태로 회복하려면 성 중독자가 스스로 언약을 해야 하며, 그 언약을 준수할 수 있도록 파트너를 비롯한 주변 사람들이 도와주어야 한다. 치료자는 두 사람에게 이와 같은 사항을 누차 인식시켜 준다.

치료자는 이제 남편에게 성 중독자들의 자조 모임을 찾아가서 적어도 몇 개월 동안 12단계 회복 프로그램에 참여하도록 요청한다. 경우에 따라 치료 효과를 높이기 위해서 남편의 성 중독 문제로 상처를 받았던 부인에게도 자조 모임에 참석하도록 요청할 수도 있다. 처음에는 성 중독자 파트너(부인)들을 위한 모임(S-Anon)에 참석한 후에 나중에 남편과 함께 참여하는 방식이 곧바로 함께 참여하는 것보다 적응하기가 더 쉽다.

모임은 적어도 일주일에 한 차례 이상 참석해야 하지만, 재발 위험이 높을 경우에는 일주일에 3~4회 정도 참석해야 금욕이나 자제 생활을 유지할 수 있으며 중독으로부터의 옥죄기에서 벗어날 수 있다. 그리고 자조 모임의 회복 프로그램에 가서 오랫동안 재발을 하지 않았던 사람을 구하여 후원자로 선택한다. 후원자는 성적 행동화의 충동이 클 때를 비롯하여 각종 위급 상황이 생길 때 최소한 전화 통화라도 가능한 사람이어야 한다. 곧 후원자는 성 중독자의 금욕이나 자제 생활이 유지될 수 있도록 도와주는 구조요원과 같은 역할을 한다. 행동화에 대한 환상도 강박적으로 나타날 수 있기 때문에 매일 항시 회복하는 일에만 신경을 쓰도록 요구한다.

치료자는 성 중독자와의 심층 면접을 통해서 그동안 무엇 때문에 성적 행동화의 충동이 생겼는지, 즉 계기가 되는 것들이 무엇이었는지를 찾아낸다. 예를 들면, 여행을 가서 숙박업소에서 포르노 영화나 야한 장면을 보았을 때, 노출이 심한 옷을 입은 여성을 보았을 때, 배우자와 싸웠을 때, 배우자가 타 지역으로 출타했을 때, 성인 전용 서점이나 비디오 가게를 방문했을 때, 여성 속옷 광고를 바라볼 때 등이었는지를 찾아내고, 앞으로 이들을 어떤 식으로 대할 것인지의 전략을 수립한다. 이제는 여행을 가더라도 숙박업소에 성인 채널이 나오지 않도록 해 달라고 요청하거나, 배우자가 일정한 기간 출타하더라도 일정한 시간에 자주 통화를 시도하는 것 등이 구체적인 전략의 예다.

치료자는 중독자가 성적 환상 때문에 자위행위를 하고 행동화 주기를 경험했으므로 중독자에게 그 환상을 '잠깐만!' 또는 '3초만!'이라도 중지시켜 보라고 말한다. 그런 환상이 생기면 힘주어 "안 돼!"라고 소리를 질러 보라고 하며, 머릿속으로는 경찰이 수갑을 들고 '안 돼!'라는 큰 팻말을 들고 다가온다고 생각하도록 한다. 물론 다른 사람들이 옆에 있으면 마음속으로 비명을 지르면 된다. 이렇게 하면 마음속에서 그런 환상이 일시적으로라도 사라질 것이다. 그리고 행동화와 연결된 성적 환상에 대한 맞불 작전으로 곧바로 정서적으로 의미가 컸던 사건을, 긍정적이든 부정적이든 상관없이, 마음속에 떠올린다. 예를 들면, 나를 위한 생일파티, 가까운 친구의 죽음 등을 떠올린다.

이러한 방법으로 이제부터 생활에서 성적으로 유혹을 받는 상황에 대한 훈련을 한다. 예를 들면, 직장 동료가 자신이 가지고 있는 포르노를 보여 주려고 할 때 어떻게 대처할 것인지의 훈련이다. 머릿속으로 그러한 상황이 항상 전개될 수 있음을 알고 살아가야 한다. 부인도 그런 상황에 직면할 때 어떻게 대처해야 하는가를 함께 고민한다.

성적 자극을 받았을 때 자위행위를 시도한 후 쾌감을 얻는 것이 조건 형성이 되어 성 중독으로 발전한 경우가 적지 않다. 그렇기 때문에 평소에 성적 자극을 받더라도 자위행위를 하지 않도록 유도해야 한다. 물론 자위행위를 전혀 하지 못하도록 하는 것은 어렵지만, 습관을 깨거나 빈도를 줄일 수 있는 계획을 세워 준다. 예컨대, 달력이나 메모장에 일탈적인 성적 환상과 함께 자위행위 충동이 생길 때나 실제 자위행위를 할 때를 표시해 두는 것이다. 치료자는 자위행위 빈도가 감소했는지를 달력의 기록을 토대로 점검하면서 자위행위 버릇이 사라지도록 돕는다.

이제 커플에게 결혼 관계 증진에 도움이 되는 상담을 한다. 운동을 함께 하거나 결혼 생활 관련 세미나에 참석하는 것처럼 함께 즐기며 친밀감을 북돋아 줄 수 있는 과제를 부여한다. 치료자는 재정이나 자녀 문제 또는 다른 일로 인한 스트레스를 감소시켜 주는 일도 한다. 만일 부인이 심한 스트레스를 받으면 그녀를 지지해 줄 수 있는 사람들을 추천해 준다.

커플에게 매일 환상이나 행동을 기록하도록 하면서 치료를 받는 동안 이들을 점검한다. 의도적으로 사랑하는 배우자를 자주 상상하도록 요구한다. 또 회복에 도움을 줄 수 있는 전문 서적을 읽어 보도록 권한다. 아울러 치료자가 사용할 수 있는 다른 기법으로는 배우자에게 용서를 구하고 용서를 하는 시간을 갖는 것, 성적 환상을 비롯하여 성욕을 일시적으로 감소시켜 주는 약물 처방, 자서전 기록, 원 가족 구성원들과 함께 하기, 금욕 실천의 계약, 건강한 성에 대한 교육, 사회적 기술 습득 등이 있다. 어떠한 치료기법을 이용하든지 커플의 특수한 요구에 맞추어져야 더 효과적이다.

6. 파트너의 동반의존 증상

앞에서 동반의존(공동의존)에 대한 개념을 간략하게 설명했다. 성 중독자와 함께 살고 있는 사람은 중독자만큼 중독의 영향을 받고 살아갈 가능성이 높다. 그렇기 때문에 대다수 전문가는 중독을 가족 질환으로 여긴다. 그러므로 성 중독자의 치료 계획을 세울 때에 반드시 가족 구성원들과 중독자의 관계가 어느 정도 강박적으로 얽혀 있는지를 알아야 한다. 성 중독자의 배우자도 역시 자신의 어린 시절 역기능적인 가정에서 받았던 상처로 인하여 성 중독자와의 삶에서 동반의존 증상을 보일 수 있기 때문이다. 예를 들면, 동반의존 증상을 지닌 자가 어린 시절부터의 상처 때문에 성에 대한 관심이 없어서 파트너와 성행위를 피했을 수 있고, 그러한 회피 행위가 자신의 파트너로 하여금 성 중독자로 발전하는 데 일조했을 수 있다.

성 중독자의 파트너(배우자)가 동반의존 증상을 지닌다면 파트너와의 성적 친밀감 형성의 접근 방법도 달라져야 한다. 성 중독자의 상태가 좋아지더라도 동반의존 상태의 파트너는 그 변화에 어떻게 적응해야 하는지를 잘 모를 수 있다. 흔히 동반의존 증상이 심한 파트너는 성 중독자가 회복 단계에 들어가면 두 사람의 관계 변화에 잘 적응하지 못한다.

그 파트너 입장에서는 중독자의 회복 단계에서의 변화 그 자체가 보통 스트레스로 지각되므로 파트너가 새로운 중독자로 매우 빠르게 발전해 버릴 수 있다. 동반의존 증상을 보이다가 중독 문제로 발전한 파트너는 성 중독자의 회복을 방해하면서 건강하지 못한 가족 관계의 틀을 바꾸지 않고 그대로 두려고 하며, 아예 자신의 문제를 치료하기를 포기하고 관계를 떠나 버리려고도 한다. 역기능적인 자신의 현재 상태에 집착하고 싶기 때문이다.

그러므로 성 중독자의 파트너가 동반의존 증상을 보인다면, 건강한 성을 위한 친밀감은 전문적인 도움을 받아야 형성될 수 있다. 두 사람은 이미 오래전부터 성적으로나 정서적으로 서로 가까워지는 것이 어려웠던 커플이었기 때문에 두 사람의 관계에서 결핍이 생기지 않도록 하는 대처 기술을 발달시켜야 한다. 서로 상대방을 구하고, 고치고, 조정하려는 마음을 접고, 또 상대방에게 조정당하고 있다는 느낌을 주지 않아야 한다. 자기 생활에 집중하면서 스스로를 조정하려는 자세를 갖추어야 하고, 상대방의 생활이나 행동에 대한 집착을 버려야 자신이 건강한 상태임을 보여 주는 것이다. 그리고 상대방이 성욕의 발산은 적어도 자신과만 할 것이라고 믿고 실천하는 것이다. 이와 같은 일은 두 사람 모두 회복 프로그램에 참여하고 전문적인 도움을 받을 때 더 수월해진다.

7. 동반의존의 회복

중독 문제 전문가인 칸스(Patrick Carnes)는 상처를 받아 보았던 사람이 상처를 받은 사람을 알아보기도 하고 또 다른 사람에게 상처를 주기도 한다고 해서 '상처의 결속(trauma bonding)'이라는 용어를 사용하기 시작했다. 커플들은 자신이 어린 시절에 받았던 상처의 경험을 성인기에 반복하고 있기에 피해자에서 가해자로 발달한 것이다. 곧 이는 어떤 사람이 성 중독자라면 그 파트너가 알게 모르게 그렇게 만들었다는 표현을 의미한다.

소위 동반의존 증상을 보이는 사람은 파트너가 성 중독자로 발달하는 데 자신이 일조했다고 인식하며, 성 중독자의 불행이 자신 때문이라고 비난하기도 한다. 예를 들면, 바쁜 직장생활 때문에 집에 머무르는 시간이 충분하지 못했다면서 변명을 한다. 물론 자신이 중독자인 배우자와의 관계를 건강하지 못하게 만드는 데 어떤 역할을 했음을 알아차리기까지는 시간이 좀 걸린다.

그들의 상당수는 어린 시절 중독자 가정 출신이거나, 부모가 없거나, 또는 상처의 경험이 심했기에 버림을 받았다는 느낌 속에서 살아왔고, 그러한 이유로 자신을 희생해 가면서 타인을 돌보아야 버림을 받지 않을 것이라는 식으로 대처해 왔다. 자신이 자신의 역할을 제대로 하지 못하여 파트너를 중독자로 만들었다고 생각한다.

그럼에도 두 사람의 관계가 장기간 지속되었고, 이로 인해 두 사람 모두 다양한 인지적 왜곡 속에서 헤어나지 못한다. 그와 같은 왜곡 때문에 고통과 불신, 의심스러운 상황 등이 여러 차례 존재했었음에도 두 사람의 관계를 큰 문제가 없는 것처럼 생각하고 살아가고 있었다.

사실상 초기에는 두 사람 사이의 관계에서 무언가 잘못되었다는 느낌만 받을 뿐, 파트너의 중독 행동을 분명하게 알아채지 못하기도 했다. 파트너가 거짓말을 할 때 의심이 되더라도 파트너의 이미지를 지켜 주기 위해서 아무 일이 없을 것이라고만 믿었다. 그러다가 파트너에게 예기치 않은 전화가 오거나, 과다한 소비를 하거나, 부재중 시간에 무엇을 했는지를 설명하기가 어려워지면 오래전부터 의심해 오던 중독 행위를 확신하게 된다.

동반의존 증상을 보이는 사람은 파트너의 성 중독 행동이 문제가 된다는 점을 부정했고, 자신의 노력으로 고칠 수 있다고 믿고 있었다. 중독자를 기쁘게 해 주는 노력을 더 많이 하거나 중독자의 관심을 잃지 않으려고 새로운 행동을 시도하기도 한다. 예를 들면, 부인이 동반의존 증상을 보이는 사람이라면, 그녀는 의복이나 화장을 비롯하여 몸매 가꾸기 등의 외형에 신경을 더 쓰기도 하고, 성행위를 할 때에도 남편이 좋아할지도 모르는 다양한 형태를 시도하면서 남편의 성적 행동화 가능성을 감소시키고자 한다. 성 중독자도 성적 행동화를 중단하겠다는 약속을 한다.

그러한 약속에도 성행동이 지속되고 악화될 경우 동반의존 증상을 보이는 사람은 절망, 분노, 외로움, 슬픔 등을 경험한다. 또 이제는 스스로 해결할 수 있는 방안이 없다고 느끼고 관계를 끝내야 한다는 생각에 사로잡히는데, 특히 자녀에게 영향을 크게 미칠 것이라는 판단이 설 때에는 그러한 생각이 심해져서 이혼 가능성이 더 높아진다. 그와 같이 부정적인 생각에 사로잡히는 일은 실제 파트너가 아니라 사이버 상의 파트너에 중독되었을 경우에도 마찬가지다.

물론 대다수는 그러한 상황에서 치료를 받는 등 도움을 요청한다. 그러한 도움은 대부분 자신의 동반의존 증상에 관한 것이 아니라 파트너의 성 중독을 해결해 달라는 것이거나 파트너의 중독된 생활 때문에 야기된 고통에 관한 것이다. 파트너의 성 중독 문제가 없어지면, 즉 파트너가 더 이상 행동화를 하지 않고 살아간다면, 자신의 문제가 사라질 것으로 믿는다.

그러나 동반의존 문제는 다른 사람이 아니라 자신의 문제다. 곧 동반의존으로부터의 회복은 자신과의 관계를 변화시켜야 하는 심오한 작업이다. 여기에는 자기 자신의 행동, 감정, 생활 등에 관한 책임의식을 배우는 것이 포함된다. 유감스럽게도 동반의존 증상을 보이는 사람들은 성 중독자처럼 자신이 무력한 존재임을 쉽게 수용하지 못한다.

파트너의 회복 단계에서 동반의존자는 중독을 이해하는 관점이 넓어지면서 중독자의 회복 문제에 관심을 가지다가 결국은 자신을 위한 도움을 찾기 시작한다. 파트너와 함께 자신도 회복 대상으로 여겼더라면 좀 더 일찍 도움을 받을 수 있었지만, 늦게라도 도움을 추구하는 것이 회복을 위한 길이다.

8. 파트너와의 친밀한 관계 개선

성 중독자는 중독 생활 때문에 와해된 파트너와의 관계를 어떻게 복원시켜야 하는가? 은밀한 상태로 성 중독 생활에 빠졌다면 그 관계는 표면적으로 어려움이 없는 것 같지만, 진실한 관계가 아니다. 그렇다면 진정으로 두 사람이 정서적으로 가까운 사이로 발전하기 위해서는 무엇이 가장 결정적인 요소인가? 바로 믿음의 관계다. 믿음의 관계를 유지할 때 서로 배려하면서 보살펴 주게 되고, 서로의 기쁨이나 아픔을 나눌 수 있으며, 서로 존중할 수 있다. 그것이 바로 두 사람 사이의 사랑의 표현이다.

그러나 성 중독자는 질환 때문에 파트너와의 믿음의 관계가 흐트러졌고, 파트너도 중독이라는 질환의 영향을 받았기 때문에 중독자만큼이나 힘든 생활을 하면서 파트너에 대한 신뢰감을 잃어버렸다. 파트너와의 신뢰 관계 회복은 성 중독으로부터 회복이라고 단언할 수 있을 정도로 중요한 부분이다. 신뢰 관계를 회복하기 위해서 가장 중요한 사항은 급하지 않게, 인내를 가지고 매일매일 한걸음씩 전진한다는 자세로 노력하는 일이다. 이를 위한 조건을 몇 가지 살펴보자.

1) 정직성

바로 정직을 기반으로 살아가야 관계가 개선될 수 있다. 자기 자신에게도 정직하고 파트너에게도 정직해야 한다. 회복 프로그램에 참여하고 일상생활에 충실한 자세를 잃지 않는 것은 바로 상대방에 대한 성실성을 보여 주는 궁극적인 행위다. 정직성이나 진실성은 기본적으로 말과 행동의 차이로 평가할 수 있다.

여기에서 그동안 중독자의 삶이 어떠했는지를 다시 되새겨 보고, 회복 과정에 접어든 초기 모습도 점검해 보자. 여러 사람을 상대로 성적 행동화를 했고, 그러한 사실을 비밀 유지했으며, 그 비밀이 드러날 것 같은 상황에서는 거짓말로 대처해 왔다. 비밀과 거짓말이 너무도 많아서 나중에는 이것들을 다 생각해 내지 못할 정도였다.

성적 행동화를 했을 당시에 술이나 약물에 취해 있었기 때문에 그런 사실을 기억하지 못한 경우도 있겠지만, 설령 모든 것을 기억할 수 있다고 하더라도 과거사를 모두 노출하려고 하지 않는다. 특히 회복 프로그램 참여 초기에는 그런 것들을 모두 노출할 필요가 없다고 생각하면서 별다른 의미를 부여하지 않기도 한다. 회복 과정이 어느 정도 진행되고 나서야 중독자는 더 많은 과거사를 더 솔직하게 노출했어야 함을 알아차리게 된다.

파트너를 비롯한 가족은 중독자가 진실한 모습을 보여 주더라도 쉽게 믿지 못할 정도로 피해의식이 매우 심했다. 이를 극복하기 위해서는 혹시라도 실수를 했을 때 이를 곧바로 인정하고 도움을 요청하면서 정직성을 잃지 말아야 한다. 그러한 노력이 누적될 때 파트너의 피해의식도 감소하면서 관계가 개선될 수 있다.

2) 배려

신뢰감 회복에서 가장 중요한 요건이 정직이라면, 그다음 요건은 바로 자신을 낮추면서 남을 배려하는 일이다. 어떤 사람이 잘못을 저질렀다고 하더라도 비난하거나 탓하지 않아야 한다. 모든 것이 완벽할 수는 없다. 잘못을 한 사람에게도, 성 중독이라는 과오에 빠져들었던 사람에게도, 인간의 한계를 받아들여 너그러움을 보여 준다. 자신이 실수했을 경우에도 마찬가지다.

과거에는 자신의 실수나 잘못도 남의 탓으로 돌렸고, 그러한 이유 때문에 그들과 멀어졌다. 이제는 자신의 실수에 대해서 무엇이 옳았는지를 증명하려고 하는 것보다도, 남을 탓하는 것보다도, 상황 때문이었다고 변명하려는 것보다도 자신이 잘못했다고 시인하는 것이 인간적인 면에서 더 긍정적인 평가를 받을 수 있다. 자신이 옳거나 정당했음을 주장하는 것은 상대방과의 친밀감 형성이나 유지에 방해가 된다.

파트너와의 관계 개선에서 중독자의 파트너도 역시 배려가 절실하다. 중독자의 파트너는 중독자에게 회복 프로그램에 성실히 참여한다고 약속하는 조건으로 헤어지지 않고 회복되기를 기다리겠다는 마음가짐을 가졌다. 그렇기 때문에 치료를 잘 받고 있는지, 모임을 잘 참석하는지, 후원자와 잘 교류하는지 등을 매번 감시해 오기도 했다. 역시 집에서도 중독의 계기가 되는 자극을 피하고 살아가는지, 직장이나 가족에 대한 책임의식은 잃지 않고 있는지 등도 점검해 오기도 했다. 파트너의 배려가 있어야 중독자와 건강한 관계로 개선되기가 쉬워진다.

3) 시간 공유

파트너와 신뢰 관계 회복에 대한 또 다른 요건은 바로 파트너와 함께 시간을 보내는 일이다. 파트너와 어울리지도 않고 회복에만 힘을 쓰면 성 중독으로부터의 회복 자체는 효과적일 수 있지만, 친밀감 형성이나 신뢰 관계 회복에는 도움이 되지 않는다. 서로 관심이 있고 흥미를 느낄 수 있는 경험을 공유해야 가까워진다.

그동안 중독이라는 질환 때문에 파트너와 소원했다가 회복 참여를 결정하고 갑자기 파트너와 함께 있는 시간을 억지로 만드는 것은 어색할 수 있다. 그렇기에 회복 초기 과정에서는 두 사람만이 함께 있는 시간보다도 회복 과정에 있는 다른 커플과 함께 시간을 보내는 편이 어색함을 무마하기에 더 좋은 방법이다. 공개적인 모임도 같이 참석하고, 커플 수련회도 가 보는 등 다른 커플들과 사회적 관계를 가지면서 서로 지지하는 커플 친구를 만들면 파트너와의 친밀감은 서서히 두터워진다.

4) 일관성

회복 과정에서 성공 여부를 좌우하는 핵심 요소 중 하나는 일관성이다. 초지일관의 자세로 그리고 용기와 정직을 토대로 도전하는 마음을 잃지 않아야 한다. 파트너와의 신뢰를 회복하기 위한 또 다른 요건은 바로 파트너와 함께 있을 때 파트너에게 관심을 잃지 않고 일관성 있게 대하는 자세를 보여 주는 일이다. 즉, 상대방의 이야기에 항상 반응해 주고 칭찬해 주는 일이다. 상대방의 생각이나 느낌, 요구사항 등에 반응해 주는 것은 상대방에게 관심을 가지고 있으며, 상대방을 이해하거나 또는 이해하려고 노력한다는 의미를 담고 있어서 친밀감 형성에 큰 역할을 한다.

5) 용서

배우자가 성 중독자임을 시인했을 때 파트너는 상처와 배신감 등이 섞인 분노를 경험하게 된다. 그 분노는 어떻게 다루어야 하는가? 성 중독 사실을 아는 순간부터 곧바로 분노를 표현하든지, 분한 마음을 가슴속에 묻어 버리면서 괜찮다고 하든지, 아니면 처음에는 괜찮다고 했다가 도저히 용납할 수 없어서 원한이나 증오심을 발달시키든지, 용서를 하든지 다양하게 대처한다. 일반적으로 성 중독의 형태나 심각성 수준, 파트너가 성 중독을 이해하는 정도, 개인의 성격 등에 따라서 대처하는 방법도 다르다.

성 중독 전문가 슈나이더(Jennifer P. Schneider) 등이 성 중독으로부터 회복 단계에 있는 82커플을 상대로 한 1998년의 조사 보고에 의하면, 파트너의 60%는 배우자의 외도가 처음 노출되었을 때 떠나겠다고 위협했음에도 불구하고, 그렇게 위협했던 사람들의 75%는 이혼이나 별거를 하지 않았다. 바로 용서를 해 준 것이었다. 그러나 용서를 하는 것은 결코 단순하거나 쉬운 일이 아니다.

회복처럼 용서도 과정을 거친다. 용서는 짧은 시간에 또는 곧바로 이루어지는 것이 아니라 시간이 흐르면서 어떤 결정이 있어야 가능하며, 그 결정을 위해서는 감정이나 사고, 행동에서의 변화가 나타나야 한다. 그래서 용서가 무엇인지를 알아야 하는 것이다.

흔히 용서를 했다고 말하는 사람들도 상당수가 용서를 하고 싶다는 마음뿐이지 실제로 용서를 한 것이 아니다. 그런 이야기 자체는 자신이 느끼는 현재의 고통을 다루기 위한 바람이며, 용서를 하려는 바람이다. 용서의 목표는 자신이 받은 상처로부터 해방되기 위한 것이다. 사실상 성 중독은 가족 질환인데, 최소한 문제의 일부는 부부 모두의 것이다. 그러므로 용서란 성 중독자를 위한 것이 아니라 상처를 받은 자신이나 자신의 가족을 위한 것이다. 성 중독자의 행동을 수용하는 것도 아니고, 받았던 상처를 잊어버리는 것도 아니고, 성 중독자에게 변명거리를 주는 것도 아니고, 성 중독자의 잘못을 축소하거나 정당화시켜 주는 것도 아니고, 성 중독자와 화해를 하는 것도 아니다. 용서를 하면서도 성 중독자와 관계를 끊어 버릴 수도 있다.

용서를 하지 않으면 받은 상처를 반복적으로 되새기면서 복수를 다짐하게 된다. 그렇게 되면 항상 부정적이고 파괴적인 정서 상태, 즉 고통에서 벗어날 수가 없다. 원한을 품는다는 것은 정신적, 정서적, 신체적 에너지를 소모하는 일이다. 그러면 그럴수록 강박적인 성격이나 태도, 행동이 나타나며, 분노와 우울 상태에 빠져들게 된다.

그러므로 용서는 자신을 위한 행위라고 할 수 있다. 곧 용서는 분노와 분한 마음을 숨겨 둔 상태에서는 이루어지기 어렵고, 표출을 해야 가능해진다. 용서를 한다는 것은 초기에 가졌던 분한 마음이나 복수의 욕망, 우울 증상이 점점 감소되어 사라진다는 것을 의미한다. 분노에 매달리면 정신적, 정서적, 사회적, 신체적, 영적인 면에서 문제가 발생하고, 미움이나 적개심으로 가득 차 있을 때에는 고통스럽다. 이것이 바로 용서를 해야 하는 부분적인 이유다. 성 중독자는 어린 시절 자신을 힘들게 했던 양육자를 용서해야 하고, 성 중독자의 파트너는 중독자의 과거 생활을 용서해야 한다. 용서로 인하여 자신과 상대방의 정서적 안정이 향상되고, 관계가 강화된다.

9. 파트너와의 성적 친밀감 복원

성 중독자는 그동안 성 파트너들을 속이는 생활을 했었고, 그중에 배우자도 포함되었다. 오직 성적인 접촉을 위해 그들을 상대하며 살아왔다. 그와 같은 중독적인 성행위는 배우자 입장에서 용납될 수 없는 성행동이지만, 이중생활과 관련된 정직하지 못한, 은밀한 성행위를 지속해 왔다.

어린 시절의 학대와 연관된 두려움이나 수치심을 잊기 위해서 시도했던 성행위는 그야말로 잠시 동안 기쁨이나 흥분을 맛보게 해 줌과 동시에 괴로움이나 불편함을 줄여 주는 약물과 같은 성격을 지녔다. 그러나 그 약물과 같은 효과 때문에 처음에는 괴로움이나 불편함이 사라지는 듯하지만, 시간이 흐를수록 오히려 괴로움이나 고통이 더욱 커져 중단하기 어려울 정도로 성행위를 강박적으로 추구하게 되었다. 그 과정에서 약물과 같은 느낌을 얻기 위해 힘이나 꼬임 등을 부당하게 이용하거나 불법적인 행위도 했었는데, 그러한 행위는 강박적이고 자기파괴적이며 경계도 없는 것이다.

이제 성 중독 회복 과정에 참여하면서 그런 모습을 떨쳐 버려야 한다. 그래서 성 중독과 단절되기 위한 금욕 생활을 약속했으며, 성 중독으로 빠져들게 하는 행위들을 사전에 경계하는 생활을 하고 있다. 그러나 영원히 성적 욕구를 금하고 살아갈 수는 없다. 배우자(파트너)는 어떤 입장을 취할 것인가? 중독된 성행동 자체는 배격해야 하지만, 마냥 중독자의 배우자도 금욕 상태로 살아가기가 어렵다.

언젠가는 파트너와의 성생활이 건강한 성(healthy sexuality)이라는 측면에서 복원되어야 한다. 이제는 다른 사람들과의 신체적 접촉도 현재 파트너와 건강한 성을 발전시키는 차원에서 이루어져야 한다. 과거에는 다른 사람과 악수를 하거나 껴안고 인사를 하는 것과 같은 신체 접촉도 성행위로 가기 위한 준비 단계였지만, 이제는 그러한 접촉을 비성적인 부분으로 발달시켜야 한다.

건강한 성이란 파트너와의 관계에서 상호 간에 신뢰, 언약, 공유, 협동 등의 가치를 얻도록 해 준다. 그 기본은 파트너와의 관계가 가까워지기 위해서 믿음이 생겨야 하며, 이러한 믿음을 토대로 관계가 개선되어야 파트너와의 성생활도 건강한 성의 측면에서 복원될 수 있다.

건강한 성의 구체적인 특성을 다음에서 점검해 보자.

10. 건강한 성

먼저 건강한 성은 진실성과 안정성을 기본으로 하고 있기 때문에 삶의 의미를 찾게 해 주고, 자긍심을 높여 준다. 또 이는 상호 사랑을 전제로 이루어지기 때문에 흥미를 갖고 도전할 수 있게 해 주고, 쉽게 기쁨이나 만족을 얻게 해 준다. 역시 친밀감과도 관련이 높다. 즉, 친밀감을 토대로 해야 건강한 성을 추구할 수 있고 성적인 활력을 얻을 수 있으며, 반대로 건강한 성을 기반으로 친밀감이 더 공고해질 수 있다.

그러나 중독의 성이 하루아침에 건강한 성으로 바뀌는 것은 아니다. 과거 어린 시절에 경험한 성 학대의 상처가 성 중독으로 발전했다면 그 상처를 먼저 다루어야 하고, 근래의 성 중독에 개입된 자들과의 성행위에서 성 전파성 질환의 감염 문제가 있었다면 이를 먼저 치유하면서 성 중독 문제를 다루어 나가야 한다. 꾸준하게 노력하면 변화도 서서히 나타난다. 이 점에서 중요한 사항은 회복 과정에 있는 중독자나 그의 배우자(파트너)가 그 변화를 믿어야 한다는 점이다.

이제 건강한 성을 토대로 성적 친밀감을 형성하려면 어떠한 자세를 취해야 하는지를 보자. 특히 성 중독자가 파트너를 대할 때 어떠한 자세를 지녀야 하는지를 하나씩 점검해 본다.

우선 성 중독자가 파트너를 상대할 때 서로 긍정적으로 교감하려면 성적 두려움이나 수치심을 극복해야 한다. 대다수 성 중독자는 친밀감의 욕구를 지니고 있지만, 친밀감 형성에 대한 두려움도 지니고 있다.

두려움이 없어야 친밀감이 형성되지만, 성 중독자는 실제로 자신의 성 파트너를 두려워한다. 이러한 두려움 때문에 과거에 성 중독 생활을 할 때 파트너를 단지 성행위 파트너로만 여겼고 물건처럼 상대했다.

이는 성 중독자가 극복해야 할 과제다. 많은 중독자에게 치유를 위한 첫 단계는 두려움 없이 타인에게 연결되는 친밀감을 경험하도록 하는 것이다. 성 중독자가 두려움이나 수치심이 없는 상태에서 친밀한 접촉을 할 수 있을 때 성과 관련된 문제가 치유되기 시작한다. 이를 위해서는 중독자 주변에 있는 사람들이 모두 서로에게 긍정적으로 반응하고 인정해 주면서 지내야 한다.

둘째, 성 중독으로부터 회복하기 위해서 설정해 두었던 성행동의 경계를 성 중독자는 물론 현재의 파트너(배우자)도 존중해 주어야 한다. 두 사람은 서로 보복이나 이별의 두려움 없이 경계를 침범하는 행동에 대해서 안 된다고 말할 수 있어야 한다. 상대방의 경계를 침범하기 위한 시험이나 유혹 등은 관계의 개선이나 중독의 치유에 매우 파괴적이다. 치유가 진행되고 있는 동안에 관점이 달라지면서 경계선도 달라질 수 있지만, 치료자나 후원자 등과 상의하여 경계선의 설정을 변경하기 전까지는 기존의 경계선을 최대한 존중해야 한다. 그렇지 못하고 충동에 의해 경계선이 침범되면 신뢰의 구축에도 그리고 중독으로부터의 치유에도 치명적일 수 있다.

반면에, 경계선 이내의 행위를 시도했을 경우에는 성행위도 자발적이고 실험적일 때 재미가 더 크므로 법적으로 허용된 범위 및 경계선 이내에서의 성행위로부터 기쁨을 만끽하려고 노력하면 된다. 안전한 범위 내에서 시도되는 성행위는 긍정적으로 또는 보상의 차원으로 최대한 이용될 수 있는 것이다.

셋째, 파트너와의 성행위에서 어떤 느낌이 드는지에 주의를 기울이며, 이를 파트너와 공유하면서 발전을 모색해야 한다. 성행위 전이나 도중에 그리고 후에 어떤 긍정적인 감정이 생기는가를 포함하여 불안정이나 주저함, 거리감, 분노, 성행위를 중단하고 싶은 마음, 사랑의 감정이 생기지 않는 것, 성적으로 흥분이 잘되지 않는 것 등을 이야기해야 한다. 성행위 도중에 이야기해도 좋으며, 성행위를 중단하고서라도 이를 이야기하면서 성행위의 지속 여부를 결정한다.

건강한 성을 기반으로 한 파트너와의 관계 개선에서 중요한 부분은 성행위 자체가 아니라 두 사람 사이의 연결감이나 관계, 사랑이나 감정의 표현 등이다. 때로는 부드럽고 달콤하지만 때로는 그 반대이며, 느낌이나 반응이 빠르기도 하지만 느리기도 한 것이다. 중요한 것은 두 사람이 자유롭게 멈추어 무엇이 옳고 그른지를 이야기할 수 있어야 성적인 친밀감이 촉진된다는 점이다. 어느 상황에서든지 긍정적인 정서와 무관한 성행위를 피하고 성행위와 정서적인 책무의 관련성을 부각시켜야 성 중독으로부터 회복된 상태라고 말할 수 있다.

두 사람 사이에는 장벽이나 비밀, 거짓이나 수치심이 없어야 하며, 서로에게 그리고 자신에게 진실을 다 털어놓을 수 있어야 한다. 성행위를 할 때 다른 사람이나 다른 것에 대한 환상도 가지지 않고, 오직 자기 자신, 파트너 그리고 함께하고 있다는 사실에 대해서만 비중을 두고 초점을 맞춘다. 성행위란 상대와 더 가까워지게 해 주고 두 사람을 연결해 주는 애착 행동이며, 안전한 성행위가 이루어질 때에는 상호 존중과 이해, 애정 등이 싹트고 북돋게 할 수 있다. 자신을 용서하고, 상대방에게 용서를 구하고, 상대방을 용서하는 용기도 생기게 되고, 용서의 가치도 납득하게 된다.

이러한 것들이 가능해지려면 그 전제 조건으로 자기 자신을 생산적인 방식으로 발전시키고 있으면서 긍정적으로 바라봐야 한다. 가장 단순한 친밀감은 자신을 알아차리는 것이다. 자신의 가치를 스스로 인식하고 스스로를 사랑하는 마음이 생겨야 파트너와 공유할 수 있는 긍정적인 정서도 더 많이 생기게 되고, 파트너의 생각이나 행동, 태도 등을 더 많이 수용할 수 있게 된다.

넷째, 몸을 돌보는 일이다. 신체 건강은 건강한 성의 기본이다. 적당한 운동과 함께 잘 먹고 잘 자면서 몸의 균형 상태를 유지하는 것, 그리고 술이나 담배, 카페인 섭취를 금하는 것도 중요하다. 이러한 일들을 하면 신체 반응이 오직 마음에 따라서 움직인다는 것을 믿게 될 것이며, 또한 건강을 유지하는 생활을 보여 주는 것은 파트너에게 믿음을 가져다준다.

그 외에도 친밀감이나 건강한 성, 가족 관계, 성 중독 등에 관련된 세미나 등에 참석하거나 커플이 함께 치료를 받거나 일상생활의 모든 일에서 벗어난 시간을 함께 가질 경우 두 사람의 친밀감을 회복하고 형성하는 데 큰 도움이 될 수 있다.

| 참고문헌 |

김기태, 안영실, 최송식, 이은희(2005). 알코올중독의 이해. 경기: 양서원.

송욱(2015). 성 중독의 이해와 상담. 서울: 총신대학교 출판부.

최은영(2008). 약물중독. 서울: 학지사.

Alcoholics Anonymous World Services (1981). *Twelve steps and twelve traditions* (3rd ed.). New York: The Author.

Alcoholics Anonymous World Services (2001). *Alcoholics anonymous* (4th ed.). New York: The Author.

Apt, C., & Hulbert, D. (1995). Sexual narcissism: Addiction or anachronism? *Family Journal, 3*, 103-108.

Arterburn, S. (1996). *Addicted to "love." Understanding dependencies of the heart: Romance, relationships, and sex.* Ventura, California: Vine Books.

Bancroft, J., & Vukadinovic, Z. (2004). Sexual addiction, sexual compulsivity, sexual impulsivity, or what? Toward a theoretical model. *Journal of Sex Research, 41* (3), 225-234.

Beattie, M. (2009). *Codependent no more: How to stop controlling others and start caring for yourself* (2nd revised ed.). Center City, Minnesota: Hazelden.

Becker, P. (2012). *Recovery for sexual addiction: A man's guide.* Bloomington, Indiana: Author House.

Black, C. A. (1981). *It will never happen to me.* Denver, Colorado: M.A.C. Printing & Publishing.

Book, P. (1997). *Sex and love addiction, treatment and recovery.* New York: Lucerne Publishing.

Bradshaw, J. (1988). *Healing the shame that binds you.* Deerfield Beach, Florida: Health Communications.

Carnes, P. J. (1997). *The betrayal bond: Breaking free of exploitive relationships.* Deerfield Beach, Florida: Health Communications, Inc.

Carnes, P. J. (2000). Editorial toward the DSM-V: How science and personal reality meet. *Sexual Addiction & Compulsivity: The Journal of Treatment & Prevention, 7* (3), 157-160.

Carnes, P. J. (2001). *Out of the shadows: Understanding sexual addiction* (3rd ed.). Center City, Minnesota: Hazelden.

Carnes, P. J. (2003). The anatomy of arousal: Three Internet portals. *Sexual and Relationship Therapy, 18* (3), 309-328.

Carnes, P. J. (2008). *Facing the shadow: Starting sexual and relationship recovery* (2nd ed.). Wickenberg, Arizona: Gentle Path Press.

Carnes, P. J., Hopkins, T., & Green, B. (2014). Clinical relevance of the proposed sexual addiction diagnostic criteria: Relation to the sexual addiction screening test-revised. *Journal of Addiction Medicine, 8* (6), 450-461.

Coleman, E. (1992). Is your patient suffering from compulsive sexual behavior? *Psychiatric Annals, 22* (6), 320-325.

Coleman, E., Miner, M., Ohkerking, F., & Raymond, N. (2001). Compulsive sexual behavior inventory: A preliminary study of reliability and validity. *Journal of Sex and Marital Therapy*, *27*, 325–332.

Coleman, E. (2015). Impulsive/compulsive sexual behavior. In J. M. Tomlinson (Ed.), *ABC of Sexual Health* (pp. 93–95). Hoboken, New Jersey: John Wiley & Sons.

Corley, M. D., & Schneider, J. P. (2002). *Disclosing secrets: When, to whom, and how to disclose addiction secrets*. Wickenburg, Arizona: Gentle Path Press.

Erikson, E. (1993). *Childhood and society*. New York: W. W. Norton & Company.

Frores, P. (2004). *Addiction as an attachment disorder*. Lanham, Maryland: Jason Aronso Inc.

Goeders, N. E. (2003). The impact of stress on addiction. *European Neuropsychopharmacology*, *13* (6), 435–441.

Goodman, A. (1998). *Sexual addiction: An integrated approach*. Madison, Connecticut: International Universities Press.

Goodman, A. (2001). What's in a name? Terminology for designating a syndrome of driven sexual behavior. *Sexual Addiction & Compulsivity: The Journal of Treatment & Prevention, 8*, 191–213.

Gorski, T. T. (1989). *Passage through recovery: An action plan for preventing relapse*. Center City, Minnesota: Hazelden.

Hendrix, H. (2008). *Getting the love you want: A guide for couples* (2nd ed.). New York: Henry Holt & Co.

Kafka, M. P. (2010). Hypersexual disorder: A proposed diagnosis for DSM-V. *Archives of Sexual Behavior, 39* (2), 377–400.

Kafka, M. P., & Hennen, J. (2002). A DSM-IV Axis I comorbidity study of males (n=120) with paraphilias and paraphilia-related disorders. *Sexual Abuse: A Journal of Research and Treatment, 14* (4), 349–366.

Kafka, M. P., & Prentky, R. A. (1998). Attention-deficit/hyperactivity disorder in males with paraphilias and paraphilia-related disorders:

A comorbidity study. *Journal of Clinical Psychiatry, 59* (7), 388–396.

Kafka, M. P. (2010). "What is sexual addiction?" Response to Stephen Levine. *Journal of Sex & Marital Therapy, 36* (3), 276–281.

Kalichman, S. C., & Cain, D. (2004). The relationship between indicators of sexual compulsivity and high risk sexual practices among men and women receiving services from a sexually transmitted infection clinic. *Journal of Sex Research, 41* (3), 235–241.

Karila, L., Wery, A., Weinstein, A., Cottencin, O., Petit, A., Reynaud, M., & Billieux, J. (2014). Sexual addiction or hypersexual disorder: Different terms for the same problem? A review of the literature. *Current Pharmaceutical Design, 20* (25), 4012–2020.

Khantzian, E. J., & Albanese, M. J. (2008). *Understanding addiction as self medication: Finding hope behind the pain.* Lanham, Maryland: Rowman & Littlefield Publishers, Inc..

Kinsey, A. C., Pomeroy, W. B., & Martin, C. E. (1948). *Sexual behavior in the human male.* Philadelphia: W. B. Saunders.

Kohut, H. (1997). *The analysis of the self.* New York: International Universities Press.

Krueger, R. B., Weiss, S. L., Kaplan, M. S., Braunstein, L., & Wiener, E. (2013). The impact of internet pornography use and cybersexual behavior on child custody and visitation. *Journal of Child Custody, 10* (1), 68–98.

Levine, M., & Troiden, R. (1988). The myth of sexual compulsivity. *Journal of Sex Research, 25,* 347–363.

Martin, P., & Petry, N. (2005). Are non–substance–related addictions really addictions? *American Journal of Addictions, 14,* 1–7.

O' Brien, C. (1996). Recent developments in the pharmacotherapy of substance abuse. *Journal of Consulting and Clinical Psychology, 64,* 677–686.

Parsons, T., & Bales, R. (1955). *Family, socialization and interaction process.* Glencoe, Illinois: The Free Press.

Phillips, B., Hajela, R., & Hilton, D. (2015). Sex addiction as a disease: Evidence for assessment, diagnosis, and response to critics. *Sexual Addiction & Compulsivity: The Journal of Treatment & Prevention, 22* (2), 167-192.

Ragan, P. W., & Martin, P. R. (2000). The psychobiology of sexual addiction. *Sexual Addiction & Compulsivity: The Journal of Treatment & Prevention, 7* (3), 161-175.

Rasmussen, S., & Tsuang, M. (1986). Clinical characteristics and family history in DSM-III obsessive-compulsive disorder. *American Journal of Psychiatry, 143,* 317-322.

Rosenberg, K., Carnes, P., & O' Connor, S. (2014). Evaluation and treatment of sex addiction. *Journal of Sex & Marital Therapy, 20* (2), 77-91.

Schaeffer, B. (2009). *Is it love or is it addiction: The book that changed the way we think about romance and intimacy* (3rd ed.). Center City, Minnesota: Hazelden.

Schneider, J. (1994). Sexual addiction: Controversy in mainstream addiction medicine, DSM-III-R diagnosis, and physician case histories. *Sexual Addiction & Compulsivity: The Journal of Treatment & Prevention, 1,* 19-45.

Schneider, J. P. (2004). Sexual addiction and compulsivity: Twenty years of the field, ten years of the journal. *Sexual Addiction & Compulsivity: The Journal of Treatment & Prevention, 11* (1-2), 3-5.

Schneider, J. P., Corley, M. D., & Irons, R. R., (1998). Surviving disclosure of infidelity: Results of an international survey of 164 recovering sex addicts and partners. *Sexual Addiction & Compulsivity The Journal of Treatment & Prevention, 5,* 189-218.

Skinner, K. B. (2005). *Treating pornography addiction: The essential tools for recovery*. Provo, Utah: Gwowth Climate, Inc.

Steffens, B. A., & Rennie, R. L. (2006). The traumatic nature of disclosure for wives of sexual addicts. *Sexual Addiction & Compulsivity: The Journal of Treatment & Prevention, 13,* 247-267.

Tripodi, C. (2006). Long term treatment of partners of sex addict: A multi-phase approach. *Sexual Addiction & Compulsivity: The Journal of Treatment & Prevention, 13,* 269-288.

Weiss, D. (2004). The prevalence of depression in male sex addicts residing in the United States. *exual Addiction & Compulsivity: The Journal of Treatment & Prevention, 11,* 57-69.

Weiss, R., & Schneider, J. (2013). *Close together, further apart: The effect of technology and the Internet on sex, intimacy and relationships*. Carefree, Arizona: Gentle Path Press.

Whiteman, T. A., & Petersen, R. (1998). *Victim of love? How you can break the cycle of bad relationships*. Colorado Springs, Colorado: NavPress.

| 찾아보기 |

저자 소개

윤가현(Gahyun Youn)

〈약력〉
전남대학교 심리학과 졸업(문학사)
University of Georgia 대학원 심리학과 졸업(이학석사)
University of Georgia Gerontology Center(Gerontology Certificate)
University of Georgia 대학원 심리학과 졸업(철학박사)
1989년부터 전남대학교 심리학과 교수로 재직

〈저서〉
성심리학(1990, 성원사)
심리학의 이해(공저, 1993, 1998, 2005, 학지사)
남자들은 모두 미쳤어요: 한반도 내 성폭력 실상(1993, 나라원)
동성애의 심리학(1997, 학지사)
문화 속의 성(2001, 학민사)
정신지체장애와 성(2002, 전남대학교 출판부)
21세기 지식 키워드 100(공저, 2003, 한국출판마케팅연구소)
기타 학위논문 등 발표논문 다수

성 중독의 심리학
Psychology of Sexual Addiction

2018년 2월 20일 1판 1쇄 발행
2023년 4월 20일 1판 3쇄 발행

지은이 • 윤 가 현

펴낸이 • 김 진 환

펴낸곳 • (주) **학지사**

04031 서울특별시 마포구 양화로 15길 20 마인드월드빌딩 5층

대표전화 • 02) 330-5114   팩스 • 02) 324-2345

등록번호 • 제313-2006-000265호

홈페이지 • http://www.hakjisa.co.kr
페이스북 • https://www.facebook.com/hakjisabook

ISBN 978-89-997-1476-4 93180

정가 **16,000원**

출판미디어기업 **학지사**

간호보건의학출판 **학지사메디컬** www.hakjisamd.co.kr
심리검사연구소 **인싸이트** www.inpsyt.co.kr
학술논문서비스 **뉴논문** www.newnonmun.com
원격교육연수원 **카운피아** www.counpia.com